파고다 토스의 신神 LV. 6-7

PAGODA Books

| 초판 1쇄 인쇄 | 2018년 2월 19일 |
| 초판 4쇄 발행 | 2019년 9월 27일 |

지 은 이	이현석, 김소라
펴 낸 이	고루다
펴 낸 곳	Wit&Wisdom 도서출판 위트앤위즈덤
임프린트	PAGODA Books
출판등록	2005년 5월 27일 제 300-2005-90호
주 소	06614 서울특별시 서초구 강남대로 419, 19층(서초동, 파고다타워)
전 화	(02) 6940-4070
팩 스	(02) 536-0660
홈페이지	www.pagodabook.com

| 저작권자 | ⓒ 2018 이현석, 김소라 |

이 책의 저작권은 저자에게 있습니다. 서면에 의한 저작권자와 출판사의 허락 없이
내용의 일부 혹은 전부를 인용 및 복제하거나 발췌하는 것을 금합니다.

Copyright ⓒ 2018 by Hyun Suk Lee, Sorah Kim

All rights reserved. No part of this publication may be reproduced, stored
in a retrieval system, or transmitted, in any form, or by any means, electronic,
mechanical, photocopying, recording or otherwise, without the prior written
permission of the copyright holder and the publisher.

ISBN 978-89-6281-813-0 (13740)

도서출판 위트앤위즈덤	www.pagodabook.com
파고다 어학원	www.pagoda21.com
파고다 인강	www.pagodastar.com
테스트 클리닉	www.testclinic.com

PAGODA Books는 도서출판 Wit&Wisdom의 성인 어학 전문 임프린트입니다.
낙장 및 파본은 구매처에서 교환해 드립니다.

Contents

Introduction

토익 스피킹 Intro 강의 바로 가기

토익 스피킹이란 | 토익 스피킹 시험 규정 변경 및 구성	6
토익 스피킹 평가 기준 | 토익 스피킹 성적 기준	7
토익 스피킹 레벨별 답변 예시 | 토익 스피킹 활용 기업/기관	8
토익 스피킹 가이드라인	9
토익 스피킹 시험 화면	10
이 책의 구성과 특징	16
토스의 신 강의 수강생 성적 향상 사례	18
학습 플랜	20

파트별 마스터 전략

기초 다지기	24
PART 1 마스터 전략 지문 읽기 | Read a text aloud	30
PART 2 마스터 전략 사진 묘사하기 | Describe a picture	34
PART 3 마스터 전략 질문에 답하기 | Respond to questions	40
PART 4 마스터 전략 표 보고 질문에 답하기 | Respond to questions using information provided	46

PART 5
마스터 전략   54
해결책 제안하기 | Propose a solution

PART 6
마스터 전략   62
의견 제시하기 | Express an opinion

실전 훈련

TEST 01	68
TEST 02	82
TEST 03	96
TEST 04	110
TEST 05	124
TEST 06	138
TEST 07	152
TEST 08	166
TEST 09	180
TEST 10	194
TEST 11	208
TEST 12	222
TEST 13	236
TEST 14	250
TEST 15	264
TEST 16	278
TEST 17	292
TEST 18	306

TEST 19, 20 2회분은 온라인 전용으로 테스트클리닉(www.testclinic.com)에서만 제공됩니다.

시험 직전 파트별 어휘집

Introduction

토익 스피킹 Intro
강의 바로 가기

토익 스피킹이란

토익 스피킹(TOEIC Speaking)은 ETS에서 주최하는 영어 말하기 능력 평가 시험으로, Computer-based test(CBT) 방식으로 시험이 진행된다. 감독관과 함께 오리엔테이션 및 컴퓨터로 본인 사진을 촬영한 후, 총 6개 파트(11문제)를 약 20분 간 컴퓨터에서 나오는 음원을 듣고 본인의 답변을 마이크로 녹음을 하게 된다.

토익 스피킹 시험 규정 변경

2019년 6월 1일자로 TOEIC Speaking 시험 규정 및 정책이 일부 변경되었다. 변경된 시험 규정을 확실하게 알아 두고 그에 맞는 노트테이킹 전략을 활용하여 대비하도록 한다.

1. 노트테이킹(note-taking) 허용

2019년 6월 1일부터 TOEIC Speaking에 응시하는 수험자들은 시험센터에서 제공한 규정 메모지와 필기구를 시험 중에 사용할 수 있다. 단, 센터에서 제공하지 않은 메모지와 필기구는 사용할 수 없으며 시험 종료와 함께 모든 메모지와 필기구를 반납하여야 한다.

2. 일부 문항 답변 준비시간 연장

일부 문항에 대한 답변 준비시간이 새로 생성되었거나 또는 기존 시간보다 연장되었다. 연장된 준비시간 동안 노트테이킹을 효과적으로 활용하여 보다 짜임새 있는 답변을 할 수 있도록 준비하자. 단, 답변 시간은 동일하므로 주의해야 한다.

토익 스피킹 시험 구성

총 6개의 파트, 11문제로 20분 정도 소요된다.

파트	문제 번호	문제 유형	소요 시간 변경 전	소요 시간 변경 후
PART 1	Question 1-2	지문 읽기 Read a text aloud	준비시간: 45초 답변시간: 45초	기존과 동일
PART 2	Question 3	사진 묘사 Describe a picture	준비시간: 30초 답변시간: 45초	준비시간: 45초(15초 연장) 답변시간: 45초
PART 3	Question 4-6	듣고 질문에 답하기 Respond to questions	준비시간: 없음 답변시간: 15초/15초/30초	준비시간: 문항별 3초(생성) 답변시간: 15초/15초/30초
PART 4	Question 7-9	표 보고 질문에 답하기 Respond to questions using information provided	준비시간: 지문 읽기 30초 답변시간: 15초/15초/30초	준비시간: 지문 읽기 45초(15초 연장), 문항별 3초(생성) 답변시간: 15초/15초/30초
PART 5	Question 10	해결책 제안하기 Propose a solution	준비시간: 30초 답변시간: 60초	준비시간: 45초(15초 연장) 답변시간: 60초
PART 6	Question 11	의견 제시하기 Express an opinion	준비시간: 15초 답변시간: 60초	준비시간: 30초(15초 연장) 답변시간: 60초

* PART 4는 문제화면에 제시된 표를 분석하는 시간이 45초 주어진다.

* PART 4,5는 문제가 화면에 나오지 않으니 유의한다.

토익 스피킹 평가 기준

파트	문제 번호	평가 기준	배점
PART 1	Question 1-2	발음, 억양, 강세	3점/3점
PART 2	Question 3	발음, 억양, 강세, 문법, 어휘, 일관성	3점
PART 3	Question 4-6	발음, 억양, 강세, 문법, 어휘, 일관성, 내용의 일관성과 완성도	3점/3점/3점
PART 4	Question 7-9	발음, 억양, 강세, 문법, 어휘, 일관성, 내용의 일관성과 완성도	3점/3점/3점
PART 5	Question 10	발음, 억양, 강세, 문법, 어휘, 일관성, 내용의 일관성과 완성도	5점
PART 6	Question 11	발음, 억양, 강세, 문법, 어휘, 일관성, 내용의 일관성과 완성도	5점

토익 스피킹 성적 기준

TOEIC Speaking 시험 답변은 ETS On-line Scoring Network로 보내지며, 수험자의 답안은 전문 Rater에 의해 아래와 같은 기준으로 평가된다. 채점 결과는 0~200점(10점 단위로 표시)과 Level(Speaking Test: 1~8 Level)로 표시된다.

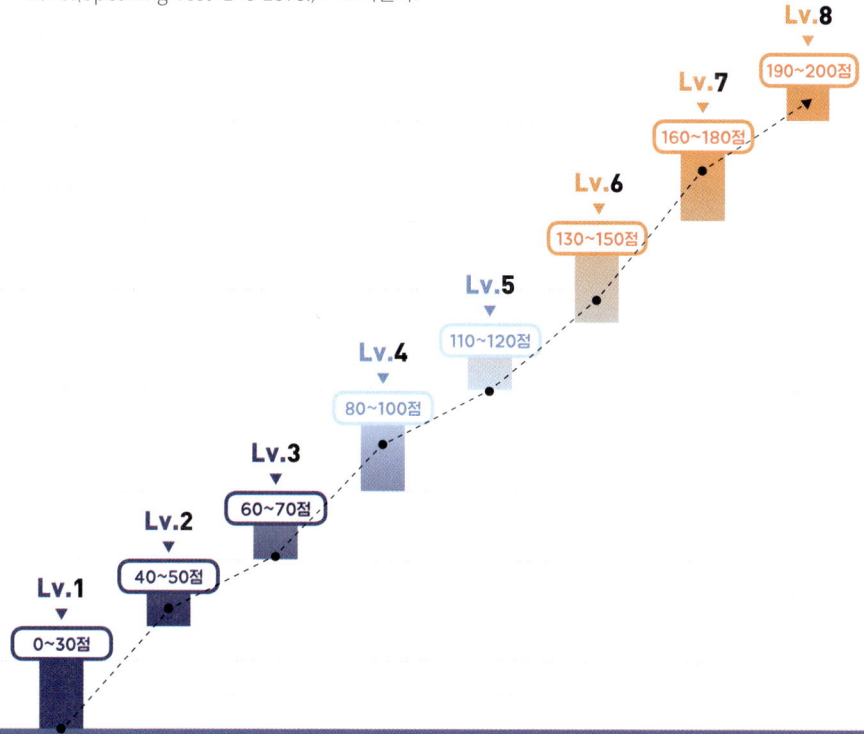

토익 스피킹 레벨별 답변 예시

다음 질문에 영어로 답변 해보고, 자신이 어느 레벨인지를 확인해보자.

Q. Do you prefer to buy used books for new books? Why is that?

RESPONSE TIME
00:00:30

Level 5 110~120점	I like..um…buy new book. New book is good. It is..um….
Level 6 130~150점	I like to buy new book because I like to read new book. I go to bookstore and buy new book.
Level 7 160~180점	I prefer to buy new books because I don't like used books. They are more expensive, but I still like new books better.
Level 8 190~200점	Well, I think it's fifty-fifty. I sometimes prefer to buy new books, but I sometimes prefer to buy new books as well. It depends.

토익 스피킹 활용 기업/기관

토익 스피킹은 국내 다수의 기업과 학교, 단체에서 정규직 채용 및 교환 학생 선발 채용 기준으로 활용되고 있다.

주요 기업		공공기관	
삼성	금호아시아나	KOICA	건강보험심사평가원
현대자동차	효성	한국마사회	농협
현대중공업	LS	공무원연금공단	병무청
한진	코오롱	한국문학번역원	국가정보원
포스코	한라그룹	한국소비자원	서울메트로9호선
롯데	아시아나항공	한국전력거래소	한국경영자총협회
두산	KB 국민카드	국민연금공단	예금보험공사
신세계	문화일보	한국항공공사	한국저작권위원회
CJ	한국투자저축은행	한국가스공사	한국투자증권
이랜드	에어부산	한국토지주택공사	한국표준과학연구원
LG	서울신문사	외국어번역행정사	서울대학교 병원
KT	MBC	한국도로공사	인천도시공사
한화	대한항공	대한체육회	부산항만공사
동부	연합뉴스	교통안전공단	한국기계연구원

토익 스피킹 가이드라인

시험 접수
시험 접수는 홈페이지(www.toeicspeaking.co.kr)에서 온라인 접수 또는 스마트폰 어플을 통해서만 가능하다.

응시료
시험 응시료는 77,000원(부가세 10% 포함)이며, 신용카드 및 계좌이체가 가능하다.

시험 일정
시험은 주로 매주 수요일, 토요일, 일요일에 있으며, 하루 1~3회 진행된다.
자세한 일정은 홈페이지(www.toeicspeaking.co.kr)에서 확인 가능하다.

입실 시간
반드시 시험 시간 전까지 시험 센터에 도착해야 하며, 입실 금지 시각 이후에는 응시할 수 없으며 연기 또는 응시료 환불이 불가하다.

준비물
규정 신분증, 수험번호
* 시험 당일 시험 규정 신분증이 없을 경우 응시가 불가능하니 반드시 지참한다.

주의 사항
* 감독자의 오리엔테이션이 끝난 후, 전원 모두 동시에 시험을 진행한다.
* 모든 질문에 답변을 안할 경우, 감점의 요인이 되므로 빠짐없이 전부 답변을 한다.
* 지나치게 크게 말하면 부정행위로 간주되니 유의한다.
* 시험은 휴식시간이 없이 진행된다.
* 시험 종료 후, 본인이 녹음한 파일을 최종적으로 전부 다 들어볼 수 있다.

성적 확인
성적 발표일은 시험 응시일로부터 약 5일 후 오후 3시이며, 토익 스피킹 홈페이지의 '성적 확인' 페이지에서 확인 가능하다.

유효기간
시험 시행일로부터 2년 뒤 해당 시험일자까지이다.

토익 스피킹 시험 화면
PART 1 시험 화면

❶ 디렉션

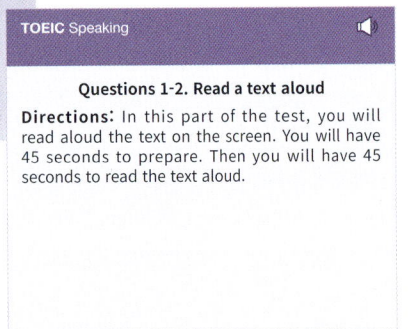

디렉션은 성우가 읽어주는 부분으로, 45초의 준비 시간과 45초의 답변 시간이 주어진다는 안내 음성을 들려준다.

❷ Q1 준비 화면

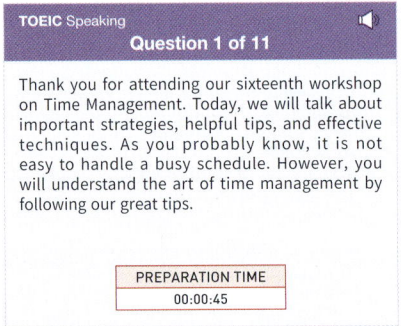

1번 문제가 화면에 제시되고, "Begin preparing now"와 함께 '삐' 소리 이후 45초의 준비 시간이 주어진다.

❸ Q1 답변 화면

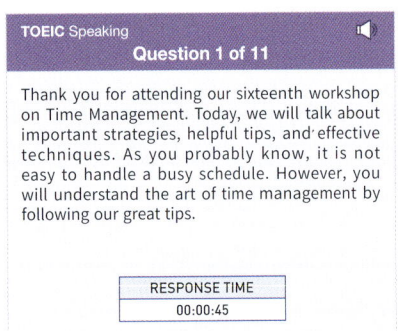

준비 시간 종료 후, "Begin reading aloud now."와 '삐' 소리 이후 45초의 답변 시간이 주어진다.

❹ Q2 준비 화면

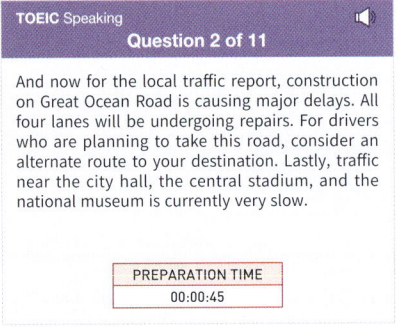

2번 문제가 화면에 제시되고, "Begin preparing now"와 함께 '삐' 소리 이후 45초의 준비 시간이 주어진다.

❺ Q2 답변 화면

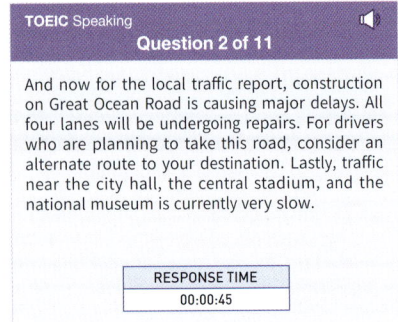

준비 시간 종료 후, "Begin reading aloud now."와 '삐' 소리 이후 45초의 답변 시간이 주어진다.

PART 2 시험 화면

❶ 디렉션

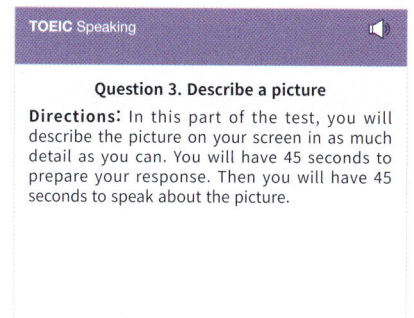

디렉션은 성우가 읽어주는 부분으로, 45초의 준비 시간과 45초의 답변 시간이 주어진다는 안내 음성을 들려준다.

❷ Q3 준비 화면

사진이 화면에 제시되고, "Begin preparing now"와 함께 '삐' 소리 이후 45초의 준비 시간이 주어진다.

❸ Q3 답변 화면

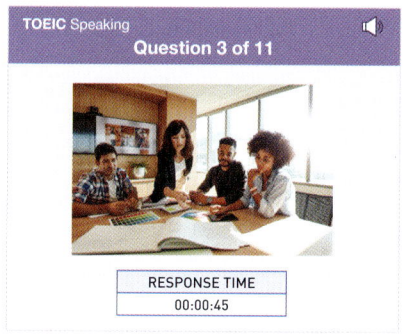

준비 시간 종료 후, "Begin speaking now."와 '삐' 소리 이후 45초의 답변 시간이 주어진다.

| PART 2 | 노트 테이킹 공략법

1. 묘사 순서와 템플릿에 따라 사용할 단어를 차례대로 정리한다.

묘사 순서와 템플릿
❶ 전체 묘사 ⋯ ❷ 인물 묘사 ⋯ ❸ 배경 묘사 ⋯ ❹ 분위기 묘사

① 전체 묘사: lounge
② 인물 묘사: [인물1] blue shirt, sitting on a couch
　　　　　　 [인물1] white shirt, standing near the door
③ 배경 묘사: building outside the window
④ 분위기 묘사: typical day

주의 문장으로 메모를 하기보다는, 중심이 되는 단어들을 사진에서 골라서 위 순서대로 메모해두면 제한시간 안에 빠르게 답변할 수 있다.

PART 3 시험 화면

❶ 디렉션

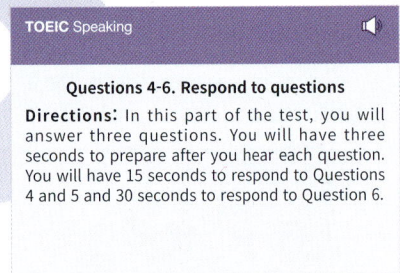

디렉션은 성우가 읽어주는 부분으로, 답변 준비 시간은 문항별로 3초씩 주어지며, 4,5번은 15초, 6번은 30초의 답변 시간이 주어진다는 안내 음성을 들려준다.

❷ 토픽 화면

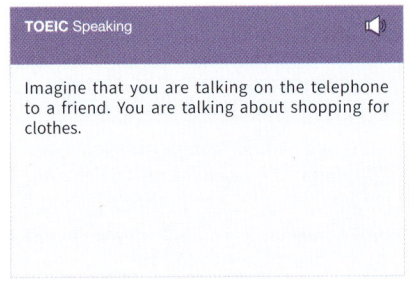

설문조사 또는 지인과 전화통화를 하는 중이라는 상황 설정을 알리는 토픽 화면이 음성과 함께 제시된다.

❸ Q4 답변 화면

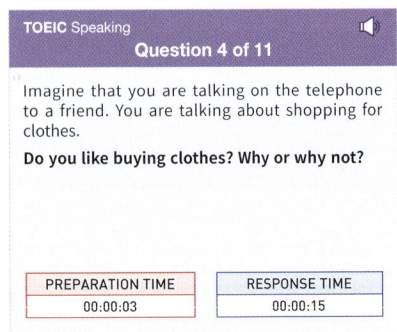

화면에 4번 문제와 음성이 함께 제시된다. 이때, 3초의 준비 시간이 주어지고 '삐' 소리 이후 15초의 답변 시간이 주어진다.

❹ Q5 답변 화면

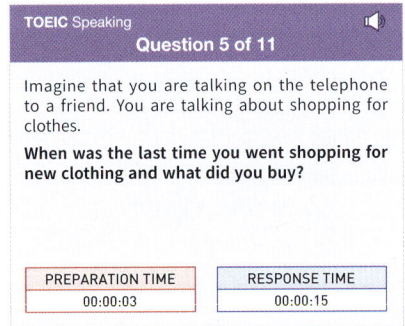

화면에 5번 문제와 음성이 함께 제시된다. 이때, 3초의 준비 시간이 주어지고 '삐' 소리 이후 15초의 답변 시간이 주어진다.

❺ Q6 답변 화면

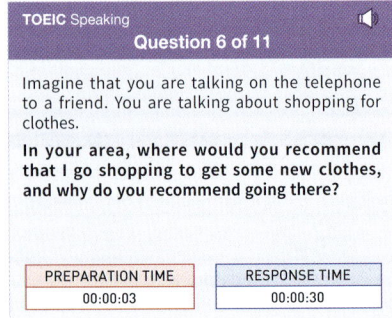

화면에 6번 문제와 음성이 함께 제시된다. 이때, 3초의 준비 시간이 주어지고 '삐' 소리 이후 30초의 답변 시간이 주어진다.

PART 4 시험 화면

❶ 디렉션

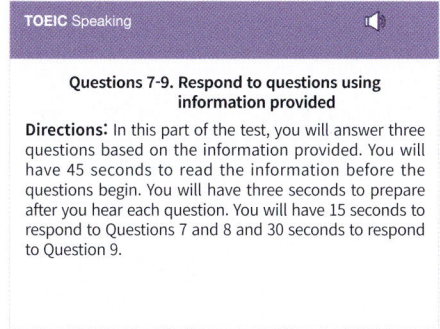

디렉션은 성우가 읽어주는 부분으로, 답변 준비 시간은 문항별로 3초씩 주어지며, 7, 8번은 15초, 9번은 30초의 답변 시간이 주어진다는 안내 음성을 들려준다.

❷ 자료 화면

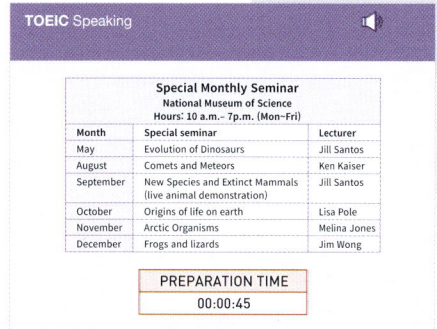

표가 화면에 제시되고, "Begin preparing now"와 함께 '삐' 소리 이후 45초의 표 분석 시간이 주어진다.

❸ Q7 답변 화면

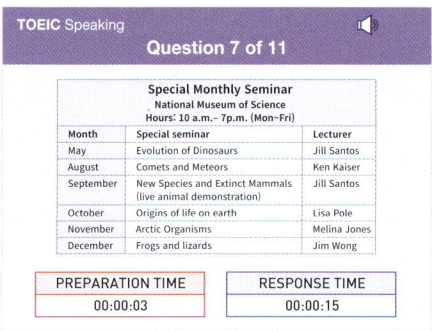

준비 시간 종료 후, 화면에 표는 그대로 제시된 상태에서 나레이션 음성이 들린다. 이어서 7번 문제가 음성으로만 제시가 되며, 3초의 준비 시간이 주어지고 '삐' 소리 이후 15초의 답변 시간이 주어진다.

❹ Q8 답변 화면

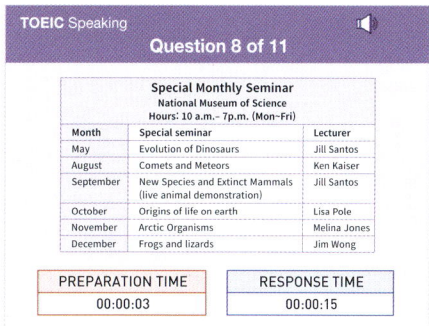

화면에 표는 그대로 제시된 상태에서 8번 문제가 음성으로만 제시가 되며, 3초의 준비 시간이 주어지고 '삐' 소리 이후 15초의 답변 시간이 주어진다.

❺ Q9 답변 화면

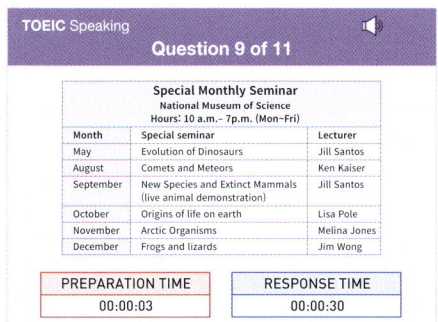

화면에 표는 그대로 제시된 상태에서 9번 문제가 음성으로만 제시가 되며, 3초의 준비 시간이 주어지고 '삐' 소리 이후 30초의 답변 시간이 주어진다.

PART 5 시험 화면

❶ 디렉션

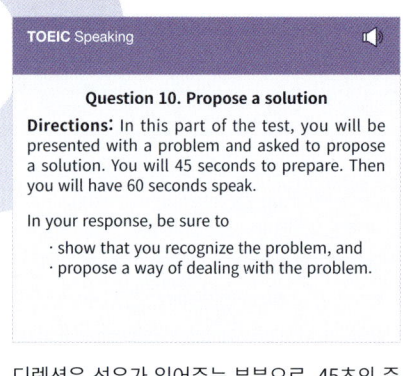

디렉션은 성우가 읽어주는 부분으로, 45초의 준비 시간과 60초의 답변 시간이 주어진다는 안내 음성을 들려준다.

❷ 문제 화면

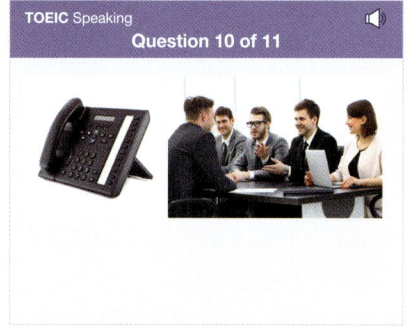

회의 또는 전화 사진이 화면에 제시되고, 약 50초의 음성이 나온다. 대화가 끝나면 다음 화면으로 자동으로 넘어간다.

❸ Q10 준비 화면

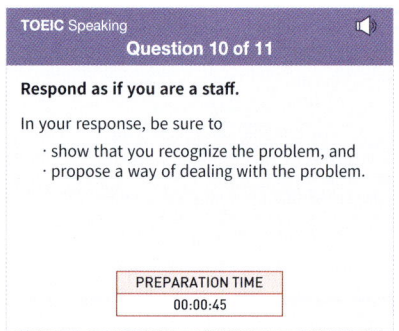

10번 문제가 화면에 제시되고, "Begin preparing now"라는 소리와 함께 '삐' 소리 이후 45초의 준비 시간이 주어진다.

❹ Q10 답변 화면

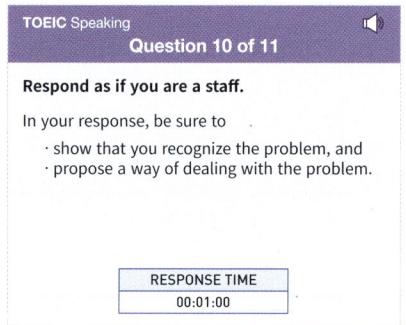

준비 시간 종료 후, "Begin speaking now."와 '삐' 소리 이후 60초의 답변 시간이 주어진다.

| PART 5 | 노트 테이킹 공략법

TOEIC Speaking
Question 10 of 11

Hi, it's Kelly, the owner of Woodland Fashion Store. Since you're my assistant, I'd like you to help me with something. As you know, we're expanding our store next month to include a new section. We'll sell sportswear and accessories. We plan to offer clothing that are suitable for many types of sports. I think this can bring in a lot of new business since fitness centers and outdoor activities are popular in our area. However, I'd like to do something creative to promote our sportswear other than advertising on the internet or newspaper we already have planned. What else can we do to <u>bring people</u> into our store to <u>buy sportswear</u>? I'd like you to call me back with a good plan.

PREPARATION TIME
00:00:45

1. 청취 중 음성 마지막 부분에 나오는 핵심 요청 사항을 받아적는다.
   예 bring people, buy sportswear

2. 연결시킬 템플릿 유형을 생각 후, 해결책 뼈대를 적는다.
   예 promote sportswear
   ⋯▶ ① send out text messages 문자를 보낸다
   ⋯▶ ② do more online promotions on SNS
           온라인 광고 를 더 한다

3. 영문 철자가 너무 긴 경우, 비교적 간단한 한국어로 적거나 본인만 알아볼 수 있게 약자로 적는다.
   예 advertisements ⋯▶ ads, social media, SNS

PART 6 시험 화면

❶ 디렉션

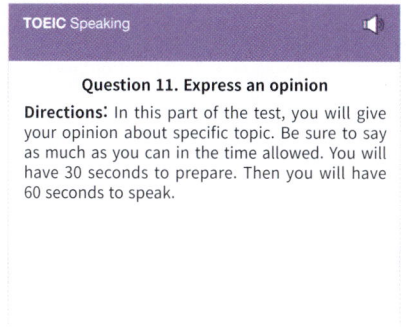

디렉션은 성우가 읽어주는 부분으로, 30초의 준비 시간과 60초의 답변 시간이 주어진다는 안내 음성을 들려준다.

❷ Q11 준비 화면

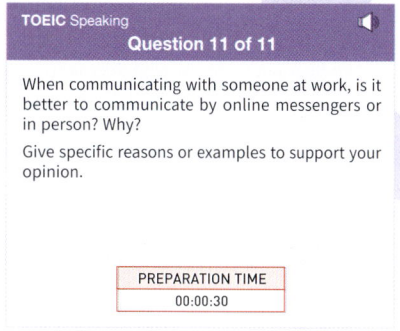

11번 문제가 화면에 제시되고, "Begin preparing now"와 함께 '삐' 소리 이후 30초의 준비 시간이 주어진다.

❸ Q11 답변 화면

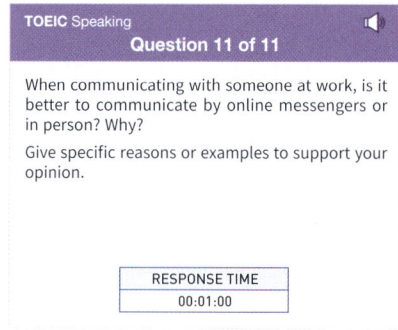

준비 시간 종료 후, "Begin speaking now."와 '삐' 소리 이후 60초의 답변 시간이 주어진다.

| PART 6 | 노트 테이킹 공략법

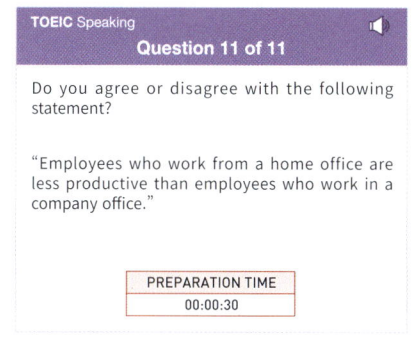

1. 질문에서 묻는 요지에 대해 한글로 요약을 한다.
   예) 재택근무 비생산적? 동의/ 비동의

2. 뒷받침할 근거를 논리적인 순서에 따라 뼈대를 작성한다.
   예) ① ask questions on the spot 회사에서 바로 질문 가능
       ⋯→ communicate efficiently 효율적인 의사소통
       ⋯→ handle problems quickly 신속한 업무 처리
   ② build better chemistry 직원들간의 케미 형성
       ⋯→ bring teamwork 팀워크 형성
       ⋯→ work efficiently and productively
           업무 효율과 생산성 증진

주의) 질문 유형과 관련하여 떠오르는 어휘가 있다면 제시할 근거들의 인과관계 순서에 맞게 메모를 해 두어 논리적인 답변이 가능하도록 준비해두자.

이 책의 구성과 특징

문제의 고정 족보 답변 템플릿과 학습자들이 다른 단어를 넣어 스스로 응용해볼 수 있는 내용을 서로 다른 색깔로 구분하여 표기했다. 이 둘의 차이점을 염두에 두고, 하이라이트가 있는 부분에 맞게 강세를 넣어 읽도록 한다.

빨간색 TEXT
고정 족보 답변 템플릿으로 학습자들이 이 빨간색 텍스트의 내용을 본인 것으로 만들어 최대한 유사하게 응용하도록 한다. 또한, 이 템플릿은 적용 및 활용도가 매우 높은 템플릿으로, 단기간에 고득점 달성을 하고 싶다면 이 부분을 반드시 암기해둔다.

파란색 TEXT
해당 내용은 학습자들에 따라 변경 가능한 부분으로 때에 따라 다양하게 응용하도록 한다.

강세 하이라이트
해당 교재에서 PART 1은 **노랑**, 그 외 파트는 **빨강**, **파랑** 하이라이트가 들어간 부분에 맞추어 강세를 넣어서 읽도록 한다.

1. 파고다 대표 강사들의 필수 노하우만 담은 파트별 마스터 전략

토익 스피킹의 파트별 개념 및 전략 학습을 하는 단계로, 각 파트별로 필요한 전략과 답변 템플릿이 제공되며, 공통으로 필요한 기초 개념 학습은 기초 다지기에서 제공된다.

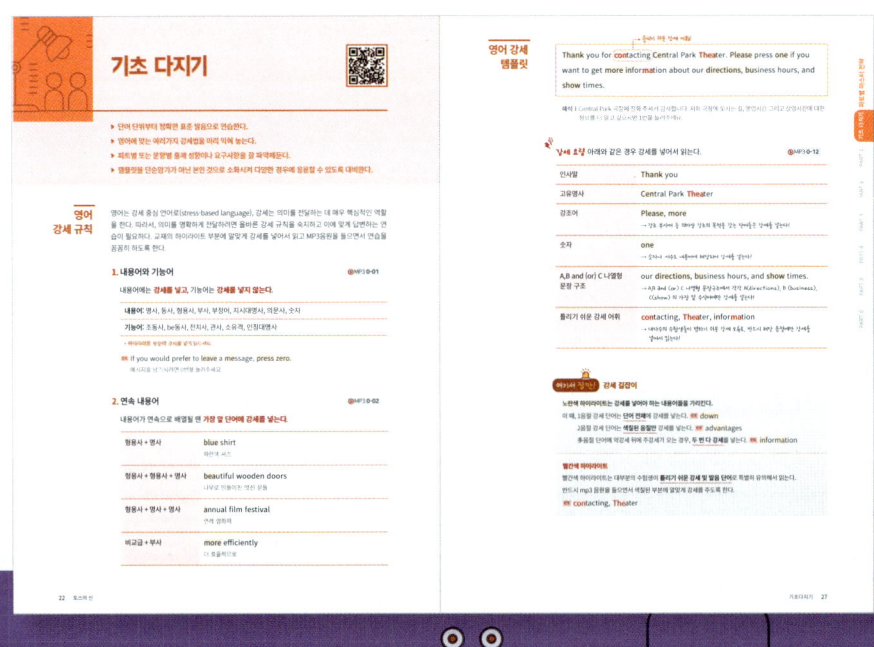

음원 다운로드

음원은 문제만 나오는 실전 테스트용 파일과
문제와 모범 답변이 따로 있는 분할용 파일,
그리고 시험 직전 파트별 어휘집의 음원 파일을 제공한다.
음원은 QR 코드 인증 어플을 사용하여 QR 코드 스캔 또는
파고다 북스(www.pagodabook.com) 홈페이지에서 로그인 후, 다운로드가 가능하다.
* QR 코드 인증 및 다운로드와 관련한 자세한 사항은 뒷표지의 날개를 확인해주세요.

2. 최신 경향을 골고루 반영한 실전 훈련 TEST 20회분

최신 경향의 기출 문제들을 정밀하게 분석 및 반영하여, 실제 정기 토익 스피킹 시험과 가장 유사한 난이도로 실전 모의고사 20회분을 구성했다. 각 파트별 템플릿을 수록하고, 난이도가 높은 답변은 Level. 7 표기를 하여 학습자들이 스스로 난이도 체크를 할 수 있게끔 하였다.

* TEST 19,20 2회분은 온라인 전용으로 테스트클리닉(www.testclinic.com)에서만 제공됩니다.

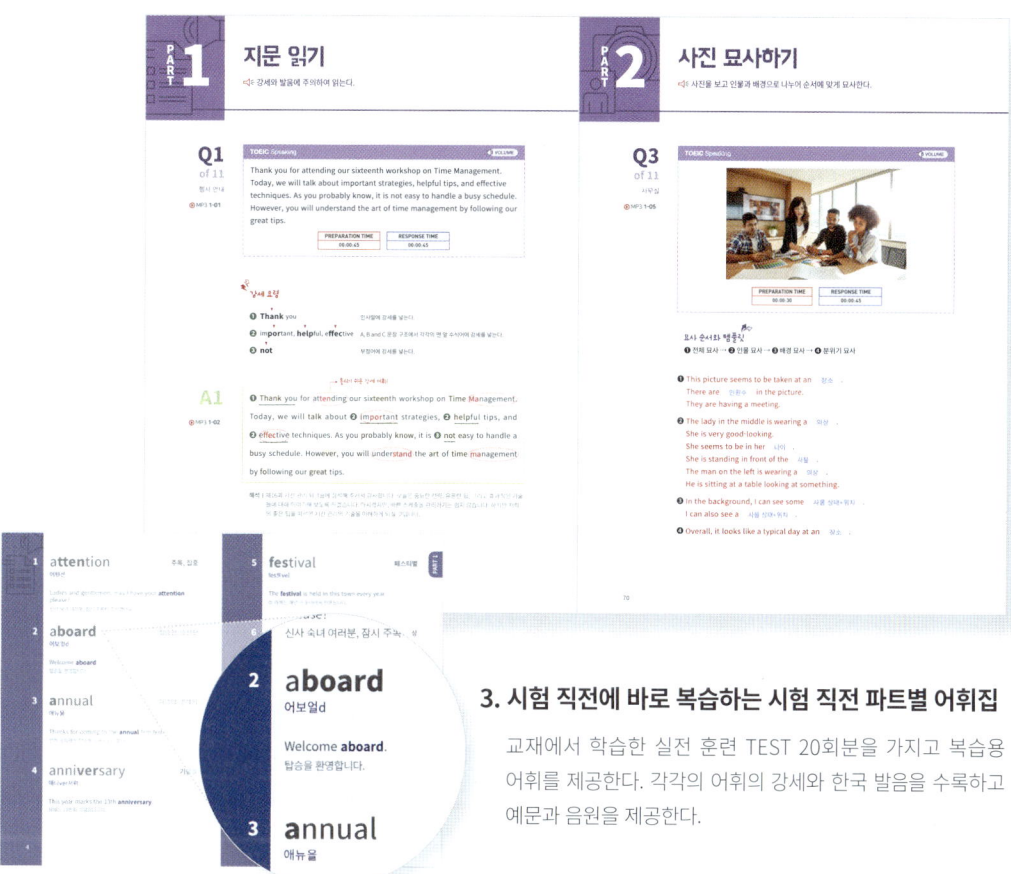

3. 시험 직전에 바로 복습하는 시험 직전 파트별 어휘집

교재에서 학습한 실전 훈련 TEST 20회분을 가지고 복습용 어휘를 제공한다. 각각의 어휘의 강세와 한국 발음을 수록하고 예문과 음원을 제공한다.

4. 저자 직강 무료 동영상 강의

토익 스피킹을 처음 공부하는 학생들을 위해 파고다 대표 강사들의 토익 스피킹 소개, 파트별 전략 그리고 실전 1회분 해설 동영상 강의를 제공한다. 이 강의는 교재의 목차 페이지(p.5~6)에서 QR 코드 스캔 또는 파고다 북스 홈페이지(www.pagodabook.com)에서 로그인 후 이용 가능하다.

실제 시험과 동일한 환경으로 최종 점검이 가능한 무료 온라인 모의고사 20회분

교재의 문제를 실제 시험과 동일한 환경에서 학습해 볼 수 있게끔 실전 훈련 TEST 20회분 (교재 18회분, 온라인 모의고사 2회분)을 온라인으로도 제공한다. 온라인 모의테스트는 테스트클리닉(www.testclinic.com) 홈페이지에서 로그인 후, [교재 인증 테스트]-[토익스피킹] 페이지에서 교재 인증을 통해 응시가 가능하다.

강의 만족도 10점 만점!
토익스피킹 최고 인기 강의를 책으로 만난다!

※ 17.05.13~18.05.13 네이버 트렌드 검색 기준

발음&강세 훈련부터 완벽한 템플릿까지!

전○○ LV.4 → LV.6

2018년 3월 수강

평점: ★★★★★

스피킹은 저에게 높은 벽이었기에 26년을 살면서 처음 학원에 등록했습니다. 독학으로 레벨 4를 받고 도저히 혼자 공부가 안될 것 같아 가장 유명한 강의를 신청했는데 역시 명불허전이었습니다.

첫날부터 발음과 강세를 케어해주셔서 틀리는 발음을 신경 쓰다 보니 자연스럽게 교정이 됐고 알찬 템플릿과 시험에 필요한 기술들도 잘 알려주셔서 유용하게 사용했습니다. 시험 성적을 올리는 것이 수업의 가장 큰 목표겠지만 기술적인 것뿐만 아니라 실생활에 필요한 영어회화 능력을 끌어올려 주시려고 노력하시는 모습이 매우 좋았습니다.

토스 성적이 급하게 필요해 2주 강의(8회) 중 앞 6강을 듣고 바로 시험을 본 결과 턱걸이 LV. 6이 나왔지만, 만약 2주 강의를 모두 들었다면 훨씬 좋은 성적을 받을 수 있었을 겁니다!

○○○ LV.5 → LV.7

2018년 2월 수강

평점: ★★★★★

현석쌤 소라 쌤 덕분에 좋은 성적을 받을 수 있었습니다. 쌤들께 정말 감사드립니다.

처음에는 템플릿이 익숙하지 않아 배운 것을 완벽히 외우는 것으로 복습을 했습니다. 그리고 3, 4일 정도 지났을 때에는 배우지 않은 부분도 실제 시험이라고 생각하고 문제를 풀어봤습니다. 배우기 전에 예습하고 배운 후에도 계속 반복해서 복습을 하니 자연스럽게 교재 내용이 숙지가 되었습니다. 정말 교재를 완벽하게 외우는 것이 가장 중요한 것 같습니다.

교재 내용은 다 외워서 어느 부분을 펼쳐도 준비시간 없이 대답할 수 있었어요. 그리고 제공해 주시는 실제 시험 형식의 모의고사를 활용해 실제 시험장에서 풀어보는 느낌으로 연습해볼 수 있습니다. 그 외에도 기출문제와 응용문제들도 실전 적응력을 높이는데 도움이 많이 됐습니다.

파고다 대표강사
토스의 神 이현석&김소라

2주 만에 LV.7 초단기 달성!

김○○ score 160
2018년 9월 수강
평점: ★★★★★

별다른 준비 없이 친 첫 시험에서 쓴맛을 보고 어쩔 수 없이 학원을 등록하긴 했지만, 그 거부감만큼은 첫 수업 때까지도 여전했습니다.

하지만 하루, 이틀 수업을 들으면서 생각이 완전히 바뀌었습니다. 단순히 점수를 잘 받기 위한 강의라고만 생각했었는데, 기본적인 발음, 강세, 그리고 다양한 표현들까지 익힐 수 있었습니다.

그동안 제가 아무 생각 없이 말해왔던 단어들의 정확한 발음법을 하나하나 잡아주셨고, 덕분에 무엇이 전달력 있는 발음인지 파악할 수 있었습니다.

치밀하게 준비해주시는 유형별 템플릿도 정말 좋았습니다. 물론 공부하는 과정은 고통스러운 암기였지만, 언제부턴가 처음 보는 파트5&6 문제도 술술 말할 수 있게 되더라고요.

○○○ score 180
2018년 7월 수강
평점: ★★★★★

점수 나온 기념으로 후기 쓰고 갑니다! 갑자기 점수가 필요해 돈 끌어다 학원을 다니게 됐습니다. 처음에는 교재 보고 이걸 어떻게 2주 만에 하나 싶었는데, 수업 열심히 들으면서 시키는 대로 하니까 되더라고요! 선생님들 커리큘럼이 굉장히 효과적이었다고 봅니다. 토스의 신 수업 들으면서 가장 도움되었던 부분들은

첫째. 직접 말하면서 실전처럼 따라 하는 수업이라 지루하지가 않았다.
둘째. 한 명 한 명 신경을 써주셔서 해이해질 틈이 없었다.
셋째. 파트별로 어느 부분이 중요하고 비중을 둬야 되는지 정확히 알려주신다.(경력이 많으신 게 느껴짐)
넷째. 교재가 액기스다. (실전 시험 20세트 안에 거의 모든 유형이 다 들어있어서 시험 때 써먹기 편함)

학원을 몇 군데 다녔지만 이번 방학 때 수강한 토스의 신은 제 인생 수업이었습니다.

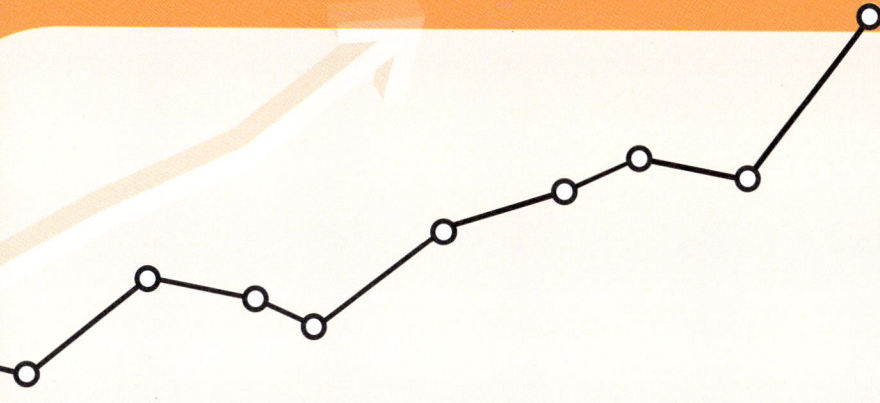

※ 2018년 파고다어학원 수강생의 실제 후기를 발췌·편집한 내용입니다.

학습 플랜

20일 완성

DAY 1	DAY 2	DAY 3	DAY 4	DAY 5
OT 강의 + 파트별 마스터 전략 + 실전 훈련 TEST 01 + 복습	실전 훈련 TEST 02 + 복습	실전 훈련 TEST 03 + 복습	실전 훈련 TEST 04 + 복습	실전 훈련 TEST 05 + 복습

DAY 6	DAY 7	DAY 8	DAY 9	DAY 10
실전 훈련 TEST 06 + 복습	실전 훈련 TEST 07 + 복습	실전 훈련 TEST 08 + 복습	실전 훈련 TEST 09 + 복습	실전 훈련 TEST 10 + 복습

DAY 11	DAY 12	DAY 13	DAY 14	DAY 15
실전 훈련 TEST 11 + 복습	실전 훈련 TEST 12 + 복습	실전 훈련 TEST 13 + 복습	실전 훈련 TEST 14 + 복습	실전 훈련 TEST 15 + 복습

DAY 16	DAY 17	DAY 18	DAY 18	DAY 20
실전 훈련 TEST 16 + 복습	실전 훈련 TEST 17 + 복습	실전 훈련 TEST 18 + 복습	온라인 실전 훈련 TEST 19 + 복습 + 시험 직전 파트별 어휘집	온라인 실전 훈련 TEST 20 + 복습 + 시험 직전 파트별 어휘집

30일 완성

DAY 1	DAY 2	DAY 3	DAY 4	DAY 5
OT 강의	파트별 마스터 전략	실전 훈련 TEST 01 + 복습	실전 훈련 TEST 02 + 복습	시험 직전 파트별 어휘집 PART 1
DAY 6	**DAY 7**	**DAY 8**	**DAY 9**	**DAY 10**
실전 훈련 TEST 03 + 복습	실전 훈련 TEST 04 + 복습	실전 훈련 TEST 05 + 복습	실전 훈련 TEST 06 + 복습	시험 직전 파트별 어휘집 PART 2
DAY 11	**DAY 12**	**DAY 13**	**DAY 14**	**DAY 15**
실전 훈련 TEST 07 + 복습	실전 훈련 TEST 08 + 복습	실전 훈련 TEST 09 + 복습	실전 훈련 TEST 10 + 복습	시험 직전 파트별 어휘집 PART 3
DAY 16	**DAY 17**	**DAY 18**	**DAY 19**	**DAY 20**
실전 훈련 TEST 11 + 복습	실전 훈련 TEST 12 + 복습	실전 훈련 TEST 13 + 복습	실전 훈련 TEST 14 + 복습	시험 직전 파트별 어휘집 PART 4
DAY 21	**DAY 22**	**DAY 23**	**DAY 24**	**DAY 25**
실전 훈련 TEST 15 + 복습	실전 훈련 TEST 16 + 복습	실전 훈련 TEST 17 + 복습	실전 훈련 TEST 18	시험 직전 파트별 어휘집 PART 5
DAY 26	**DAY 27**	**DAY 28**	**DAY 29**	**DAY 30**
온라인 실전 훈련 TEST 19	온라인 실전 훈련 TEST 19 + 복습	온라인 실전 훈련 TEST 20	온라인 실전 훈련 TEST 20 + 복습	시험 직전 파트별 어휘집 PART 6

파트별 마스터 전략

기초 다지기
PART 1 마스터 전략
PART 2 마스터 전략
PART 3 마스터 전략
PART 4 마스터 전략
PART 5 마스터 전략
PART 6 마스터 전략

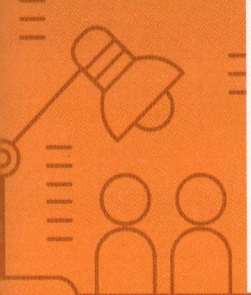

기초 다지기

기초 다지기 강의 바로 가기

> 단어 단위부터 **정확한 발음**으로 연습한다.
> 영어에 맞는 여러가지 **강세 규칙**을 미리 익혀 놓는다.
> 파트별 또는 **문항별 출제 성향**이나 요구사항을 잘 파악해둔다.
> 템플릿을 단순암기가 아닌 본인 것으로 소화시켜 다양한 경우에 응용할 수 있도록 대비한다.

영어 강세 규칙

영어는 강세 중심 언어로(stress-based language), 강세는 의미를 전달하는 데 매우 핵심적인 역할을 한다. 따라서, 의미를 명확하게 전달하려면 올바른 강세 규칙을 숙지하고 이에 맞게 답변하는 연습이 필요하다. 교재의 하이라이트 부분에 강세를 넣어서 읽고 MP3 음원을 들으면서 연습을 꼼꼼히 하여 토익 스피킹의 기본기를 잘 다지도록 한다.

1. 내용어와 기능어 ▶ MP3 0-01

내용어에는 **강세를 넣고**, 기능어는 **강세를 넣지 않는다**.

내용어: 명사, 동사, 형용사, 부사, 부정어, 지시대명사, 의문사, 숫자

기능어: 조동사, be동사, 전치사, 관사, 소유격, 인칭대명사

* 하이라이트 부분에 강세를 넣어 읽는다.

ex If you would prefer to **leave** a **message**, **press zero**.
메시지를 남기시려면 0번을 눌러주세요.

2. 연속 내용어 ▶ MP3 0-02

내용어가 연속으로 배열될 땐 **가장 앞 단어에 강세를 넣는다**.

형용사 + 명사	**blue** shirt 파란색 셔츠
형용사 + 형용사 + 명사	**beautiful** wooden doors 나무로 만들어진 멋진 문들
형용사 + 명사 + 명사	**annual** film festival 연례 영화제
비교급 + 부사	**more** efficiently 더 효율적으로

명사 + 명사	travel agency
	여행사
부사 + 형용사 + 명사	very big house
	매우 큰 집
합성어	good-looking
	외모가 준수한
복합명사	parking lot
	주차장

3. 부정어　　　　　　　　　　　　　　　　　　　　　▶ MP3 **0-03**

부정어는 **항상 강세를 넣는다**.

no	don't	won't	incorrect
not	didn't	never	unhealthy

ex You can't meet your friend that day.
　　 당신은 그날 친구를 만날 수 없습니다.

4. 최상급　　　　　　　　　　　　　　　　　　　　　▶ MP3 **0-04**

최상급은 **항상 강세를 넣는다**.

best	biggest	fastest	freshest
most	latest	lowest	quickest

ex You can find the lowest prices on computers.
　　 컴퓨터로 최저가를 찾아볼 수 있습니다.

5. 구동사　　　　　　　　　　　　　　　　　　　　　▶ MP3 **0-05**

구동사는 **뒷단어에 항상 강세를 넣는다**.

find out	seek out	eat out
hand out	set up	turn off
give out	check out	block off

ex He will give out the certificates.
　　 그가 자격증들을 수여할 것입니다.

영어 발음 규칙

발음은 토익 스피킹 시험에서의 주요 채점 요소 중 하나로, 원어민처럼 발음하기 위해서는 영어의 발음 규칙을 잘 알아야 한다. 이는 충분한 연습을 통해 해결이 가능하므로, 모든 파트에서 긴장을 놓지 않고 발음 연습을 하도록 한다.

1. 경음화

▶ MP3 0-06

마찰음([f], [v], [s], [z], [θ], [ð], [ʃ], [ʒ], [h]) 또는 모음 뒤의 자음 p, t, k는 **된소리[ㅃ, ㄸ, ㄲ]로 발음한다.**

마찰음 →

speaker [스삐-커r]	스피커	install [인스떠얼]	설치하다
start [스따-rt]	시작하다	local [로우-껄]	지역의
study [스떠리]	공부하다	working [워r낑]	일하는
episode [에삐쏘우드]	에피소드	talking [터어낑]	말하는
experience [익스삐-뤼은스]	경험	parking [파r낑]	주차하는
extensive [익스뗀시브]	광범위한	looking [르낑]	보고 있는
open [오우쁜]	열다	people [피이쁠]	사람들

2. 유음화

▶ MP3 0-07

강세 뒤에 오는 t, d가 모음과 모음 사이에 있을 때는 **[ㄹ]과 유사한 음으로 발음한다.** 이 때, 실제 모음(a, e, i, o, u) 외에 다른 알파벳이 모음의 소리 즉, 모음 음가 소리를 가지는 경우에도 이 규칙을 적용한다.

모음 →

water [워러r]	물	remodeling [뤼머를링]	리모델링
butter [버러r]	버터	related [륄레이리드]	관련된
metal [메를]	금속	located [로우케이리드]	위치한
marketing [마r께링]	마케팅	divided [드봐이리드]	나누어진
quality [쿼얼르리] → 모음 음가 소리를 가지는 경우	질	visited [뷔지리드]	방문한
lady [레이리]	여성	invited [인봐이리드]	초대된
model [머를]	모델	united [유나이리드]	통일된

3. 모음 약화

▶ MP3 0-08

강세가 없는 음절의 모음들은 모두 [으]와 유사한 소리로 발음한다.

alternate → 모음 [얼터늣]	교대하는	combine [큼바인]	결합하다
candidate [캔드딋]	후보자	contain [큰테인]	함유하다
certificate [쓰티f ㅣ 끗]	증명서	connected [크넥티드]	연속된
participate [프티씨페잇]	참여하다	demonstrate [데믄스트뤠잇]	시연하다
computer [큼퓨러r]	컴퓨터	celebrate [쎌르브뤠잇]	기념하다

4. 성문 폐쇄음

▶ MP3 0-09

강세 뒤에 t+모음+n이 올 때, t가 n에 동화되므로 [은]과 유사한 소리로 발음한다.

마침표는 성문폐쇄음을 나타낸 것으로 이 부분은 실제로 뚝 끊기는 듯한 느낌으로 발음한다!

button [벋.은]	단추	mountain [마운.은]	산
cotton [컫.은]	면	fountain [f ㅏ운.은]	분수
curtain [커r.은]	커튼	written [륏.은]	글로 쓰인
bitten [빗.은]	물린	certain [써r.은]	특정한

5. 무성음

▶ MP3 0-10

-ge로 끝날 때 [쥐]가 아닌 무성음 [ㅊ]와 유사한 소리로 발음한다.

message [멧쓰ㅊ]	메시지	damage [데-므ㅊ]	손상
change [췌인ㅊ]	변화	language [래-앵귀ㅊ]	언어
fridge [f륏ㅊ]	냉장고	college [카-알르ㅊ]	대학

6. 그 외 주의해야 하는 발음

▶ MP3 0-11

아래의 발음 구분과 모음 음가 구분에 주의하여 발음한다.

[th] vs. [s]

think – sink [th잉-크]-[싱크]	생각하다 - 가라앉다	clothing – closing [클로우딩]-[클로우징]	의류 - 마무리 짓다

[f] vs. [p]

fast – past [f에스t]-[패스t]	빠른 - 과거	half – help [하아f]-[헤으p]	절반 - 돕다
full – pull [f울]-[풀]	가득한 - 당기다	fan – pan [f애-앤]-[패-앤]	선풍기 - 프라이팬

[b] vs. [v]

berry – very [베뤼]-[v에뤼]	열매 - 매우	bend – vend [벤드]-[v엔드]	굽히다 - 팔다

[l] vs. [r]

lead – read [리이드]-[뤼이드]	이끌다 - 읽다	walk – work [워어k]-[워rk]	걷다 - 일하다
lies – rise [라이즈]-[롸이즈]	거짓말 - 떠오르다	or – all [오얼]-[얼]	아니면 - 모든
lost – roast [러스트]-[로우스트]	잃어버린 - 굽다		

모음 음가 구분

bed – bad [베드]-[배애드]	침대 - 나쁜	tall – told [털]-[톨드]	키가 큰 - 말했다
leave – live [리이v]-[리v]	떠나다 - 살다	call – cold [컬]-[콜드]	연락하다 - 차가운
but – bought [벗]-[버어t]	그러나 - 샀다		

영어 강세 템플릿

▶ MP3 0-12

▶ 틀리기 쉬운 강세 어휘!

> Thank you for **con**tacting Central Park **Thea**ter. Please press one if you want to get more infor**ma**tion about our directions, business hours, and show times.

해석 | Central Park 극장에 전화 주셔서 감사합니다. 저희 극장에 오시는 길, 영업시간 그리고 상영시간에 대한 정보를 더 알고 싶으시면 1번을 눌러주세요.

 강세 요령 아래의 경우에 강세를 넣어서 읽는다.

인사말	**Thank** you
고유명사	Central Park **Thea**ter
강조어	**Please, more** → 강조 부사어 등 의미상 강조의 목적을 갖는 단어들은 강세를 넣는다.
숫자	**one** → 숫자나 서수도 내용어에 해당되어 강세를 넣는다.
A, B and (or) C 나열형 문장 구조	our **di**rections, **bu**siness hours, and **show** times. → A,B and (or) C 나열형 문장구조에서 각각 A(directions), B (business), C(show) 의 가장 앞 수식어에만 강세를 넣는다.
틀리기 쉬운 강세 어휘	**con**tacting, **Thea**ter, infor**ma**tion → 대다수의 수험생들이 범하기 쉬운 강세 오류로, 반드시 해당 음절에만 강세를 넣어서 읽는다.

 **강세 길잡이**

노란색 하이라이트는 강세를 넣어야 하는 내용어를 가리킨다.

이 때, 1음절 강세 단어는 **단어 전체**에 강세를 넣는다. **ex** **down**

　　　 2음절 강세 단어는 **색칠된 음절만** 강세를 넣는다. **ex** ad**van**tages

　　　 다음절 단어에 약강세 뒤에 주강세가 오는 경우, **두 번 다 강세**를 넣는다. **ex** **in**for**ma**tion

빨간색 하이라이트는 대부분의 수험생이 **틀리기 쉬운 강세 및 발음 단어**로 특별히 유의해서 읽는다.

반드시 mp3 음원을 들으면서 색칠된 부분에 알맞게 강세를 주도록 한다.

ex **con**tacting, **Thea**ter, infor**ma**tion

PART 1 마스터 전략

지문 읽기 | Read a text aloud

PART I 마스터 전략
강의 바로가기

▶ 준비 시간에 강세 및 발음에 유의하여 **미리 내용을 읽어본다.**
▶ 내용어에 강세를 넣어서 자연스럽게 읽는다. (이때, 억양은 절대 인위적으로 넣지 않을 것!)
▶ A, B and C 나열형 문장 구조에서 A, B, C 각각의 **가장 앞 내용어**에 강세를 넣는다.
   ex **strong** winds, **hea**vy rainfall and **dark** skies.
▶ 고유명사 발음 정확도는 주요 감점 요인 아니다. (단, 강세는 절대 틀리지 않을 것!)
▶ 잘못 읽었을 경우 당황하지 말고, **해당 단어부터** 다시 읽는다.

빈출 유형

1. 전화 ARS
2. 일기예보
3. 교통 정보
4. 행사 안내
5. 광고
6. 공연 안내
7. TV / 라디오 프로그램 안내
8. 관광 안내
9. 사내 교육
10. 기내 방송

빈출 표현

1. 전화 ARS   ▶ MP3 1-01

customer service representative 고객 서비스 담당자	Please **remain** on the **line.** 끊지 말고 기다려 주세요.
personnel/agent/operator 상담원	**inquiry** 문의
calling/contacting 연락	Please **press** **one.** 1번을 누르세요.
business hour 영업시간	**appointment** 예약
information 정보	**Please** visit our **Web**site. 웹사이트를 방문해보세요.
schedule 스케줄	**return** one's **call** 전화를 다시 주다

2. 일기예보

weather forecast[report /update] 일기예보	**cool** 시원한
breezy 선선한 바람이 부는	**Celsius** 섭씨의
thunderstorm 폭풍우	**temperature** 기온
expect/predict 예측하다	**chilly** 쌀쌀한
occasional 간헐적인	**shower** 소나기

3. 교통 정보

traffic report[update] 교통정보	**highway** 고속도로
sponsored ~이 후원하는	**construction work** 공사
detour/alternate route 우회로	**repair work** 수리 작업
congestion 교통 혼잡	**closure** 폐쇄
commute 통근; 통근하다	**utility work** 설비 공사
considering ~을 고려하면	**blocked off** 차단된
remove 제거하다	**maintenance** 관리, 보수

4. 행사 안내

ladies and gentlemen 신사 숙녀 여러분	**conference** 회의
annual 연례의	**workshop** 워크숍
event 이벤트	**seminar** 세미나
award 상	**management** 관리, 운영
festival 축제	**introduce** 소개하다
hotel 호텔	**experience** 경험; 경험하다
enjoy 즐기다	**refreshment** 다과

5. 광고 ▶ MP3 1-05

computer 컴퓨터	Please visit our Website. 저희 웹사이트를 방문해 보세요.
discount 할인	Do not hesitate. 망설이지 마세요.
device 기기	30 percent off 30퍼센트 할인
display 전시; 진열하다	mobile phone 휴대전화
electronic 전자의	product 상품
lowest price 최저가	laptop 노트북 컴퓨터
main concern 주된 관심	patron 단골고객

6. 공연 안내 ▶ MP3 1-06

performance 공연	stage 무대
perform 공연하다	concert 콘서트
performer 연기자, 연주자	enjoy 즐기다
exhibit 전시하다	theater 극장
exhibition 전시회	stadium 경기장
live 라이브의, 생방송의	entertainment 오락, 여흥
musician 음악가	band 밴드

7. TV / 라디오 프로그램 안내 ▶ MP3 1-07

episode 에피소드	program 프로그램
radio 라디오	channel 채널
listener 청취자	podcast 팟캐스트
stay tuned 채널을 고정하다	research 연구

8. 관광 안내 ▶ MP3 1-08

refrain from ~을 삼가다	botanical 식물의
heritage 문화유산	tourist 관광객
tour guide 여행 가이드	landmark 주요 지형지물
historic 역사적인	attraction 명소
accommodation 숙소, 시설	well-known 유명한
not permitted 허용되지 않는	camera 카메라

9. 사내 교육 ▶ MP3 1-09

orientation 오리엔테이션	policy 방침
employee 직원	guideline 지침
video 영상	e-mail account 이메일 계정
handbook 안내서	password 비밀번호
identification number 사원 번호	profile 프로필

10. 기내 방송 ▶ MP3 1-10

takeoff 이륙	chief flight attendant 수석 승무원
Welcome aboard. 탑승을 환영합니다.	Fasten[secure] your seatbelts. 안전벨트를 착용하세요.
airline 항공사	turn off (전원을) 끄다
direct flight 직항편	cell phone 휴대전화
upright 수직으로 세운	electronic device 전자기기
seat 좌석	safety procedure 안전수칙

여기서 잠깐! 이런 건 어떻게 읽나요? ▶ MP3 1-11

30%	[thㅓ리 프센트]	Ms. White	[미즈 와이트]
15th	[fㅣ프티-인th]	Prof. James	[프로fㅔ서 제임스]
$160	[헌드뤠드 앤 식스티 달러즈]	Room 502	[룸 fㅏ이브오우투]

마스터 전략

사진 묘사하기 | Describe a picture

PART 2 마스터 전략
강의 바로 가기

- 사진을 보고 다음 묘사 순서에 따라 답변을 한다. (전체 → 인물 → 배경 → 분위기)
- 인물의 동작과 행동은 반드시 **현재진행형**을 사용한다.
- 추측성 동사(seems to be, looks like)와 합성어(good-looking)등을 사용하여 자세히 묘사한다.
- 장소, 사물, 위치, 의상 등의 세부 명칭의 정확성은 크게 중요하지 않다.

빈출 유형

1. **사무실**: 회사 사무실, 회의실, 휴게실 등
2. **실내**: 상점, 식당, 학교, 도서관, 실험실, 커피숍, 주방 등
3. **야외**: 야외 시장, 길거리, 마당, 호수, 바다, 공원, 캠퍼스 등

PART 2 답변 흐름

다음 순서에 따라 총 45초 내에 답변을 한다.

1. 전체 묘사 (10초 소요)

전체를 묘사할 때는,
우선 사진이 찍힌 장소와 인원 수를
묘사한 후 전체 행동을 묘사한다.

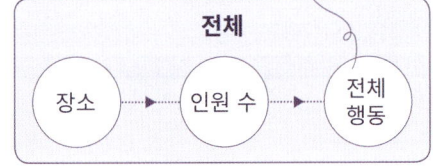

필수 묘사 부분은 아니므로,
때에 따라 선택적으로 묘사한다!

2. 인물 묘사 (20초 소요)

인물을 묘사할 때는,
사진의 중심 인물들의 구체적인 의상과 외모,
그리고 행동을 차례로 묘사한다.

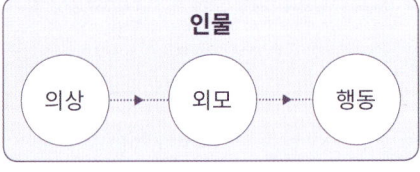

3. 배경 묘사 (10초 소요)

배경을 묘사할 때는,
앞서 묘사한 사진의 중심 인물 외의
주변 인물들과 사물을 묘사한다.

배경

4. 분위기 묘사 (5초 소요)

분위기를 묘사할 때는,
사진의 전반적인 분위기를 묘사한다.

빈출 표현

다음 빈출 표현에서 파란색으로 표기된 부분은 사진에 따라 변경 가능한 표현을 가리키며, 빨간색은 해당 사진의 유형에서 사용하는 필수 묘사 표현들이다. 다음 빈출 표현들을 암기하여, 실제 시험에서 자유 자재로 사용할 수 있도록 한다.

1. 장소 표현

▶ MP3 2-01

실내

at an office 사무실에서	at a coffee shop 커피숍에서
at a classroom 교실에서	at a lounge 휴게실에서
at a restaurant 식당에서	at a store 상점에서

실외

at a park 공원에서	at a marketplace 야외시장에서
at a parking lot 주차장에서	at an airport 공항에서
at a front yard 앞마당에서	on the street 길거리에서

2. 인물 외모 및 동작·행동 표현

↪ 인물의 외모보다 동작이나 행동을 자세히 묘사하는 것이 좀 더 높은 점수를 획득할 수 있다!

▶ MP3 2-02

외모

헤어스타일	**have short[long/curly/straight] hair** 짧은 [긴 / 곱슬의 / 직모]의 머리를 가지고 있다 **have blond[dark brown/grey] hair** 금발 [짙은 갈색 / 회색]의 머리를 가지고 있다 **have one's hair up[down]** 머리를 묶고[풀고] 있다
옷	**be wearing a blue shirt** ↪ 일반 상의는 대부분 shirt! 파란색 셔츠를 입고 있다 **be wearing a green jacket** ↪ 겉옷은 대부분 jacket! 초록색 재킷을 입고 있다
나이	**mid-thirties** ↪ 젊은 인물일 때 30대 중반 **mid-sixties** ↪ 노년의 인물일 때 60대 중반

기본 동작·행동 ↪ 사물이 무엇인지 확실하지 않을 때는 something을 사용한다!

서 있을 때	**be standing in front of the + 명사** ~앞에 서 있다
앉아 있을 때	**be sitting at a table** 테이블 좌석에 앉아 있다 **be sitting on the + 명사** ~에 앉아 있다

보고 있을 때	**be looking at one's 명사** ~를 보고 있다 **be looking at something** ← 무엇인지 확실하지 않을 경우 무언가를 보고 있다	
손에 들거나 쥐고 있을 때	**be holding + 명사 + ~ in one's hand(s)** ~를 손에 들고 있다 **be holding something in one's hand(s)** 무언가를 손에 들고 있다	
기타	**be having a conversation** 대화를 나누고 있다 **seems to be having fun** 즐거워 보인다	

장소에 따른 동작·행동

상점/시장/커피숍	**be paying for something** 무언가를 계산을 하고 있다 **be showing something to someone** ← 누군지 정확하지 않을 경우 누군가에게 무언가를 보여주고 있다 **be standing in line** 줄을 서 있다
공원/길거리	**be sitting on a bench** 벤치에 앉아 있다 **be taking a walk** 산책을 하고 있다 **be riding a bike** 자전거를 타고 있다 **be walking a dog** 개를 산책 시키고 있다 **be walking up[down] the stairs** 계단을 오르고[내려가고] 있다
사무실	**be making a presentation** 발표를 하고 있다 **be paying attention to the presenter[speaker]** 발표자에게 주목을 하고 있다 **be having a meeting** 회의를 하고 있다 **be talking on the phone** 전화를 하고 있다

3. 배경 표현

> MP3 2-03

실내

I can see some people passing by.
지나가는 사람들이 보입니다.

I can see some pictures hanging on the wall.
벽에 그림들이 걸려있는 게 보입니다.

I can see some people sitting at a table.
테이블에 앉아 있는 사람들이 보입니다.

I can see some lights hanging on the ceiling.
천장에 매달려 있는 전등들이 보입니다.

I can see some buildings outside the window.
창밖에 건물들이 보입니다.

I can see various items on the shelves.
선반 위에 다양한 상품들이 보입니다.

실외

I can see some cars parked side by side.
나란히 주차된 차들이 보입니다.

I can see some nice white houses.
멋진 흰색 집들이 보입니다.

I can see some buildings along the street.
길을 따라 건물들이 보입니다.

I can see some wooden fences.
나무 울타리가 보입니다.

I can see some large buildings and tall trees.
건물들과 커다란 나무들이 보입니다.

I can see some boats on the river.
강물 위에 보트들이 보입니다.

I can see some street vendors.
노점상들이 보입니다.

PART 2
답변 템플릿

다음 답변 템플릿에서 파란색 표기된 부분은 사진에 따라 변경 가능한 표현을 가리키며, 빨간색은 해당 사진뿐만 아니라, 이 유형과 비슷한 장소나 행동을 묘사할 때 사용할 수 있는 고정 족보 답변 템플릿이다. 다음 예시 문제를 보고, 아래 사무실 사진에서 반드시 묘사해야 하는 빨간색 표기 부분과 변경해서 사용 가능한 파란색 표기 부분을 유의 깊게 보며 표현들을 익힌다.

▶ MP3 2-04

1. 전체 묘사

▶ 빨간색과 파란색 하이라이트 부분에 강세를 넣어서 읽는다.

장소
This picture seems to be taken at an office.
이 사진은 사무실에서 찍힌 것처럼 보입니다.

인원 수
There are four people in the picture.
사진에는 4명의 사람이 있습니다.

전체 행동
They are having a meeting.
그들은 회의를 하고 있습니다.

2. 인물 묘사

인물 1

의상: The man on the right is wearing a blue shirt.
오른쪽에 있는 남성은 파란색 셔츠를 입고 있습니다.

외모: He is very good-looking.
He seems to be in his mid-thirties.
그는 외모가 준수합니다.
30대 중반처럼 보입니다.

행동: He is standing in front of the table.
그는 테이블 앞에 서 있습니다.

인물 2

의상: The lady on the left is wearing a light blue shirt.
왼쪽에 있는 여성은 연한 파란색 셔츠를 입고 있습니다.

외모: She has her hair up.
그녀는 머리를 묶고 있습니다.

행동: She is sitting at a table looking at the man.
그녀는 테이블에 앉아 남성을 바라보고 있습니다.

3. 배경 묘사

> 사무실에서의 사물은 대부분 선반이나 테이블 위에 있다.

배경: In the background, I can see some binders on the shelves.
I can also see some buildings outside the window.
배경에는, 선반에 바인더들이 보입니다.
창밖에 건물들도 보입니다.

4. 분위기 묘사

분위기: Overall, it looks like a typical day at an office.
전반적으로, 사무실에서의 보편적인 하루처럼 보입니다.

PART 3 마스터 전략

질문에 답하기 | Respond to questions

PART 3 마스터 전략
강의 바로 가기

> ▶ 준비 시간에 주제를 보고 미리 브레인스토밍을 한다.
> ▶ 답변 시 문제를 답변에 그대로 **인용**한다.
> ▶ 경험을 나타낼 때, **과거시제**를 사용한다.
>   ex The last time I **watched** a movie was a few weeks ago.
>   내가 최근에 영화를 본 건 몇 주 전쯤이다.
> ▶ 일반적인 내용을 언급할 때는 **명사의 복수형태**를 사용한다.
>   ex I watch **movies** at least once or twice a week on average.
>   나는 최소한 평균적으로 일주일에 한두 번 영화를 본다.
> ▶ 지칭대명사, 숙어, 합성어, 관용구 등의 표현을 사용하여 간결하게 답한다.
> ▶ 연결어는 불필요하게 남발하지 않도록 하며, 필요한 경우 다양하게 구사한다.
>   ex and, plus, next, also, that's because, once again

빈출 유형

1. **장소:** 식료품점, 마트, 서점, 의류/신발 가게, 영화관, 학교, 직장
2. **취미/일상:** 요리, 외식, 쇼핑, 독서, 관광, 파티, 행사
3. **제품:** 헤드폰, 휴대폰, 컴퓨터, 자판기, 아이스크림, 사탕
4. **서비스:** 음식 배달, 인터넷, SNS, 통신사, 텔레비전, 교통수단

PART 3 답변 템플릿

다음 주제별 답변 템플릿에서 볼드 표기된 부분은 질문의 핵심 내용을 가리키며, 파란색은 문제를 인용한 부분 또는 변경 가능한 부분, 그리고 빨간색은 해당 문제 유형에서 반드시 사용해야 할 고정 족보 답변 템플릿이다. 이 차이점들을 염두에 두고, 각 텍스트 별로 들어간 하이라이트에 맞추어 강세를 넣어서 답변을 하도록 한다.

1. 시간

▶ MP3 3-01

최근 활동 시점

→ 최근 활동 시점을 묻는 문제
Q **When was the last time** you went shopping?
최근에 쇼핑을 언제 가셨나요?

A The last time I went shopping was a few weeks ago.
→ 문제 인용 부분/변경 가능한 부분   → 해당 문제 유형에 꼭 필요한 고정 답변 템플릿
제가 최근에 쇼핑을 다녀온 것은 몇 주 전쯤입니다.

활동 빈도	Q	↪ 활동 빈도를 묻는 문제 **How often** do you go shopping? 얼마나 자주 쇼핑을 갑니까?
	A	I go shopping **at least once or twice a week on average.** 저는 최소한 평균적으로 일주일에 한두 번 쇼핑을 갑니다.
	Q	↪ 걸리는 시간을 듣는 문제 **How much time** do you spend on using your phone? 휴대전화를 사용하는 데 시간을 얼마나 보내나요?
	A	I use my phone **all day long.** 저는 휴대폰을 하루 종일 사용합니다.
거리	Q	↪ 거리를 묻는 문제 **How far** is the nearest bookstore? 가장 가까운 서점은 얼마나 멉니까?
	A	**It takes half an hour to get there by bus[on foot].** 그곳까지 버스 타고[걸어서] 30분 걸립니다.
기간	Q	↪ 기간을 묻는 질문 **How long** have you lived in your area? 당신의 동네에서 얼마나 오래 살았나요?
	A	I have lived in my area **for a few years.** 저는 이 동네에 몇 년간 살았습니다.
시간 관리	Q	Do you think it's a good idea to **hire a professional** for remodeling your home? Why or why not? 당신의 집 수리를 위해 전문가를 부르는 것이 좋은 아이디어라고 생각하나요? 왜 그렇게 생각하나요?
★ 어떤 이유를 제시해야 할지 잘 모를 때, 활용도가 높은 답변 유형!	A	I think it's a good idea to hire a professional for remodeling my home. That's because I don't want to waste too much time on home remodeling. I always want to spend my time efficiently. Also, I like to use my time in a productive manner. 네, 저는 집 수리를 위해 전문가를 부르는 것이 좋다고 생각합니다. 왜냐하면 저는 집 수리를 하는 데 많은 시간을 낭비하고 싶지는 않습니다. 저는 항상 제 시간을 효율적으로 쓰고 싶어합니다. 또한, 저는 시간을 생산적인 방식으로 쓰는 것을 좋아합니다.
특정 시간대	Q	↪ 특정 시간대를 묻는 문제 **What time** do people typically arrive at your workplace? 사람들이 보통 당신의 직장에 언제쯤 도착하나요?
	A	People usually arrive at my workplace **around 9 a.m.** Most people come to work **on time.** 사람들은 주로 저희 사무실에 대략 오전 9시경 도착합니다. 대부분이 제시간에 출근합니다.

최적의 시간대/시기	Q **What time of the day** are coffee shops in the area most crowded? → 최적의 시간대를 묻는 문제

하루 중 언제 그 지역 커피숍들에 사람들이 가장 많이 붐비나요?

A Well, I think it's fifty-fifty. Sometimes coffee shops get crowded in the morning, but sometimes they get crowded in the afternoon as well. It depends (on their business hours).

글쎄요, 저는 반반인 것 같습니다. 때로는 오전에 커피숍들이 붐비지만, 때로는 오후에 붐비기도 합니다. (식당의 영업시간에 따라) 그때그때 다릅니다.

Q **What time of year is best** to go to parks? Why? → 최적의 시기를 묻는 질문

일 년 중 공원에 가기 가장 좋은 시기는 언제인가요? 왜 그렇게 생각하나요?

A Well, I think it's fifty-fifty. Sometimes, it is good to visit parks in spring, but sometimes it is good to do that in fall as well. It depends (on the weather).

글쎄요, 저는 반반인 것 같습니다. 때로는 봄에 공원 가는 것이 좋은 것 같지만, 때로는 가을에 가는 것도 좋은 것 같습니다. (날씨에 따라) 그때그때 다릅니다.

2. 장소

MP3 3-02

쇼핑	Q **Where would you recommend** that I **shop** for new suits? → 쇼핑 장소를 묻는 질문

새 정장을 구입할만한 장소로 어느 가게를 추천하시겠어요?

A I would recommend the mall[online] to shop for new suits. That's because you can shop for various types of clothes there. Also, you can get great deals. You can save time and energy. Once again, I recommend the mall[online] to shop for new suits.

저는 옷을 사기 좋은 가게로 쇼핑몰[온라인]을 추천하겠습니다. 왜냐하면 그곳에선 다양한 종류의 옷을 구매할 수 있습니다. 또한, 저렴하게 구매할 수 있습니다. 시간과 에너지도 절약할 수 있습니다. 다시 말하자면, 저는 옷을 사기 좋은 장소로 쇼핑몰[온라인]을 추천하겠습니다.

외식	**Q**	**What is the best restaurant** to order in some food? ← 외식 장소를 묻는 질문
		음식을 배달해서 시켜먹기에 가장 좋은 식당은 어디인가요?
	A	The best restaurant to order in some food is a decent Korean restaurant near my place. That's because they serve various types of tasty food. They also use organic ingredients. Plus, their prices are reasonable. So, you can get great deals there.
		음식을 배달 시켜 먹기 가장 좋은 곳은 저희 집 근처에 있는 괜찮은 한식당입니다. 왜냐하면 그곳에선 다양한 종류의 맛있는 음식을 팔기 때문이죠. 또 그곳은 유기농 재료를 사용합니다. 게다가, 가격도 저렴한 편입니다. 그래서, 그곳에서 저렴하게 식사를 할 수 있습니다.
여가 활동	**Q**	**Where in the area would you recommend** to your friends **for some interesting activities?** ← 여가 활동 장소를 묻는 유형
		흥미로운 활동을 하기 위한 장소로 친구들에게 동네 어디를 추천하시겠어요?
	A	I would recommend a local park to my friends. That's because you can enjoy various types of activities there. You can take walks, ride bikes and take pictures. Also, you can play various sports such as tennis. Once again, I would recommend a local park to friends in my area.
		저는 친구들에게 지역 공원을 추천하겠습니다. 왜냐하면 그곳에선 다양한 종류의 활동들을 할 수 있기 때문입니다. 산책을 하고, 자전거를 타고 사진을 찍을 수 있습니다. 또한, 테니스 같은 다양한 스포츠를 즐길 수 있습니다. 다시 말하자면, 저는 친구들에게 동네의 지역 공원을 추천하겠습니다.
교통편	**Q**	When you go to a department store, **what kind of transportation** do you use and why? ← 교통편을 묻는 질문
		백화점에 갈 때, 주로 당신은 어떤 종류의 교통수단을 이용하며 이유는 무엇인가요?
	A	When I go to a department store, I usually take the bus[subways]. They are fast and convenient. So, I can save my time and energy. Also, the bus stop[subway station] is located near my place.
		저는 백화점에 갈 때, 주로 버스[지하철]를 탑니다. 버스는 빠르고 편리합니다. 그래서, 시간과 에너지를 절약할 수 있습니다. 그리고, 버스 정류장[지하철 역]이 저희 집 근처에 있습니다.

3. 기타

관심사

Q **Do you like** cooking? Why or why not? *(관심사를 묻는 질문)*
요리하는 것을 좋아하나요? 왜 그렇게 생각하나요?

A Yes, I like cooking quite a lot. I like doing that because it is fun. I am very interested in cooking.
네, 저는 요리 하는 것을 꽤 많이 좋아하는 편입니다. 요리는 재미있기 때문에 하는 것을 좋아합니다. 저는 요리에 매우 관심이 많습니다.

선호도

Q Do you **prefer** to watch movies alone **or** with your friends? *(선호도를 묻는 질문)*
혼자 영화 보는 것을 선호하나요 아니면 친구와 함께 보는 것을 선호하나요?

A Well, I think it's fifty-fifty. I sometimes watch movies alone, but I sometimes watch movies with my friends as well. It depends.
글쎄요, 저는 반반인 것 같습니다. 때로는 혼자 영화를 보지만, 때로는 친구들과 함께 보기도 합니다. 그때그때 다릅니다.

취미

Q Do you **have time to enjoy your hobby** on weekdays? *(취미를 묻는 질문)*
평일에 취미를 즐길만한 시간이 있나요?

A Well, I think it's fifty-fifty. I sometimes have time to enjoy my hobby, but I sometimes don't have time to do that. It depends on my schedule.
글쎄요, 저는 반반인 것 같습니다. 때로는 취미를 즐길 시간이 있지만, 때로는 그럴 시간이 없습니다. 제 스케줄에 따라 다릅니다.

기술의 순기능

Q **Do you think it's good to have a computer** at home? Why or why not? *(기술의 순기능을 묻는 질문)*
집에 컴퓨터가 있는 것이 좋다고 생각하나요? 왜 그렇게 생각하나요?

A Yes, I think it is good to have a computer at home. That's because I am very tech-savvy. If there is a computer at home, I can get access to the Internet whenever I want to. Computers make our lives more convenient.
네, 저는 집에 컴퓨터가 있는 것이 좋다고 생각합니다. 왜냐하면 저는 기계를 잘 다루기 때문입니다. 컴퓨터가 집에 있으면, 제가 원할 때마다 인터넷에 접속할 수 있습니다. 컴퓨터는 우리의 삶을 더 편리하게 만들어 줍니다.

교육의 순기능

> 교육의 순기능을 묻는 질문

Q **Do you think it is good for children to learn** musical instruments? Why or why not?

아이들이 악기를 배우는 것이 좋다고 생각하나요? 왜 그렇게 생각하나요?

A **Yes, I think it is good for children to learn musical instruments. That's because they can learn something new. They can learn more about music. They can also become more creative. Creativity is one of the most important factors in every field.**

네, 저는 아이들이 악기를 배우는 것이 좋다고 생각합니다. 왜냐하면 그들의 새로운 것을 배울 수 있기 때문이죠. 아이들이 음악에 대해 더 많은 것을 배울 수 있습니다. 또한, 그들은 더 창의적이게 될 것입니다. 창의력은 모든 분야에서 가장 중요한 요소 중 하나입니다.

 **PART 3 답변 길잡이**

❶ **4~6번 문항을 일관성 있게 답변한다.**

해당 주제에 대한 본인의 의견을 일관성 있게 답변을 해야 한다. 예를 들어, 4번에서 I like shopping for clothes. 라고 긍정적으로 답변한 경우, 이어지는 문항에서도 일관성 있게 긍정적인 태도로 답해야 한다.

❷ **6번 문항에서 시간이 많이 남는 경우, 본인의 입장을 반복 구사하는 정도로 마무리 한다.**

시간이 남는다고, 무리하게 새로운 내용을 언급하다가 마무리를 제대로 못한 채로 시간이 초과될 수 있으므로, 앞서 말한 내용을 "Once again + 처음 언급한 주장" 다시 강조하여 마무리를 한다.

PART 4 마스터 전략

표 보고 질문에 답하기 I
Respond to questions using information provided

PART 4 마스터 전략
강의 바로 가기

- 문제가 나오기 전 표 분석하는 45초가 주어지므로 이 때, 표를 미리 분석한다.
- 실제 시험에는 **문제가 화면에 나오지 않고** 음성으로만 제공되므로, 문제의 키워드를 집중해서 듣는다.
- 앞으로 일어날 일정이나 세부 정보를 전달하는 것이 목적이므로 조동사의 미래시제나 **일반시제**를 사용한다.
- 표에 주어진 정보를 적극 활용하여 최대한 많은 정보로 자세하게 답변을 한다.
  이 때, 전치사 사용 오류를 최소화한다.
- 표에 기재된 정보를 중심으로 주어, 서술어, 그리고 전치사를 적절한 위치에 넣어 완전한 문장으로 정보를 전달한다. 문장이 아닌 단답형으로 답변 시 감점 요인이 되니 주의할 것!

빈출 유형

1. 행사 일정표
2. 면접 일정표
3. 수업 일정표
4. 출장/여행 일정표
5. 이력서

빈출 표현

PART 4는 표를 보고 시간, 장소 등을 문법에 알맞은 전치사를 사용하여 답변해야 하므로, PART 4의 빈출 어휘는 전치사이다. 따라서, 높은 점수를 득하고 싶다면, 알맞은 전치사를 사용하여 답변하는 것이 관건이다.

1. 장소 전치사

▶ MP3 4-01

일반적인 장소	**at** the Central Park Hotel Central park 호텔에서
회사/학교	**at** Phantom Construction Phantom Construction에서
호수	**in** conference room 109 회의실 109호에서
도시/국가	**in** New York 뉴욕에서
도로명	**on** Drain street Drain 가에서
층수	**on** the 17th floor 17층에서

46

2. 시간 전치사   ▶ MP3 4-02

날짜	**on** Monday, November 21st 11월 21일 월요일에
요일	**on** Wednesday 수요일에
월	**in** November 11월에
년도	**in** 2018 2018년도에
시간	**at** 9 a.m. 오전 9시에 **in** the morning[afternoon/evening] 오전[오후/저녁]에
기간	**from** 9 a.m. **to** 10 a.m. 오전 9시부터 오전 10시까지

3. 기타 전치사   ▶ MP3 4-03

진행자	**by** Frank Gibson Frank Gibson에 의해
주제	lecture **on** Special Art Management 특수 미술 경영에 관한 강연
면접 대상	an interview **with** Nate Brown Nate Brown씨와의 면접
회의 대상	a meeting **with** Laurel Gibson Laurel Gibson씨와의 회의
직책/직급	**as** an assistant manager 대리 직급으로
전공/부서	**in** Business Management 경영 관리팀에서

 **on** vs. **in**

on
하루 단위의 짧은 시간일 때
ex on Monday, on May 14th, on Christmas

in
월, 년도 같은 긴 시간일 때
ex in June, in 2018

PART 4 답변 템플릿

다음 유형별 답변 템플릿에서 파란색 표기된 부분은 표 유형에 따라 변경 가능한 표현을 가리키며, 빨간색은 해당 문제 유형에서 반드시 사용해야 할 고정 족보 답변 템플릿이다. 이 두 가지의 차이점을 염두에 두고, 각 텍스트 별로 들어갈 하이라이트에 알맞은 강세를 맞추어 답변을 하도록 한다.

1. 행사 일정표

Public Transportation Conference
Highland Conference Center, Albany, New York → 장소
Saturday, May 6 → 날짜

시간	내용	발표자
8:00-9:00	Keynote Speech: Increasing awareness of public transportation	Kun Kang
9:00-10:00	Workshop: Maintaining old transit systems	Demi Gilman
11:00-Noon	~~Lecture: Sustainability and public transit~~ canceled	Clara Lawson
Noon-1:00	Lunch	
1:00-2:00	Lecture: The future of high speed trains	Bill Johnston
2:00-4:00	Workshop: Improving public transportation in the suburbs	Jack Griffith

→ 두 개의 워크숍

Q7. 장소/날짜/시간을 묻는 문제 〔표에서 장소나 날짜 또는 시작 시간과 마치는 시간을 주의 깊게 본다.〕 ▶ MP3 4-04

A **The conference will take place at the** Highland Conference Center **on** Saturday May 6th. 〔장소/날짜〕
회의는 5월 6일 토요일에 Highland 콘퍼런스 센터에서 열릴 것입니다.

A **It will start at** 8 a.m. 〔시작 시간〕
오전 8시에 시작합니다.

A **It will end at** 4 p.m. 〔끝나는 시간〕
오후 4시에 끝납니다.

Q8. 잘못된 정보/일정 변경 여부를 묻는 문제 〔틀린 정보를 물어봄으로 표에서 취소선이나 canceled라고 적힌 부분을 확인한다.〕 ▶ MP3 4-05

A **No, that is incorrect. The** lecture by Bill Johnston **will take place in the** afternoon, **not in the** morning. 〔잘못된 정보 수정〕
아니요, 그렇지 않습니다. Bill Johnston씨가 진행하는 강의는 오전이 아니라 오후에 진행됩니다.

A **Unfortunately, that schedule has been canceled. So, there is no schedule** from 11 a.m. to noon. 〔일정 취소〕
아쉽지만, 그 스케줄은 취소되었습니다. 그래서, 오전 11시부터 정오까지는 스케줄이 없습니다.

↳ 표에서 공통된 부분을 눈 여겨 본다.

Q9. 원하는 소재와 관련된 두 개의 일정에 대해 묻는 문제   ▶MP3 4-06

> A There will be **two workshops**. One is a **workshop** on Maintaining old transit systems by Demi Gilman. It is from 9 a.m. to 10 a.m. The other one is a **workshop** on improving public transportation in the suburbs by Jack Giffith. It is from 2 p.m. to 4 p.m. [두 개의 일정표에 대한 정보]
>
> 두 개의 워크숍이 있을 예정입니다. 하나는 Demi Gilman씨가 진행하는 오래된 수송 시스템 유지에 대한 워크숍입니다. 이는 오전 9시부터 오전 10시까지입니다. 또 다른 하나는 Jack Giffith씨가 진행하는 교외 지역에서의 대중교통 개선에 대한 워크숍입니다. 이는 오후 2시부터 오후 4시까지입니다.

2. 면접 일정표

High Technology Corporation
Schedule for job interviews
Tuesday, September 20 ← 날짜
Conference Room 105 ← 장소

Time	Name	Position	Interview Method
9:00 a.m.	Tim Robinson	Advertising Assistant	In person
~~9:30 a.m.~~	~~Ron Brewer~~	~~Community Coordinator~~	~~In person~~ canceled
10:00 a.m.	Ashley Green	Marketing Manager	Online
10:30 a.m.	Kelly Ji	Community Coordinator	In person
~~11:00 a.m.~~	Travis Jones	Advertising Assistant	Online

→ 두 개의 온라인 면접

↳ move to 3 p.m.

Q7. 장소/날짜/시간을 묻는 문제   ▶MP3 4-07

> A The **conference** will take place in **conference room 105** on **Tuesday September 20th**. [장소/날짜]
>
> 회의는 9월 20일 화요일에 회의실 105호에서 진행됩니다.
>
> A The **first interview** will start at **9 a.m.** [첫 번째 면접 시간]
>
> 첫 번째 면접은 오전 9시에 시작합니다.
>
> A The **first applicant is Tim Robinson at 9 a.m.** [첫 번째 면접자]
>
> 첫 번째 면접자는 오전 9시에 Tim Robinson씨입니다.

Q8. 잘못된 정보/일정 변경 여부를 묻는 문제   ▶ MP3 4-08

A **No, that is incorrect. That interview has been canceled. So, there is no interview at 9:30 a.m.** 면접 시간 취소
아니요, 그렇지 않습니다. 그 면접은 취소되었습니다. 그래서, 오전 9시 30분에는 면접이 없습니다.

A **The last interview has been rescheduled to 3 p.m. So, there is no interview at 11 a.m.** 면접 시간 변경
마지막 면접은 3시로 변경됐습니다. 그래서, 오전 11시에는 면접이 없습니다.

Q9. 원하는 소재와 관련된 두 개의 면접에 대해 묻는 문제   ▶ MP3 4-09

A **There will be two interviews online. One is an interview with Ashley Green at 10 a.m. She has applied for the marketing manager position. The other one is an interview with Travis Jones at 3 p.m. He has applied for the advertising assistant position.** 두 개의 온라인 면접에 대한 정보
온라인으로 진행되는 면접은 두 개입니다. 하나는 오전 10시에 Ashley Green씨와의 면접입니다. 그녀는 마케팅 관리자 직에 지원했습니다. 또 다른 하나는 오후 3시에 Travis Jones씨와의 면접입니다. 그는 광고 보조직에 지원했습니다.

3. 수업 일정표

장소 →

Middleton Business School - Business Courses
Course Period: June 12th-August 5th ← 수강 기간
Price: $160 / course ← 수강료

Course Title	Instructor	Days	Time
Introduction to Marketing	Mary Bergs	Monday	4:00-5:00 p.m.
Financial Environment	Ed Stuart	Monday	5:00-6:00 p.m.
~~Money and Banking~~	~~Gina Woods~~	~~Tuesday~~	~~6:30-7:30 p.m.~~ canceled
Communicating with Customers	Mary Bergs	Thursday	8:15-9:15 p.m.
Basics of Business Management	Erica Smith	Friday	7:15-8:15 p.m.
Advertising and Public Relations	April Jones	Friday	8:00-9:00 p.m.

→ 두 개의 수업

Q7. 장소/날짜/시간/비용을 묻는 문제　　　▶MP3 4-10

A　**The courses will take place at the Middleton Business School. It will start on June 12th.** 〔장소/날짜〕
수업은 Middleton 경영 대학원에서 진행됩니다. 6월 12일에 개강합니다.

A　**The course period is from June 12th to August 5th.** 〔수강 기간〕
수강 기간은 6월 12일부터 8월 5일까지입니다.

A　**It is 160 dollars per course.** 〔수강료〕
수강료는 수업 당 160달러입니다.

Q8. 잘못된 정보/일정 변경 여부를 묻는 문제　　　▶MP3 4-11

A　**No, that is incorrect. The course on Communicating with Customers will take place on Thursdays, not on Wednesdays. It is from 8:15 p.m. to 9:15 p.m.** 〔잘못된 정보 수정〕
아니요, 그렇지 않습니다. 고객과의 의사소통에 대한 수업은 매주 수요일이 아니라 매주 목요일마다 진행됩니다. 오후 8시 15분부터 오후 9시 15분까지입니다.

Q9. 원하는 소재와 관련된 두 개의 수업에 대해 묻는 문제　　　▶MP3 4-12

A　**There will be two courses on Fridays. One is a course on Basics of Business Management by Eric Smith. It is from 7:15 p.m. to 8:15 p.m. The other one is a course on Advertising and Public Relations by April Jones. It is from 8 p.m. to 9 p.m.** 〔두 개의 수업에 대한 정보〕
매주 금요일마다 두 개의 수업이 있습니다. 하나는 Eric Smith씨가 진행하는 기초 경영학입니다. 이는 오후 7시 15분부터 오후 8시 15분까지입니다. 또 다른 하나는 April Jones씨가 진행하는 광고와 홍보입니다. 이는 오후 8시부터 오후 9시까지입니다.

4. 출장/여행 일정표

✏️ 기존 일정표와 묻는 문제가 약간 다르므로 유의한다.

✈️ Travel Itinerary for Nathaniel Sharon

Departing Flight ✏️ 출발 항공편

Depart:	Singapore - Australian Air, flight 204	7:00 a.m.	June 10
Arrive:	Brisbane	1:09 p.m.	June 10
Hotel:	Upside Hotel, Adelaide Road, Brisbane ✏️ 숙박지		June 10-17

Day Trip: Gold coast branch office ✏️ 당일 여행

Leave for Gold coast	7:00 a.m.	
Back in Brisbane	6:00 p.m. (same day)	

Return Flight ✏️ 도착 항공편

Depart:	Brisbane – Top Asia Airlines, flight B17	9:10 a.m.	June 17
Arrive:	Singapore	4:12 p.m.	June 17

✏️ 항공편 번호를 많이 물어보니 유의한다.

Q7. 떠나는 시간/호텔 정보를 묻는 문제   ▶ MP3 **4-13**

> **A** **You will leave Singapore at 7 a.m. on June 10th. You will arrive in Brisbane at 1:09 p.m. on June 10th.** `떠나는 스케줄 시간`
> 당신은 6월 10일 오전 7시에 싱가포르에서 출발합니다. 당신은 브리즈번에 6월 10일 오후 1시 9분에 도착할 예정입니다.
>
> **A** **You will be staying at the Upside Hotel on Adelaide road in Brisbane.**
> `호텔 정보`
> 당신은 브리즈번의 Adelaide 로에 있는 Upside 호텔에 머물 예정입니다.

Q8. 잘못된 정보/일정 변경 여부를 묻는 문제   ▶ MP3 **4-14**

> **A** **No, that is incorrect. You are already scheduled to go to Gold Coast branch office. So, you don't need to arrange the trip yourself.**
> `잘못된 정보 수정`
> 아니요, 그렇지 않습니다. 당신은 이미 Gold Coast 지점에 방문하기로 되어있습니다. 그래서, 별도로 당신이 일정을 잡을 필요가 없습니다.

Q9. 세부 일정을 묻는 문제   ▶ MP3 **4-15**

> **A** **You will be leaving Brisbane at 9:10 a.m. on June 17th. You will arrive in Singapore at 4:12 p.m. on June 17th. Your flight number is Top Asia Airlines flight B17.** `돌아오는 스케줄 정보`
> 6월 17일 오전 9시 10분에 브리즈번에서 출발합니다. 당신은 싱가포르에 6월 17일 오후 4시 12분에 도착합니다. 당신의 비행기 번호는 Top Asia Airlines 항공편 B17입니다.

5. 이력서

기존 일정표와 묻는 문제가 약간 다르므로 유의한다.

Résumé: Jane Brown
Greenside Street 15 Avenue
TEL: 382-4835-8800

Applied Position	Manager of Editorial Department
Academic Background	Master's degree: Humanities, Washington University (2010) Bachelor's degree: Mass Communication, Victoria University (2007) — 학력
Work Experience	Editor: Phantom Magazine (2012-present) Assistant Editor: Biz Magazine (2010-2012) — 이력
Skills	Skilled in Website development Proficient in Italian and French — 기술/능력

기존 일정표와 달리 표에서 틀린 정보가 아닌 맞는 정보를 물어본다.

Q7-Q9. 학력/이력/기술/능력에 대해 묻는 문제   ▶ MP3 4-16

A **She got her Bachelor's in Mass Communication at Victoria University in 2007. Plus, she got her Master's in Humanities at Washington University in 2010.** 〔학력사항〕

그녀는 2007년에 Victoria 대학교에서 신문 방송학 학사 학위를 취득했습니다. 그리고, 2010년도에 Washington 대학교에서 인문학 석사 학위를 취득했습니다.

A **First, she worked as an assistant editor at Biz Magazine from 2010 to 2012. Next, she has worked as an editor at Phantom Magazine since 2012. She still works there.** 〔이력사항〕

우선, 그녀는 2010년부터 2012년까지 Biz 잡지사에서 편집 보조로 근무했습니다. 그후, 2012년부터 Phantom 잡지사에서 편집자로 일해왔습니다. 현재 여전히 그곳에서 근무 중입니다.

A **Yes, that is correct. Her résumé says that she is skilled in Website development. Also, she is proficient in Italian and French. I think she will be very useful.** 〔기술/능력〕

네, 그렇습니다. 그녀의 이력서에 따르면 그녀는 웹사이트 개발에 숙련되어 있다고 합니다. 또한, 그녀는 이탈리아어와 프랑스어에 능통합니다. 저는 그녀가 매우 도움이 될 거라고 생각합니다.

PART 5 마스터 전략

해결책 제안하기 | Propose a solution

PART 5 마스터 전략
강의 바로 가기

▶ 실제 시험에는 문제가 화면에 나오지 않고 **문제가 음성으로만 제공되므로, 문제의 키워드**를 집중해서 듣는다.
▶ 답변 시, 음성 메시지에서 언급된 **문제에 대해 잘 이해했음**을 먼저 알린다.
▶ 문제 유형에 적합한 **대안들**을 제시한다.
▶ 각 대안에 구체적 **예시**나, **예상되는 결과**를 함께 제시한다.

빈출 유형

1. 홍보 부족
2. 공지 부족
3. 정보 부족
4. 인력 부족
5. 공간 부족
  → 주류 유형

6. 직원 교육
7. 고객 불만
8. 다중택일
9. 시간 부족
10. 영업점 공사
  → 비주류 유형

PART 5 답변 흐름

다음 순서에 따라 **총 60초 내에 답변을 한다.**

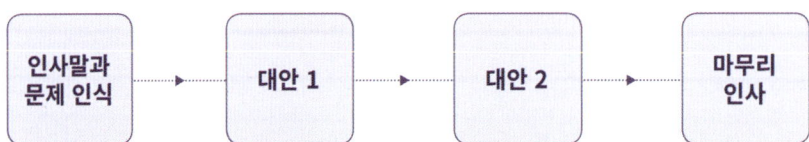

1. **인사말과 문제 인식** ⓘ 10초 소요
   전화상 본인이 누구인지 밝히는 것은 기본 매너이기 때문에 인사로 시작한다.
   문제 유형을 요약하며 문제점을 잘 인식했음을 언급한다.

2. **대안 1** ⓘ 15~20초 소요
   문제에 대한 첫 번째 대안과 그 이유, 또는 그렇게 했을 때 발생할 결과에 대해 이야기 한다.

3. **대안 2** ⓘ 15~20초 소요
   문제에 대한 두 번째 대안과 그 이유, 또는 그렇게 했을 때 발생할 결과에 대해 이야기 한다.

4. **마무리 인사** ⓘ 10초 소요
   다른 제안 사항이 있을 경우, 또 연락을 주겠다고 하고 여유 있게 통화를 마무리한다.

PART 5
답변 템플릿

다음 주제별 답변 템플릿에서 파란색 표시 부분은 상황에 따라 변경 가능한 표현을 가리키며, 빨간색은 해당 문제 유형에서 반드시 사용해야 할 고정 족보 답변 템플릿이다. 이 두 가지의 차이점을 염두에 두고, 각 테스트 별로 들어간 하이라이트에 강세를 넣어서 답변을 하도록 한다.

1. 홍보 부족
▶ MP3 5-01

인사말과 문제 인식	Hi there, Timothy. This is ___. I got your message loud and clear. I understand that we need to promote our coffee shop better. 상점 홍보 필요
대안 1	Here are my suggestions. First, I think we should put up big signs. That way, people can see the signs for our coffee shop better. 표지판 게시
대안 2	Next, I know we have already done some promotions. However, I think we should do some more online promotions on social media. We could post up pictures of our coffee shop on Facebook or Instagram. Online ads on social media are the best way these days. 소셜 미디어에 사진 게시 및 홍보 *(기존 홍보 방법이 효과적이지 않았을 경우)*
마무리 인사	Anyway, these are my suggestions for now. I'll call you back if I have more ideas. Thanks.

해석 | 안녕하세요, Timothy씨.
저는 ___입니다.
무슨 말씀이신지 잘 알겠습니다.
우리 커피숍을 더 홍보해야 한다는 점 이해했습니다.

제 제안을 들어보세요.
우선, 큰 표지판들을 세워 두어야 할 것 같습니다.
그렇게 하면, 사람들이 우리 커피숍 표지판들을 더 잘 볼 수 있을 것입니다.

그리고, 저희가 이미 프로모션을 몇 차례 해봤다는 것은 알고 있습니다.
하지만, 소셜 미디어상에서 더 많은 온라인 프로모션을 해봐야 할 것 같습니다.
페이스북이나 인스타그램에 우리 커피숍의 사진을 게시해도 좋을 것 같습니다.
요즘에는 소셜 미디어에 올리는 온라인 광고가 최고의 방법입니다.

아무튼, 저의 제안은 여기까지입니다.
더 생각나는 아이디어가 있으면 다시 연락드리겠습니다.
감사합니다.

2. 공지 부족
▶ MP3 5-02

인사말과 문제 인식	Hi there, Timothy. This is ___. I got your message loud and clear. I understand that we need to let the public know about the road closure. 정보 전달 필요
대안 1	Here are my suggestions. First, I think we should put up big signs. That way, people can see the signs for the road closure better. 표지판 게시

대안 2	Next, I think we should send out text messages to the public. They can read the messages and will get to know about the road closure. 문자 메시지 전송
마무리 인사	Anyway, these are my suggestions for now. I'll call you back if I have more ideas. Thanks.

해석 | 안녕하세요 Timothy씨.
저는 ＿＿＿ 입니다.
무슨 말씀이신지 잘 알겠습니다.
저희가 사람들에게 도로 폐쇄에 대하여 알려야 한다는 점 이해했습니다.

제 제안을 들어보세요.
우선, 큰 표지판들을 세워 두어야 할 것 같습니다.
그렇게 하면, 사람들이 도로 폐쇄에 대한 표시를 더 잘 볼 수 있을 것입니다.

그리고, 사람들에게 문자 메시지 전송을 해야 될 것 같습니다.
그들이 문자를 읽으면 도로 폐쇄에 대해서 알 수 있을 것 같습니다.

아무튼, 저의 제안은 여기까지입니다.
더 생각나는 아이디어가 있으면 다시 연락드리겠습니다.
감사합니다.

3. 정보 부족

▶ MP3 5-03

인사말과 문제 인식	Hi, there, Luke. This is ＿＿＿. I got your message loud and clear. I understand that we need to get more information on our customers. 고객 정보 필요
대안 1	Here are my suggestions. First, I think we should do a survey of our customers. We should offer them small gifts. That way, they will be more motivated to participate. 현장 설문 조사
대안 2	Next, I think we should use social media to collect information on our customers. We could use Facebook to find out what they think. Online surveys on social media are the best way these days. SNS 조사
마무리 인사	Anyway, these are my suggestions for now. I'll call you back if I have more ideas. Thanks.

해석 | 안녕하세요, Luke씨.
저는 ＿＿＿ 입니다.
무슨 말씀이신지 잘 알겠습니다.
저희가 고객들에 대해 더 많은 정보를 수집해야 한다는 점 이해했습니다.

제 제안을 들어보세요.
우선, 고객들을 대상으로 설문 조사를 해야 될 것 같습니다.
그들에게 소정의 사은품을 나누어 줘야 될 것 같습니다.
그렇게 하면, 사람들이 설문 참여를 하는데 더욱 동기부여가 될 것 같습니다.

그리고, 고객에 대한 정보를 수집하기 위해 소셜 미디어를 이용해야 될 것 같습니다.
페이스북을 이용해서 사람들이 어떤 생각을 하는지 알아볼 수 있을 것 같습니다.
요즘에는 소셜 미디어에서의 온라인 설문 조사가 가장 좋은 방법입니다.

아무튼, 저의 제안은 여기까지입니다.
더 생각나는 아이디어가 있으면 다시 연락드리겠습니다.
감사합니다.

4. 인력 부족

▶ MP3 5-04

인사말과 문제 인식	Hi there. This is ____. I got your message loud and clear. I understand that we are short-handed. 일할 직원 부족
대안 1	Here are my suggestions. First, I think we should hire a **part-time worker[experienced worker]**. We should hand out flyers to recruit someone. Flyers are the best way to hire people quickly. 전단지 배부
대안 2	Next, I think we should visit local schools to recruit a student who is good at **giving speeches**. We can hire the student as a volunteer or an intern. 학생 고용
마무리 인사	Anyway, these are my suggestions for now. I'll call you back if I have more ideas. Thanks.

해석 | 안녕하세요.
　　　　____입니다.
무슨 말씀이신지 잘 알겠습니다.
저희가 인력이 부족하다는 점 이해했습니다.

제 제안을 들어보세요.
우선, 파트타이머[경력자]를 구해야 될 것 같습니다.
사람을 채용하려면 전단지를 돌려야 될 것 같습니다.
사람을 빨리 구하는 데 전단지만큼 좋은 방법이 없습니다.

그리고, 연설에 능한 학생을 고용하기 위해 인근 학교를 방문해야 될 것 같습니다.
그 학생을 자원자나 인턴으로 고용하면 될 것 같습니다.

아무튼, 저의 제안은 여기까지입니다.
더 생각나는 아이디어가 있으면 다시 연락드리겠습니다.
감사합니다.

5. 공간 부족

▶ MP3 5-05

인사말과 문제 인식	Hi there, Serina. This is _____. I got your message loud and clear. I understand that we don't have enough space for the child's lecture. 강의 공간 부족
대안1	Here are my suggestions. First, I think we should divide the lecture in half. We can have two lectures, instead of one. We can have one in the morning, and the other in the afternoon. 스케줄 분배
대안 2	Next, I think we should set up webcams. That way, people can attend the lecture online as well. 웹캠 설치
마무리 인사	Anyway, these are my suggestions for now. I'll call you back if I have more ideas. Thanks.

해석 | 안녕하세요, Serina씨.
저는 ____입니다.
무슨 말씀이신지 잘 알겠습니다.
저희가 어린이 강연을 위한 공간이 부족하다는 점 이해했습니다.

제 제안을 들어보세요.
우선, 강연을 반으로 나눠야 할 것 같습니다.
하나가 아니라, 두 개의 강연을 진행하면 될 것 같습니다.
한 번은 오전에, 그리고 다른 한 번은 오후에 하면 좋을 것 같습니다.

그리고, 웹캠을 설치해도 될 것 같습니다.
그렇게 하면, 사람들이 온라인으로도 강연에 참여할 수 있을 것 같습니다.

아무튼, 저의 제안은 여기까지입니다.
더 생각나는 아이디어가 있으면 다시 연락드리겠습니다.
감사합니다.

6. 직원 교육

▶ MP3 5-06

인사말과 문제 인식	Hi there, Maxine. This is _____. I got your message loud and clear. I understand that we need to train our new employees. 직원 교육 필요
대안1	Here are my suggestions. First, I think we should have a workshop. Senior employees can share their know-how and exchange feedback with new employees. 워크숍 개최
대안 2	Next, I think we should offer incentives for senior employees who participate in the workshop. That way, they will be more motivated to participate. 워크숍 참여자에게 인센티브 제공

| 마무리 인사 | Anyway, these are my suggestions for now. I'll call you back if I have more ideas. Thanks. |

해석 | 안녕하세요, Maxine씨.
저는 ____입니다.
귀하의 메시지를 잘 받았고, 무슨 말씀이신지는 잘 알겠습니다.
저희가 신입 직원들을 교육 시켜야 한다는 점 이해했습니다.

제 제안을 들어보세요. 우선, 워크숍을 열어야 할 것 같습니다.
그러면 경력직들이 신입 직원들에게 그들의 노하우를 공유하고 피드백을 주고 받을 수 있을 듯 합니다.

그리고, 워크숍에 참여하는 경력 직원들에게 인센티브를 제공해야 될 것 같습니다.
그렇게 하면, 참여하는데 더욱 동기 부여가 될 것 같습니다.

아무튼, 저의 제안은 여기까지입니다.
더 생각나는 아이디어가 있으면 다시 연락드리겠습니다.
감사합니다.

7. 고객 불만

▶ MP3 5-07

인사말과 문제 인식	Hi there. This is ____. I got your message loud and clear. I understand that we need to take care of customer complaints. 고객 불만 해결 필요
대안 1	Here are my suggestions. First, I think we should offer our sincere apologies. We should promise that it would never happen again. 사과와 재발 방지
대안 2	Also, I think we should fully compensate for their loss to regain their confidence. We could also give them discount coupons. 보상과 쿠폰 제공
마무리 인사	Anyway, these are my suggestions for now. I'll call you back if I have more ideas. Thanks.

해석 | 안녕하세요.
____입니다.
무슨 말씀이신지 잘 알겠습니다.
저희가 고객들의 불만을 해결해야 한다는 점 이해했습니다.

제 제안을 들어보세요.
우선, 우리가 진심 어린 사과를 해야 할 것 같습니다.
또한, 다시는 그런 일이 발생하지 않을 것이라고 약속 드려야 합니다.

그리고, 고객 신뢰를 회복하려면 그들의 손실에 대해 완전히 보상해야 될 것 같습니다.
할인 쿠폰도 드리면 좋을 것 같습니다.

아무튼, 저의 제안은 여기까지입니다.
더 생각나는 아이디어가 있으면 다시 연락드리겠습니다.
감사합니다.

8. 다중택일　　　　　　　　　　　　　　　　▶ MP3 5-08

인사말과 문제인식	Hi there, Linda. This is _____. I got your message loud and clear. I understand that we need to find a way to select **the best proposal.** 가장 좋은 대안 선택
대안1	Here are my suggestions. First, I think we should do a survey of our employees. We should offer them small gifts. That way, they will be more motivated to participate. 직원들 설문 조사
대안 2	Next, I think we should use social media to have a vote. We could use Facebook to find out what our employees think. Online votes on social media are the best way these days. 소셜미디어를 이용한 투표
마무리 인사	Anyway, these are my suggestions for now. I'll call you back if I have more ideas. Thanks.

해석 | 안녕하세요, Linda씨.
　　　____입니다.
　　　무슨 말씀이신지 잘 알겠습니다.
　　　저희가 최고의 제안을 선택할 수 있는 방안을 찾아야 한다는 점 이해했습니다.

　　　제 제안을 들어보세요.
　　　우선, 우리 직원들을 대상으로 설문 조사를 해야 될 것 같습니다.
　　　우리가 그들에게 소정의 사은품을 나누어 줘야 될 것 같습니다.
　　　그렇게 하면, 사람들이 설문 참여를 하는데 동기 부여가 될 것 같습니다.

　　　그리고, 투표를 하기 위해 소셜 미디어를 사용해야 할 것 같습니다.
　　　페이스북을 이용해서 사람들의 생각을 알아볼 수 있을 것 같습니다.
　　　요즘에는 소셜미디어를 이용한 온라인 투표가 가장 좋은 방법입니다.

　　　아무튼, 저의 제안은 여기까지입니다.
　　　더 생각나는 아이디어가 있으면 다시 연락드리겠습니다.
　　　감사합니다.

9. 시간 부족　　　　　　　　　　　　　　　　▶ MP3 5-09

인사말과 문제 인식	Hi there. This is _____. I got your message loud and clear. I understand that we don't have enough time for the **staff meeting.** 직원 회의를 할 시간 부족
대안1	Here are my suggestions. First, I think we should limit the time of each presentation. That way, we will have enough time for the meeting. 시간 제한 설정
대안 2	Next, I think we should have two meetings at once. We can have two meetings at different places at the same time. If so, we will have enough time for the meeting. 여러 장소 활용

| 마무리 인사 | Anyway, these are my suggestions for now. I'll call you back if I have more ideas. Thanks. |

해석 | 안녕하세요.
_____ 입니다.
무슨 말씀이신지 잘 알겠습니다.
저희가 직원 회의를 운영하기 위한 시간이 부족하다는 점 이해했습니다.

제 제안을 들어보세요.
우선, 각각의 발표 시간을 제한해야 될 것 같습니다.
그렇게 하면, 회의를 하는데 충분한 시간을 가질 수 있을 것 같습니다.

그리고, 한번에 두 개의 회의를 진행해야 될 것 같습니다.
각기 다른 장소에서 두 개의 회의를 동시에 진행하면 될 것 같습니다.
그러면, 회의를 하는데 충분한 시간을 가질 수 있을 것 같습니다.

아무튼, 저의 제안은 여기까지입니다.
더 생각나는 아이디어가 있으면 다시 연락드리겠습니다.
감사합니다.

10. 영업점 공사

▶ MP3 5-10

인사말과 문제 인식	Hi there. This is _____ . I got your message loud and clear. I understand that we need to find a way to keep our customers happy during the renovation. 고객 만족 방안 필요
대안 1	Here are my suggestions. First, I think we should close down parts of the restaurant. We can do the remodeling work section by section. That way, we can keep the restaurant open during the renovation. 부분적 공사
대안 2	Next, I think we should do the renovation after business hours. That will minimize the inconvenience to our customers. 영업시간 외에 공사
마무리 인사	Anyway, these are my suggestions for now. I'll call you back if I have more ideas. Thanks.

해석 | 안녕하세요.
_____ 입니다.
무슨 말씀이신지 잘 알겠습니다.
저희가 공사기간 동안 손님들을 만족시키기 위한 방법을 찾아야 한다는 점 이해했습니다.

제 제안을 들어보세요.
우선, 식당의 일부만 폐쇄해야 될 것 같습니다.
리모델링 작업을 구역 별로 차례로 하면 될 것 같습니다.
그렇게 하면, 식당을 공사 기간에도 운영할 수 있을 것 같습니다.

그리고, 영업시간 이후에 공사를 하면 될 것 같습니다.
손님들에게 불편함을 최소화할 수 있는 방법이 될 것 같습니다.

아무튼, 저의 제안은 여기까지입니다.
더 생각나는 아이디어가 있으면 다시 연락드리겠습니다.
감사합니다.

마스터 전략

의견 제시하기 | Express an opinion

PART 6 마스터 전략
강의 바로 가기

- 문제를 인용하여 명료한 **입장 정리**로 답변을 시작한다.
- 반드시 **주제와 직접적으로** 관련된 근거와 예시를 답변에 포함시킨다.
- 문장들의 **연계성**과 흐름이 깨지지 않도록 일목요연하게 내용을 전달한다.
- **강세와 발음**에 유의하여 전달력을 최대화한다.

빈출 유형

1. 교육
2. 회사
3. 의사소통
→ 주류 유형

4. 기술
5. 취미
→ 비주류 유형

PART 6 답변 흐름

다음 순서에 따라, **총 60초 내에 답변을 한다**.

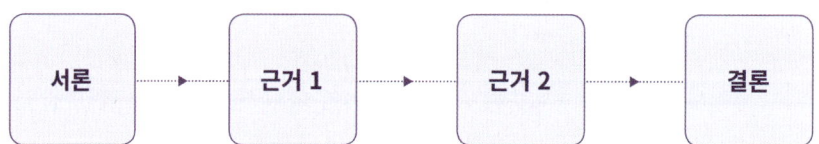

서론 → 근거 1 → 근거 2 → 결론

1. 서론 ⓢ **5초 소요**
문제를 인용하여 본인의 입장을 확실히 제시한다.

2. 대안 1 ㉕ **20~25초 소요**
문제를 인용하여 가정법을 만들고, 그에 대한 첫 번째 근거를 내세운 후에 그로 인해 가져올 수 있는 효과나 예시에 대해 언급한다.

3. 대안 2 ㉕ **20~25초 소요**
문제를 인용하여 가정법을 만들고, 그에 대한 두 번째 근거를 내세운 후에 그로 인해 가져올 수 있는 효과나 예시에 대해 언급한다.

4. 결론 ⓢ **5초 소요**
앞서 말한 본인의 주장을 다시 한번 강조하며 마무리 한다.

빈출 표현

PART 6는 주제에 대한 대안들을 가지고 결론을 내야 하므로, 답변 시 사용할 수 있는 빈출 표현들도 대부분 정해져 있다. 아래 빈출 표현에서 빨간색 표기된 부분은 PART 6 답변 시 자주 사용할 수 있는 고정 족보 답변 템플릿 표현들이다. 그 외 답변 묘사 시 고득점을 받을 수 있는 고득점 필수 표현들도 있으니 높은 점수를 득하고 싶다면, 이 표현들을 잘 사용하여 답변하는 것이 관건이다.

1. 동명사구 / 명사구

🔊 MP3 **6-01**

having fun	즐거운 시간을 보내는 것
having good social skills	좋은 사교성 갖는 것
making good friends	좋은 친구를 사귀는 것
being knowledgeable	지식이 해박한 것
being healthy	건강한 것
focusing on studying	학업에 집중하는 것
learning how hard it is to make money	돈 버는 게 얼마나 어려운지 아는 것
feeling secure	안정감을 느끼는 것
good[better] chemistry	잘 통하는 관계
good[better] welfare	훌륭한 복지
good[better] concentration	훌륭한 집중력
good[better] teamwork	훌륭한 팀워크

2. 전치사구/부사구

🔊 MP3 **6-02**

in school life	학교 생활에서
in every field	모든 분야에서
in our lives	우리의 삶에서
in what they do	사람들이 하는 일에 있어 (무엇을 하든 간에)
at work	회사에서
during class	수업 시간에
more efficiently and productively	더 효율적이고 생산적으로
right away on the spot	그 자리에서 즉시

3. 고득점 필수 표현

🔊 MP3 **6-03**

be more motivated to + 동사	~하는 데 동기부여가 되다
feel the urge to + 동사	~하는 데 강한 충동이 들다
feel like -ing	~를 하고 싶어지다
feel more secure	더욱 안정감을 느끼다
feel happier	더 행복하다고 느끼다

be less likely to + 동사	~하게 될 가능성이 낮다
be more likely to + 동사	~하게 될 가능성이 높다
help solve problems	문제를 해결하게 만들다
help build better chemistry	더 나은 관계[친분]를 쌓도록 돕다
be one of the most important factors	가장 중요한 요소 중 하나이다
exchange feedback and share know-how	피드백을 주고 받고 노하우를 공유하다
become more knowledgeable about + 명사	~에 대해 더 지식을 쌓게 되다
get better grades[results/welfare]	더 나은 성적[결과/복지혜택]을 얻다
have more fun	더 즐겁게 보내다
make money	돈을 벌다
move around	돌아다니다
cause troubles	말썽을 피우다
think it through	신중히 생각하다
make work easier and less time-consuming	일이 더 쉽고 시간도 적게 걸리게 하다
make our lives more convenient	우리의 삶을 더 편리하게 해주다

PART 6 답변 템플릿

다음 답변 템플릿에서 파란색 표시 부분은 상황에 따라 변경 가능한 표현을 가리키며, 빨간색은 해당 문제 유형에서 반드시 사용해야 할 고정 족보 답변 템플릿이다. 이 두 가지의 차이점을 염두에 두고, 각 테스트 별로 들어간 하이라이트에 강세를 넣어서 답변을 하도록 한다. 단, PART 6의 템플릿은 같은 주제라 할 지라도 그 세부 주제에 따라 템플릿이 다양하므로, 아래 템플릿 외에도 실전 문제를 많이 접해보도록 한다.

1. 교육

▶ MP3 6-04

서론	I strongly believe that schools should require students to read the newspaper daily. 학교에서의 신문 읽기의 필요성
근거 1	First, if students read the newspaper daily, they will become more knowledgeable about the world. If so, students will be more motivated to study harder. If they study harder, they will get better grades. Getting good grades will make them become better students and be well-prepared for the future. 교육의 잇따른 중장기적 효과

근거 2	Next, if students read the newspaper daily, they can develop concentration skills. That way, they are more likely to focus better on studying. Focusing on studying is one of the most important factors in school life. 집중력 향상
결론	Once again, I strongly believe that schools should require students to read the newspaper daily.

해석 | 저는 학교에서 학생들이 신문을 매일 읽도록 권고해야 한다고 강력히 믿는 바입니다.

우선, 학생들이 매일 신문을 읽으면, 세상에 대한 더욱 지식을 더 많이 쌓을 수 있을 것입니다.
만약 그렇다면, 학생들이 공부를 더 열심히 하는 데 동기부여가 될 것입니다.
그들이 열심히 공부를 하면 좋은 성적을 받게 될 것입니다.
좋은 성적을 취득하는 것은 그들이 훌륭한 학생으로 성장하고 미래에 잘 준비된 사람이 되도록 만들어 줄 것입니다.

그리고, 학생들이 매일 신문을 읽으면, 집중력을 향상시킬 수 있습니다.
그렇게 하면, 그들이 학업에 집중할 가능성이 더욱 높아집니다.
학교생활에서 학업에 집중하는 것은 가장 중요한 요소 중 하나입니다.

다시 말하자면, 저는 학교에서 학생들이 신문을 매일 읽도록 권고해야 한다고 강력히 믿는 바입니다.

2. 회사

MP3 6-05

서론	I strongly believe that having good social skills contributes more to a manager's success. 매니저 성공 자질
근거 1	First, if a manager has good social skills, it helps solve problems. If so, people will be more motivated to work harder. That way, they can get better results. 조직 전체에 동기 부여 및 좋은 결과 도출
근거 2	Next, if a manager has good social skills, it helps build better chemistry. Better chemistry brings better teamwork. Better teamwork makes work easier and less time-consuming. That way, people can work more efficiently and productively. 업무 효율과 생산성 향상
결론	Once again, I strongly believe that having good social skills contributes more to a manager's success.

해석 | 저는 좋은 사교성을 갖는 것이 매니저의 성공에 더 많은 기여를 한다고 강력히 믿는 바입니다.

우선, 매니저가 좋은 사교성을 갖고 있으면, 문제를 해결하는 데 도움이 됩니다.
그러면, 회사 사람들이 일을 더 열심히 하는 데 동기부여가 될 것입니다.
그렇게 하면, 그들이 더 좋은 결과를 얻을 수 있을 것입니다.

그리고, 매니저가 좋은 사교성을 갖고 있으면, 더 나은 관계를 쌓는데 도움이 됩니다.
서로 잘 통하는 것은 더 나은 팀워크를 만들어 줍니다.
더 나은 팀워크는 업무를 훨씬 더 쉽게 만들어주고, 시간도 적게 걸리게 해줍니다.
그렇게 되면, 더 효율적이고 생산적으로 일할 수 있습니다.

다시 말하자면, 저는 좋은 사교성을 갖는 것이 매니저의 성공에 더 많은 기여를 한다고 강력히 믿는 바입니다.

3. 의사소통

> MP3 6-06

서론	I strongly believe that it is better to communicate face-to-face when communicating with co-workers. 직접적 의사소통의 필요
근거 1	First, if you communicate face-to-face, you can ask questions right away on the spot. You are more likely to get quick answers. That way, you can communicate more efficiently. 직접적 의사소통의 효율성
근거 2	Next, if you communicate face-to-face, you can build better chemistry with your co-workers. Better chemistry brings better teamwork. Better teamwork makes work easier and less time-consuming. That way, people can work more efficiently and productively. 조직 전체에 동기부여와 긍정적인 결과 창출
결론	Once again, I strongly believe that it is better to communicate face-to-face.

해석 | 저는 직장 동료들과 소통하려면 면대면으로 하는 의사소통이 더 낫다고 강력히 믿는 바입니다.

우선, 직접 의사소통을 하면 그 자리에서 바로 궁금한 것을 물어볼 수 있습니다.
당신이 신속한 답변을 얻을 가능성이 더 높습니다.
그렇게 하면, 더 효율적으로 소통할 수 있을 것입니다.

그리고, 면대면으로 의사소통을 하면 직장 동료들과 더 나은 관계를 쌓을 수 있습니다.
좋은 관계는 팀워크를 견고하게 해줍니다.
견고한 팀워크는 업무를 쉽고 시간을 절약하게 만들어 줍니다.
그렇게 하면, 사람들이 더 효율적이고 생산적으로 일할 수 있습니다.

다시 말하자면, 저는 직접 하는 의사소통이 더 낫다고 강력히 믿는 바입니다.

4. 기술

> MP3 6-07

서론	I strongly believe that advances in technology have made it easier for people to enjoy their free time. 기술의 순기능
근거 1	First, the Internet has made our lives more convenient. It has made our lives a lot easier. For example, online shopping has made shopping much easier. 인터넷의 편리성
근거 2	Plus, cell phones have made our lives more convenient as well. We can get access to the Internet when we are on the move. Also, we can keep in touch with people on social media. 휴대전화의 편리성

결론	Once again, I strongly believe that advances in technology have made it easier for people to enjoy their free time.

해석 | 저는 기술의 발전이 사람들이 여가시간을 더 쉽게 즐길 수 있게 해주었다고 강력히 믿는 바입니다.

우선, 인터넷은 우리의 삶을 더 편리하게 만들어 주었습니다.
우리 삶을 훨씬 더 쉽게 만들어 주었죠.
예를 들어, 온라인 쇼핑은 쇼핑을 훨씬 더 쉽게 만들어 주었습니다.

그리고, 휴대전화 또한 우리의 삶을 더 편리하게 만들어 주었습니다.
우리는 이동 중에도 인터넷을 사용할 수 있습니다.
또한, SNS 상에서 사람들과 계속 연락을 주고 받을 수 있습니다.

다시 말하자면, 저는 기술의 발전이 사람들이 여가시간을 더 쉽게 즐길 수 있게 해주었다고 강력히 믿는 바입니다.

5. 취미

▶ MP3 **6-08**

서론	I strongly believe that all people should have a creative hobby. 창의적인 취미 필요
근거 1	First, if people have a creative hobby, they can learn something new. They can also become more creative. Creativity is one of the most important factors in our lives. 취미생활에 잇따른 새로운 지식과 창의력 향상
근거 2	Next, if people have a creative hobby, they can get less stress. That way, they will be more motivated in what they do. If so, they can get better results. 취미생활에 잇따른 스트레스 해소와 사기충전 효과
결론	Once again, I strongly believe that all people should have a creative hobby.

해석 | 저는 모든 사람들이 창의적인 취미를 가져야 한다고 강력히 믿는 바입니다.

우선, 만약 사람들이 창의적인 취미를 가지면 새로운 것을 배울 수 있게 됩니다.
그들은 또한 더 창의적이게 될 수 있습니다.
창의력은 우리의 삶에서 가장 중요한 요소 중 하나입니다.

그리고, 만약 사람들이 창의적인 취미를 가지면 스트레스도 덜 받을 수 있습니다.
그렇게 하면, 그들이 하는 일에 더욱 동기부여가 될 것입니다.
만약 그러면 더 좋은 결과를 얻게 되겠죠.

다시 말하자면, 저는 모든 사람들이 창의적인 취미를 가져야 한다고 강력히 믿는 바입니다.

실전 훈련 TEST 01

실전 훈련 TEST 01
해설 강의 바로 가기

PART 1 - 행사 안내 / 일기예보

PART 2 - 사무실

PART 3 - 의류

PART 4 - 행사 일정표

PART 5 - 홍보 부족

PART 6 - 교육(수업)

PART 1 지문 읽기

🔊 강세와 발음에 주의하여 읽는다.

Q1 of 11
행사 안내

▶ MP3 1-01

TOEIC Speaking   🔊 VOLUME

Thank you for attending our sixteenth workshop on Time Management. Today, we will talk about important strategies, helpful tips, and effective techniques. As you probably know, it is not easy to handle a busy schedule. However, you will understand the art of time management by following our great tips.

PREPARATION TIME	RESPONSE TIME
00:00:45	00:00:45

강세 요령

❶ **Thank** you   인사말에 강세를 넣는다.

❷ im**por**tant, **help**ful, e**ffec**tive   A, B and C 문장 구조에서 각각의 맨 앞 수식어에 강세를 넣는다.

❸ **not**   부정어에 강세를 넣는다.

A1

▶ MP3 1-02

→ 틀리기 쉬운 강세 어휘!

❶ **Thank** you for (attending) our sixteenth workshop on Time (Ma**nage**ment). Today, we will **talk** about ❷ im**por**tant strategies, ❷ **help**ful tips, and ❷ e**ffec**tive techniques. As you probably **know**, it is ❸ **not** easy to handle a busy schedule. However, you will under**stand** the art of time (**ma**nagement) by **follow**ing our **great** tips.

해석 | 제16회 시간 관리 워크숍에 참석해 주셔서 감사합니다. 오늘은 중요한 전략, 유용한 팁, 그리고 효과적인 기술들에 대해 이야기해 보도록 하겠습니다. 아시겠지만, 바쁜 스케줄을 관리하기는 쉽지 않습니다. 하지만 저희의 좋은 팁을 따르면 시간 관리의 기술을 이해하게 되실 것입니다.

READ A TEXT ALOUD

Q2 of 11
일기예보

▶ MP3 1-03

TOEIC Speaking VOLUME

Good morning, listeners. This is your Weekend Weather Forecast. On Saturday, you can expect some clouds and warm temperatures, which will be perfect picnic weather. By Saturday night, though, the temperature will become cooler. Sunday will bring occasional wind, thunderstorms, and heavy snow.

PREPARATION TIME	RESPONSE TIME
00:00:45	00:00:45

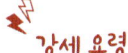 강세 요령

❶ Good **mor**ning — 인사말에 강세를 넣는다.

❷ will be**come**, will **bring** — 조동사 뒤 동사에 강세를 넣는다.

❸ o**cca**sional, **thun**derstorms, **hea**vy — A, B and C 문장 구조에서 각각의 맨 앞 수식어에 강세를 넣는다.

A2

▶ MP3 1-04

❶ Good morning, listeners. This is your Weekend Weather Forecast. On Saturday, you can expect some clouds and warm temperatures, which will be perfect picnic weather. By Saturday night, though, the temperature ❷ will become cooler. Sunday ❷ will bring ❸ occasional wind, ❸ thunderstorms, and ❸ heavy snow.

해석 | 좋은 아침입니다, 청취자 여러분. 주말 날씨 예보 시간입니다. 토요일엔 약간의 구름과 소풍 가기에 적합한 따뜻한 날씨가 예상됩니다. 하지만, 토요일 밤이 되면 기온이 낮아질 것입니다. 일요일엔 간헐적인 바람, 뇌우 그리고 눈이 많이 올 것으로 예상됩니다.

PART 2 사진 묘사하기

📣 사진을 보고 인물과 배경으로 나누어 순서에 맞게 묘사한다.

Q3 of 11
사무실

▶ MP3 1-05

묘사 순서와 템플릿

❶ 전체 묘사 ⋯ ❷ 인물 묘사 ⋯ ❸ 배경 묘사 ⋯ ❹ 분위기 묘사

❶ This picture seems to be taken at an ⟨장소⟩.
　There are ⟨인원수⟩ in the picture.
　They are having a meeting.

❷ The lady in the middle is wearing a ⟨의상⟩.
　She is very good-looking.
　She seems to be in her ⟨나이⟩.
　She is standing in front of the ⟨사물⟩.
　The man on the left is wearing a ⟨의상⟩.
　He is sitting at a table looking at something.

❸ In the background, I can see some ⟨사물 + 위치⟩.
　I can also see a ⟨사물 + 상태 + 위치⟩.

❹ Overall, it looks like a typical day at an ⟨장소⟩.

DESCRIBE A PICTURE

A3

MP3 1-06

전체 묘사

This picture seems to be taken at an office.
There are four people in the picture.
They are having a meeting.

인물 묘사

The lady in the middle is wearing a black jacket.
She is very good-looking.
She seems to be in her mid-thirties.
She is standing in front of the table.
The man on the left is wearing a checked shirt.
He is sitting at a table looking at something.

배경 묘사

In the background, I can see some buildings outside the window.
I can also see a picture hanging on the wall.

분위기 묘사

Overall, it looks like a typical day at an office.

해석 | 이 사진은 사무실에서 찍힌 것처럼 보입니다.
사진에는 4명의 사람이 있습니다.
그들은 회의를 하고 있습니다.

중간에 있는 여자는 검은색 재킷을 입고 있습니다.
그녀는 외모가 준수합니다.
30대 중반 정도로 보입니다.
테이블 앞에 서 있습니다.
왼쪽에 있는 남자는 체크무늬 셔츠를 입고 있습니다.
그는 테이블 자리에 앉아 무언가를 바라보고 있습니다.

배경에는, 창밖에 건물들이 보입니다.
그리고 벽에 걸려있는 그림도 보입니다.

전반적으로, 사무실에서의 보편적인 하루처럼 보입니다.

PART 3 질문에 답하기

📢 준비 시간에 먼저 주어진 주제를 보면서 브레인스토밍을 한다.

Q4-6
Narration
의류

▶ MP3 1-07

TOEIC Speaking　　　🔊 VOLUME

Imagine that you are talking on the telephone to a friend. You are talking about shopping for clothes.

해석 | 친구와 통화를 하고 있다고 가정해보세요. 당신은 옷 쇼핑에 관해 이야기하는 중입니다.

Q4
of 11

▶ MP3 1-08

TOEIC Speaking　　　🔊 VOLUME

Do you like buying clothes? Why or why not?

PREPARATION TIME	RESPONSE TIME
00:00:03	00:00:15

해석 | 당신은 옷 사는 것을 좋아하나요? 그 이유는 무엇인가요?

A4

▶ MP3 1-09

Yes, I like buying clothes quite often.
I like doing that because it is fun.
I am very interested in fashion.

해석 | 네, 저는 꽤 자주 옷 사는 것을 좋아합니다.
그것을 좋아하는 이유는 즐겁기 때문입니다.
저는 패션에 아주 관심이 많습니다.

Q5
of 11

▶ MP3 1-10

TOEIC Speaking　　　🔊 VOLUME

When was the last time you went shopping for new clothing and what did you buy?

PREPARATION TIME	RESPONSE TIME
00:00:03	00:00:15

해석 | 당신이 마지막으로 새 옷을 사러 갔던 것은 언제였나요? 그리고 무엇을 샀나요?

RESPOND TO QUESTIONS

A5

▶ MP3 1-11

The last time I went shopping for new clothing was a few weeks ago.
I got a new shirt online[at the mall].
I bought various types of clothes there.

해석 | 제가 새로운 의류를 사러 갔던 것은 몇 주 전쯤입니다.
온라인[쇼핑몰]에서 새 티셔츠를 하나 샀습니다.
저는 거기서 다양한 종류의 옷들을 구매했습니다.

Q6 of 11

▶ MP3 1-12

TOEIC Speaking 🔊 VOLUME

In your area, where would you recommend that I go shopping to get some new clothes, and why do you recommend going there?

PREPARATION TIME	RESPONSE TIME
00:00:03	00:00:30

해석 | 당신의 동네에서 새 옷을 사기 위해 쇼핑할 장소로 어디를 추천하시겠어요? 왜 그곳에 갈 것을 추천하나요?

A6

▶ MP3 1-13

I recommend that you go to the mall to shop for new clothes.
You can shop for various types of clothes there.
You can get great deals.
Plus, you can save time and energy.
Once again, I recommend that you go to the mall to shop for new clothes.

해석 | 저는 쇼핑몰로 새 옷을 사러 갈 것을 추천합니다.
그곳에서는 다양한 종류의 옷들을 구매할 수 있습니다.
저렴하게 살 수도 있고요.
또한, 시간과 에너지를 절약할 수 있습니다.
다시 말하자면, 저는 당신에게 새 옷을 사기 위해 쇼핑몰에 갈 것을 추천합니다.

표 보고 질문에 답하기

◁ 먼저 주어진 표를 보면서 필요한 정보를 미리 숙지해 둔다. 이때, 각 개별 질문은 음성으로만 제공되므로 유의한다.

Q7-9 of 11

행사 일정표

▶ MP3 1-14

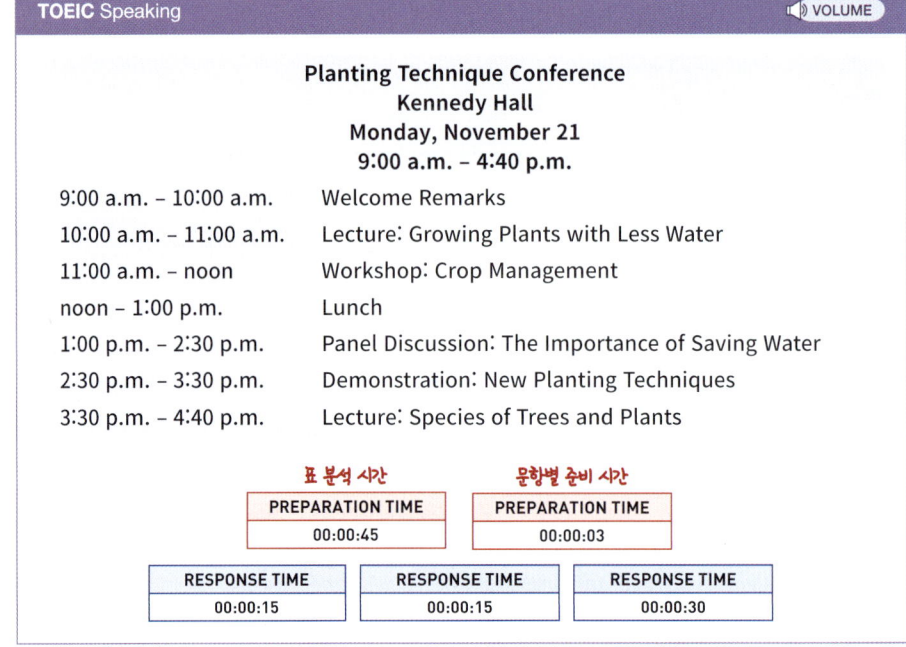

[Script] Hello. I'm calling about the upcoming Planting Technique Conference. I would like to ask you some questions.

해석 | 안녕하세요. 다가오는 식목 기법 회의와 관련해서 연락드립니다. 몇 가지 질문을 좀 드리고 싶습니다.

Q7 of 11

▶ MP3 1-15

TOEIC Speaking

Where is the **conference** being held and what time does it start?

해석 | 회의는 어디에서 진행되고 몇 시에 시작하나요?

A7

▶ MP3 1-16

The **conference** will **take place** at the **Kennedy Hall** on **Monday, November 21st**.
It will **start** at **9 a.m**.

해석 | 회의는 11월 21일 월요일에 Kennedy Hall에서 진행될 예정입니다. 오전 9시에 시작합니다.

RESPOND TO QUESTIONS USING INFORMATION PROVIDED

Q8 of 11
▶ MP3 1-17

TOEIC Speaking

I don't want to miss the demonstration of New Planting Techniques. The demonstration takes place in the morning, right?

해석 | 저는 새로운 식물 기르기 기술에 대한 시연을 놓치고 싶지 않습니다. 시연은 오전에 진행되는 게 맞나요?

A8
▶ MP3 1-18

No, that is incorrect.
The demonstration will take place in the afternoon, not in the morning.
It is from 2:30 p.m. to 3:30 p.m.

해석 | 아니요, 그렇지 않습니다.
　　　시연은 오전이 아니라 오후에 진행될 예정입니다.
　　　이는 오후 2시 30분부터 3시 30분까지입니다.

Q9 of 11
▶ MP3 1-19

TOEIC Speaking

I'm interested in reducing the amount of water in my farms. Could you give me all the details of any sessions that specifically deal with water usage?

해석 | 저는 농장에서 물 사용량을 줄이는 데 관심이 있습니다. 특별히 물 사용과 관련된 세션들에 대한 상세한 정보들을 알려주실 수 있나요?

A9
▶ MP3 1-20

Sure thing.
There will be two sessions on water usage.
One is a lecture on Growing Plants with Less Water.
It is from 10 a.m. to 11 a.m.
The other one is a panel discussion on the Importance of Saving Water.
It is from 1 p.m. to 2:30 p.m.

해석 | 물론입니다.
　　　물 사용과 관련된 두 개의 세션이 있습니다.
　　　하나는 적은 물로 식물 기르기에 관한 강의입니다.
　　　이는 오전 10시부터 11시까지입니다.
　　　또 다른 하나는 물 절약의 중요성에 관한 패널 토론입니다.
　　　이는 오후 1시부터 2시 30분까지입니다.

PART 5 해결책 제안하기

🔊 음성 스크립트가 제공되지 않으므로, 상대방의 문제점 또는 요청사항을 한 번에 파악할 수 있도록 키워드를 집중해서 들어야 한다.

Q10 of 11
홍보 부족

▶ MP3 1-21

[Script]

Woman: There is an important issue we need to discuss in today's marketing meeting. As you probably know, we have launched an organic farming project and asked our clients to sign up for sections in the farm to grow fresh vegetables and fruits. But there **hasn't been much participation.**

Man: Right. We have already advertised on local newspapers and online bulletin boards, but participation is way lower than we had expected. I think some clients don't even know how to grow vegetables or fruits. It would be great if more people sign up to take part in our project.

Woman: Yeah, so I would like each of you to **come up with some plans to promote our project.** Please call me back with your ideas.

해석 | 여: 오늘 마케팅 회의에서 우리가 이야기해야 하는 매우 중요한 주제가 있습니다. 아시다시피, 우리가 유기농 농사 프로젝트를 개시하여 고객들에게 신선한 채소와 과일을 재배할 수 있는 농장 구역을 신청하도록 권했습니다. 그러나 참여가 거의 없었습니다.

남: 맞아요. 이미 지역 신문사와 온라인 게시판에는 광고를 한 상태이지만, 참여율은 우리가 예상했던 것에 비해 현저히 낮았습니다. 제 생각에는 몇몇 고객들은 채소와 과일을 어떻게 기르는지 조차도 모르는 것 같습니다. 더 많은 사람들이 참여하여 신청을 하면 좋을 것 같습니다.

여: 네, 그래서 각자 프로젝트를 홍보할 수 있는 방안들을 생각해줬으면 합니다. 아이디어를 내셔서 다시 저에게 연락주세요.

PROPOSE A SOLUTION

A10

▶ MP3 1-22

🔍 **인사말과 문제 인식**

Hi there. This is ___.

I got your message loud and clear.

I understand that we need to promote the farming project better.

🔍 **대안 1**

Here are my suggestions.

First, I think we should put up big signs.

That way, people can see the signs for the project better.

🔍 **대안 2**

Next, I know we have already done some promotions.

However, I think we should do some more online promotions on social media.

We could post up pictures of the farms on Facebook or Instagram.

Online ads on social media are the best way these days.

🔍 **마무리 인사**

Anyway, these are my suggestions for now.

I'll call you back if I have more ideas.

Thanks.

해석 | 안녕하세요. 저는 ___ 입니다.
무슨 말씀이신지 잘 알겠습니다.
저희가 농장 프로젝트를 더 적극적으로 홍보해야 한다는 점을 이해합니다.

제 제안을 들어보세요.
우선, 큰 표지판을 세워 두어야 할 것 같습니다.
그렇게 하면, 사람들이 프로젝트에 대한 내용을 더 잘 볼 수 있을 것입니다.

그리고, 이미 저희가 홍보를 몇 차례 해봤다는 것은 알고 있습니다.
하지만, 소셜 미디어상에 몇 가지 온라인 홍보를 더 해봐야 할 것 같습니다.
페이스북이나 인스타그램에 농장 사진을 게시해도 좋을 것 같네요.
요즘에는 소셜 미디어에 올리는 온라인 광고가 최고의 방법입니다.

아무튼, 저의 제안은 여기까지입니다.
더 생각나는 아이디어가 있으면 다시 연락드리겠습니다.
감사합니다.

PART 6 의견 제시하기

반드시 주제의 키워드들과 직접적으로 관련된 근거나 예시를 포함하여 대답한다.

Q11 of 11
교육(수업)

▶ MP3 1-23

TOEIC Speaking　　　　　　　　　　　　　VOLUME

Do you agree or disagree with the following statement?
Schools should make learning enjoyable for students.
Give specific reasons or examples to support your opinion.

PREPARATION TIME	RESPONSE TIME
00:00:30	00:01:00

해석 | 다음 서술에 동의하시나요 동의하지 않으시나요?
학교는 학생들을 위해 재미있게 가르쳐야 한다.
의견을 뒷받침하기 위한 구체적인 이유나 예시를 제시해주세요.

A11

▶ MP3 1-24

서론
I strongly believe that schools should make learning enjoyable for students.

근거 1
First, if schools make learning enjoyable, I think students will be more motivated to study harder.
If they study harder, they will get better grades.
Getting good grades will make them become better students and be well-prepared for the future.

근거 2
Next, if schools make learning enjoyable, students will have more fun.
For instance, teachers can play fun games during class.
Having fun is one of the most important factors in school life.

결론
Once again, I strongly agree with the statement.

EXPRESS AN OPINION

해석 | 저는 학교가 학생들을 위해 재미있게 가르쳐야 한다고 강력하게 믿는 바입니다.

우선, 학교가 재미있게 가르치면 학생들은 공부를 더 열심히 하는 데 동기부여가 될 것입니다.
만약 그들이 열심히 공부를 하면 좋은 성적을 받게 될 것입니다.
좋은 성적을 취득하는 것은 그들이 훌륭한 학생으로 성장하고 미래에 잘 준비된 사람이 되도록 만들어 줄 것입니다.

그리고, 학교가 재미있게 가르치면 학생들도 더 재미있어 할 것입니다.
예를 들어, 수업 시간에 선생님들이 즐거운 게임을 진행하는 것이죠.
학교생활에서 즐거운 시간을 보내는 것은 가장 중요한 요소 중 하나입니다.

다시 말하자면, 저는 그 서술에 대해 강력하게 동의합니다.

SELF CHECKLIST

- [ ] 자신감 있는 목소리와 자연스러운 억양으로 답변했는가
- [ ] 모든 파트에서 내용어에 강세를 잘 적용했는가
- [ ] 올바른 위치의 음절에 강세를 적용했는가
- [ ] 단어가 아닌 문장으로 답변했는가
- [ ] 한국어 자음에는 없는 영어 특수 자음(r/f/v/th)을 정확히 발음했는가
- [ ] 관사, 전치사 등의 오류 및 누락은 없었는가
- [ ] 시제나 일반화 복수 처리 오류는 없었는가
- [ ] 제한된 시간 내에 문제에서 요구한 부분을 모두 답변했는가
- [ ] PART 4, 5의 문제를 듣고 문제 유형과 소재를 파악했는가
- [ ] 익숙하지 않는 주제에도 학습한 템플릿을 응용해서 사용했는가

PART 1 - 광고 / 교통정보

PART 2 - 휴게실

PART 3 - 화장품

PART 4 - 행사 일정표

PART 5 - 홍보 부족

PART 6 - 교육(향상)

지문 읽기

🔊 강세와 발음에 주의하여 읽는다.

Q1
of 11

광고

▶ MP3 2-01

TOEIC Speaking 🔊 VOLUME

Brooklyn Bookstore is holding a popular annual sale starting next Thursday. When you buy four books, we will give you the fifth one of similar value absolutely free. We have best-seller novels, a collection of essays, and children's books. So, whatever you're looking for, you will be able to find it at Brooklyn's.

PREPARATION TIME	RESPONSE TIME
00:00:45	00:00:45

 강세 요령

❶ **Brook**lyn **Book**store   고유명사에 강세를 넣는다.

❷ will **give**, will be **able**   조동사 뒤 동사에 강세를 넣는다.

❸ **best**-seller, col**lec**tion, **chil**dren   A, B and C 문장 구조에서 각각의 맨 앞 수식어에 강세를 넣는다.

A1

▶ MP3 2-02

> 틀리기 쉬운 강세 어휘!

❶ **Brooklyn Bookstore** is holding a popular (annual) sale starting next Thursday. When you **buy four** books, we ❷ will **give** you the (fifth) one of similar value (absolutely) free. We have ❸ **best**-seller (novels), a ❸ **collection** of (essays), and ❸ **children's** books. So, (whatever) you're **looking** for, you ❷ will be **able** to **find** it at **Brooklyn**'s.

해석 | Brooklyn 서점은 다음 주 목요일부터 인기 있는 연례 할인 행사를 진행합니다. 책 네 권을 구매하시면, 저희가 비슷한 금액대의 다섯 번째 책을 완전히 무료로 드리겠습니다. 저희 서점에는 베스트 셀러 소설, 수필 모음집 그리고 어린이 동화책이 있습니다. 그러니 찾고 계신 책이 무엇이던 간에, 저희 Brooklyn 서점에서 찾을 수 있을 것입니다.

READ A TEXT ALOUD

Q2 of 11
교통정보

▶ MP3 2-03

TOEIC Speaking 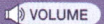 VOLUME

And now for the local traffic report, construction on Great Ocean Road is causing major delays. All four lanes will be undergoing repairs. For drivers who are planning to take this road, consider an alternate route to your destination. Lastly, traffic near the city hall, the central stadium, and the national museum is currently very slow.

PREPARATION TIME	RESPONSE TIME
00:00:45	00:00:45

 강세 요령

❶ **Great** Ocean Road — 고유명사에 강세를 넣는다.

❷ **All**, **Last**ly — 강조어에 강세를 넣는다.

❸ will be **un**dergoing — 조동사 뒤 동사에 강세를 넣는다.

❹ **ci**ty, **cen**tral, **na**tional — A, B and C 문장 구조에서 각각의 맨 앞 수식어에 강세를 넣는다.

A2
▶ MP3 2-04

And now for the local traffic report, construction on ❶ Great Ocean Road is causing major delays. ❷ All four lanes ❸ will be undergoing repairs. For drivers who are planning to take this road, consider an alternate route to your destination. ❷ Lastly, traffic near the ❹ city hall, the ❹ central stadium, and the ❹ national museum is currently very slow.

해석 | 이제 지역 교통 방송 시간입니다. Great Ocean 도로의 공사가 도로 정체의 주 원인이 되고 있습니다. 네 개의 차선이 모두 보수될 예정입니다. 이 도로를 이용하실 예정인 운전자들께서는 목적지까지의 우회로를 이용할 것을 고려해보시기 바랍니다. 마지막으로, 시청, 중앙 경기장 그리고 국립 박물관 근처의 교통은 현재 매우 느립니다.

사진 묘사하기

📢 사진을 보고 인물과 배경으로 나누어 순서에 맞게 묘사한다.

Q3 of 11

휴게실

▶ MP3 2-05

묘사 순서와 템플릿
❶ 전체 묘사 ⋯ ❷ 인물 묘사 ⋯ ❸ 배경 묘사 ⋯ ❹ 분위기 묘사

❶ This picture seems to be taken at a ⬚장소⬚.
   There are ⬚인원수⬚ in the picture.

❷ The lady on the right is wearing a ⬚의상⬚.
   She is very good-looking.
   She seems to be in her ⬚나이⬚.
   She is walking up the stairs.
   The man in the middle is wearing a ⬚의상⬚.
   He is standing in front of the ⬚사물⬚.

❸ In the background, I can see some ⬚사람 + 행동⬚.
   I can also see some ⬚사람 + 행동⬚.

❹ Overall, it looks like a typical day at a ⬚장소⬚.

DESCRIBE A PICTURE

A3

▶ MP3 2-06

전체 묘사

This picture seems to be taken at a lounge.
There are many people in the picture.

인물 묘사

The lady on the right is wearing a red dress.
She is very good-looking.
She seems to be in her mid-thirties.
She is walking up the stairs.
The man in the middle is wearing a blue shirt.
He is standing in front of the wall.

배경 묘사

In the background, I can see some people sitting at a table.
I can also see some people having a conversation.

분위기 묘사

Overall, it looks like a typical day at a lounge.

해석 | 이 사진은 휴게실에서 찍힌 것처럼 보입니다.
사진에는 많은 사람이 있습니다.

오른쪽에 있는 여자는 빨간색 원피스를 입고 있습니다.
그녀는 외모가 준수합니다.
30대 중반 정도로 보입니다.
계단을 오르고 있습니다.
중간에 있는 남자는 파란색 셔츠를 입고 있습니다.
그는 벽 앞에 서 있습니다.

배경에는, 테이블에 앉아 있는 사람들이 보입니다.
그리고 대화를 하고 있는 사람들도 보입니다.

전반적으로, 휴게실에서의 보편적인 하루처럼 보입니다.

질문에 답하기

준비 시간에 먼저 주어진 주제를 보면서 브레인스토밍을 한다.

Q4-6 Narration
화장품

▶ MP3 2-07

TOEIC Speaking   ◀) VOLUME

Imagine that you have agreed to participate in a telephone interview on cosmetics store.

해석 | 화장품 가게에 대한 전화 인터뷰에 응하기로 했다고 가정해보세요.

Q4 of 11

▶ MP3 2-08

TOEIC Speaking   ◀) VOLUME

When was **the last time you went to a cosmetics store? Who did you go with?**

PREPARATION TIME	RESPONSE TIME
00:00:03	00:00:15

해석 | 화장품 가게에 최근에 간 것이 언제입니까? 누구와 함께 갔나요?

A4

▶ MP3 2-09

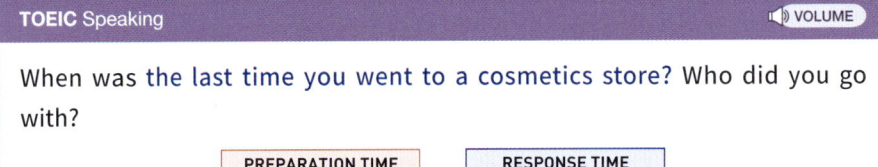

The **last time** I **went to a cosmetics store** was a **few weeks ago.**
I **went there with my friends.**

해석 | 제가 최근에 화장품 가게에 간 것은 몇 주 전입니다.
　　　그곳에 제 친구들과 함께 갔었습니다.

Q5 of 11

▶ MP3 2-10

TOEIC Speaking   ◀) VOLUME

Do you prefer **to buy perfumes** than **buy skin care products at a cosmetics store?** Why is that?

PREPARATION TIME	RESPONSE TIME
00:00:03	00:00:15

해석 | 화장품 가게에서 피부 관리용 화장품보다 향수 사는 것을 좋아하나요? 그 이유는 무엇인가요?

RESPOND TO QUESTIONS

A5

MP3 **2-11**

Well, I think it's fifty-fifty.
I sometimes like to buy perfumes, but I sometimes like to buy skin care products as well.
It depends.

해석 | 글쎄요, 저는 반반입니다.
　　　어떤 때는 향수를 구매하는 것을 좋아하지만, 또 어떤 때는 피부 관리용 제품을 사는 것도 좋아합니다.
　　　그때그때 다릅니다.

Q6
of 11

MP3 **2-12**

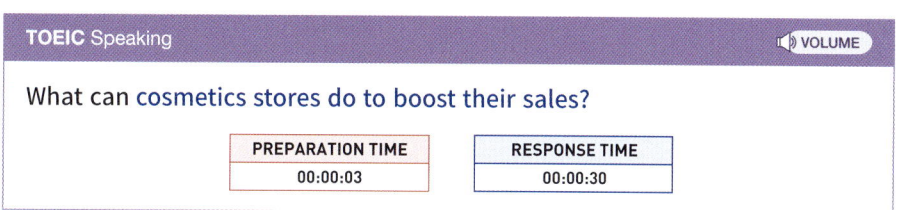

해석 | 화장품 가게들이 매출을 올리기 위해 할 수 있는 것이 무엇이 있을까요?

A6

MP3 **2-13**

There are several things cosmetics stores can do to boost their sales.
First, they can do more online promotions on social media.
They could use Facebook to promote their products.
Also, they can put up big signs.
That way, people can see the signs for the stores better.

해석 | 매출을 올리기 위해 화장품 가게들이 할 수 있는 것들로 몇 가지가 있습니다.
　　　우선, 그들이 소셜 미디어에 더 많은 온라인 홍보를 할 수 있습니다.
　　　페이스북을 사용하여 그들의 제품을 홍보할 수 있을 것 같습니다.
　　　또한, 큰 표지판을 세워 놓을 수도 있습니다.
　　　그렇게 하면, 사람들이 가게 표지판을 더 잘 볼 수 있을 듯합니다.

표 보고 질문에 답하기

🔊 먼저 주어진 표를 보면서 필요한 정보를 미리 숙지해 둔다. 이때, 각 개별 질문은 음성으로만 제공되므로 유의한다.

Q7-9 of 11
행사 일정표

▶ MP3 2-14

TOEIC Speaking   ◁) VOLUME

Science Technology Conference Schedule for January

Jan 4	1:30 p.m. – 2:50 p.m.	Lecture: Biology and Chemistry	$15 admission fee
Jan 8	11:00 a.m. – 12:00 p.m.	Workshop: Space Science	$20 admission fee
Jan 11	2:00 p.m. – 3:00 p.m.	Presentation: Virtual Reality Technology	
Jan 12	12:00 p.m. – 3:00 p.m.	Workshop: Evaluating Artificial Intelligence	Snacks Provided
Jan 21	1:00 p.m. – 2:40 p.m.	Discussion: Computer Programs	
Jan 25	2:00 p.m. – 3:00 p.m.	Interview: Scientist, Hayley Norman	

표 분석 시간 | PREPARATION TIME 00:00:45
문항별 준비 시간 | PREPARATION TIME 00:00:03
RESPONSE TIME 00:00:15 | RESPONSE TIME 00:00:15 | RESPONSE TIME 00:00:30

[Script] Hi, my name is Paul and I am interested in participating the conference in January. So, I would appreciate if you can answer some of my questions.

해석 | 안녕하세요, 저는 Paul이라고 합니다. 제가 1월에 있는 회의 참석에 관심이 있는데요. 그래서, 몇 가지 제 질문에 대해 답변해주시면 감사하겠습니다.

Q7 of 11

▶ MP3 2-15

TOEIC Speaking   ◁) VOLUME

I recall that there is an **interview** with someone. When is that **interview**?

해석 | 누군가와 인터뷰가 있다는 점이 기억납니다. 그 인터뷰는 언제인가요?

A7

▶ MP3 2-16

The **interview with a scientist, Hayley Norman, will take place on January 25th.**

It is from **2 p.m. to 3 p.m.**

해석 | 과학자인 Hayley Norman씨와의 인터뷰는 1월 25일에 진행될 예정입니다. 오후 2시부터 3시까지입니다.

RESPOND TO QUESTIONS USING INFORMATION PROVIDED

Q8 of 11

MP3 2-17

TOEIC Speaking

Someone told me that the discussion will be on Earth Science. Am I correct?

해석 | 누군가가 저에게 토론이 지구 과학에 대한 것이라고 알려줬습니다. 맞나요?

A8

MP3 2-18

No, that is incorrect.
The discussion will be on Computer Programs, not Earth Science.
It is from 1 p.m. to 2:40 p.m.

해석 | 아니요, 그렇지 않습니다.
토론은 지구 과학이 아니라 컴퓨터 프로그램에 관한 것입니다.
오후 1시부터 2시 40분까지입니다.

Q9 of 11

MP3 2-19

TOEIC Speaking

I'm looking forward to attending the workshops at the conference. Can you tell me about all the workshops in detail?

해석 | 저는 회의에서 워크숍에 참여할 것을 기대하고 있습니다. 모든 워크숍에 관해 자세히 알려줄 수 있나요?

A9

MP3 2-20

Sure thing.
There will be two workshops.
One is a workshop on Space Science.
It is from 11 a.m. to 12 p.m. on January 8th.
There will be twenty dollars admission fee.
The other one is a workshop on Evaluating Artificial Intelligence.
It is from 12 p.m. to 3 p.m. on January 12th.
Also, snacks will be provided for that workshop.

해석 | 물론입니다.
두 개의 워크숍이 있습니다.
하나는 우주 과학에 관한 워크숍입니다.
이는 1월 8일 오전 11시부터 오후 12시까지입니다.
20달러의 입장료가 있을 것입니다.
또 다른 하나는 인공지능 평가하기에 관한 워크숍입니다.
이는 1월 12일 오후 12시부터 오후 3시까지입니다.
또한, 그 워크숍에는 간식이 제공될 예정입니다.

해결책 제안하기

음성 스크립트가 제공되지 않으므로, 상대방의 문제점 또는 요청사항을 한 번에 파악할 수 있도록 키워드를 집중해서 들어야 한다.

Q10 of 11

홍보 부족

MP3 2-21

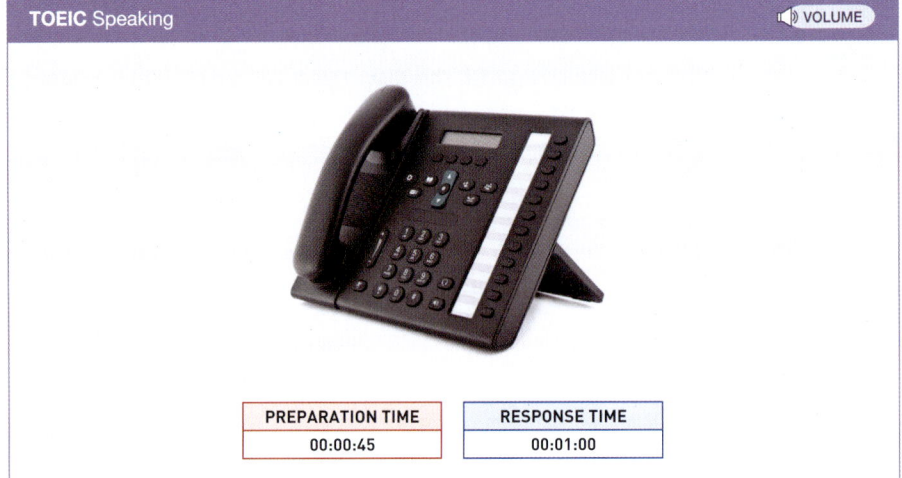

[Script] Good morning. This is Finn, the sales manager of Free Star travel agency. Since you are the marketing manager, I am calling to ask for some help regarding the sales of our backpacking trip. As you might be aware of, we have organized some good plans for the trip like visiting landmarks and making new local friends. We have really done our best promoting these great activities in our programs. But, it seems like we need to find some more creative ideas to **promote our backpacking trip programs better.** So, please get back to me once you get this message. I will be waiting for your call. Thank you.

해석 | 좋은 아침입니다. 저는 Free Star 여행사의 영업 매니저인 Finn입니다. 당신이 마케팅 매니저이기 때문에, 우리 회사의 배낭여행 상품 판매에 관해 도움을 얻고자 연락 드렸습니다. 아마 아시겠지만, 명소 방문과 현지인 친구 만들기와 같은 좋은 계획을 준비해왔습니다. 저희는 프로그램의 이런 멋진 활동들을 홍보하는 데 정말 최선을 다해왔습니다. 그러나, 우리의 배낭여행 상품 홍보를 잘하기 위해 더 창의적인 아이디어를 찾아야 할 것 같습니다. 그러니 이 메시지를 받으면 다시 연락 주세요. 전화 기다리고 있겠습니다. 감사합니다.

A10

MP3 2-22

인사말과 문제 인식

Hi there, Finn. This is ____.

I got your message loud and clear.

I understand that we need to promote the backpacking trip better.

대안 1

Here are my suggestions.

First, I think we should put up big signs.

That way, people can see the signs for the backpacking trip better.

대안 2

Next, I know we have already done some promotions.

However, I think we should do some more online promotions on social media.

We could post up pictures of trips on Facebook or Instagram.

Online ads on social media are the best way these days.

마무리 인사

Anyway, these are my suggestions for now.

I'll call you back if I have more ideas.

Thanks.

해석 | 안녕하세요, Finn씨. 저는 _____입니다.
무슨 말씀이신지 잘 알겠습니다.
저희가 배낭여행 상품을 더 홍보해야 한다는 점 이해했습니다.

제 제안을 들어보세요.
우선, 큰 표지판을 세워 두어야 할 것 같습니다.
그렇게 하면, 사람들이 배낭여행에 대한 표지판을 더 잘 볼 수 있을 것입니다.

그리고, 저희가 이미 홍보를 몇 차례 해봤다는 것은 알고 있습니다.
하지만, 소셜 미디어상에서 온라인 홍보를 더 해봐야 할 것 같습니다.
페이스북이나 인스타그램에 여행 사진을 게시해도 좋을 것 같습니다.
요즘에는 소셜 미디어에 올리는 온라인 광고가 최고의 방법입니다.

아무튼, 저의 제안은 여기까지입니다.
더 생각나는 아이디어가 있으면 다시 연락드리겠습니다.
감사합니다.

PART 6 의견 제시하기

📢 반드시 주제의 키워드들과 직접적으로 관련된 근거나 예시를 포함하여 대답한다.

Q11 of 11
교육(향상)

▶ MP3 2-23

TOEIC Speaking　🔊 VOLUME

Which of the following would most improve the education quality for high school students? Choose one option from the choices below and give specific reasons or examples to support your opinion.
- helping their homework
- providing up-to-date materials
- playing games during class

PREPARATION TIME	RESPONSE TIME
00:00:30	00:01:00

해석 | 다음 중 어떤 것이 고등학생의 교육의 질을 가장 향상 시킬 수 있을까요? 아래 중 하나를 택하여 당신의 의견을 뒷받침하기 위한 구체적인 이유나 예시를 제시해주세요.
- 숙제를 도와주는 것
- 최신 자료를 제공해주는 것
- 수업 시간에 게임을 하는 것

Level 7 답변

A11

▶ MP3 2-24

🔍 **서론**
I strongly believe that providing up-to-date materials would most improve the education quality.

🔍 **근거 1**
First, if schools use up-to-date materials, students can learn up-to-date information.
I think students will be more motivated to study harder.
If they study harder, they will get better grades.
Getting good grades will make them become better students and be well-prepared for the future.

🔍 **근거 2**
Next, if schools use up-to-date materials, students will have more fun.
For instance, they can talk about real-time issues during class.
That way, they can focus better on their class.
Focusing on studying is one of the most important factors in school life.

🔍 **결론**
Once again, I strongly believe that providing up-to-date materials would most improve the education quality.

EXPRESS AN OPINION

해석 | 저는 최신 자료를 제공해주는 것이 교육의 질을 가장 향상시킬 수 있다고 강력히 믿는 바입니다.

우선, 학교에서 최신 자료를 사용하면 학생들이 최신 정보를 학습할 수 있습니다.
제 생각엔 학생들이 공부를 더 열심히 하는 데 동기부여가 될 것입니다.
그들이 열심히 공부를 하면 좋은 성적을 받게 될 것입니다.
좋은 성적을 취득하는 것은 그들이 훌륭한 학생으로 성장하고 미래에 잘 준비된 사람이 되도록 만들어 줄 것입니다.

그리고, 학교에서 최신 자료를 사용하면 학생들이 더 재미있어 할 것입니다.
예를 들어, 수업 시간에 실시간 이슈에 대해 이야기해 볼 수 있을 것입니다.
그렇게 하면, 학생들이 수업에 더 집중할 수 있을 것입니다.
학교생활에서 학업에 집중하는 것은 가장 중요한 요소 중 하나입니다.

다시 말하자면, 저는 최신 자료를 제공해주는 것이 교육의 질을 가장 향상시킬 수 있다고 강력히 믿는 바입니다.

SELF CHECKLIST

- [ ] 자신감 있는 목소리와 자연스러운 억양으로 답변했는가
- [ ] 모든 파트에서 내용어에 강세를 잘 적용했는가
- [ ] 올바른 위치의 음절에 강세를 적용했는가
- [ ] 단어가 아닌 문장으로 답변했는가
- [ ] 한국어 자음에는 없는 영어 특수 자음(r/f/v/th)을 정확히 발음했는가
- [ ] 관사, 전치사 등의 오류 및 누락은 없었는가
- [ ] 시제나 일반화 복수 처리 오류는 없었는가
- [ ] 제한된 시간 내에 문제에서 요구한 부분을 모두 답변했는가
- [ ] PART 4, 5의 문제를 듣고 문제 유형과 소재를 파악했는가
- [ ] 익숙하지 않는 주제에도 학습한 템플릿을 응용해서 사용했는가

실전 훈련 TEST 03

PART 1 - 공연 안내 / 환영사
PART 2 - 커피숍
PART 3 - 전자기기
PART 4 - 행사 일정표
PART 5 - 공지 부족
PART 6 - 교육(학칙)

지문 읽기

강세와 발음에 주의하여 읽는다.

Q1 of 11
공연 안내

▶ MP3 3-01

TOEIC Speaking 　🔊 VOLUME

Welcome to the South Bank Theater. Tonight, you can enjoy an amazing performance with contemporary music. Our musicians will take the stage shortly. So, please turn off all your cell phones. In addition, please be aware that shooting videos, taking pictures with cameras, or recording the show with any other devices is not permitted.

PREPARATION TIME	RESPONSE TIME
00:00:45	00:00:45

강세 요령

❶ **South** Bank **Thea**ter　　　　　고유명사에 강세를 넣는다.

❷ can en**joy**, will **take**　　　　　조동사 뒤 동사에 강세를 넣는다.

❸ **please**, **all**, **any**　　　　　　　강조어에 강세를 넣는다.

❹ turn **off**　　　　　　　　　　　구동사는 뒷 단어에 강세를 넣는다.

❺ **shoo**ting, **ta**king, re**cord**ing　A, B or C 문장 구조에서 각각의 맨 앞 수식어에 강세를 넣는다.

❻ **not**　　　　　　　　　　　　　　부정어에 강세를 넣는다.

A1

▶ MP3 3-02

틀리기 쉬운 강세 어휘!

Welcome to the ❶ South Bank **Thea**ter. Tonight, you ❷ can en**joy** an a**ma**zing per**for**mance with con**tem**porary music. Our mu**si**cians ❷ will **take** the **stage** shortly. So, ❸ **please** ❹ turn **off** ❸ **all** your **cell** phones. In ad**di**tion, ❸ **please** be a**ware** that ❺ **shoo**ting videos, ❺ **ta**king pictures with **ca**meras, or ❺ re**cord**ing the show with ❸ **any** other de**vi**ces is ❻ **not** per**mi**tted.

해석 | South Bank 극장에 오신 것을 환영합니다. 오늘 밤, 여러분들은 현대 음악과 함께하는 놀라운 공연을 즐길 수 있습니다. 저희 연주자들이 곧 무대로 올라올 것입니다. 그러니, 모든 휴대전화를 꺼주시기 바랍니다. 덧붙여, 비디오 촬영, 카메라로 사진 찍기 혹은 다른 어떤 기기로도 공연을 녹화하는 것은 허용되지 않고 있으니 유의하시기 바랍니다.

READ A TEXT ALOUD

Q2 of 11
환영사

▶ MP3 3-03

TOEIC Speaking   🔊 VOLUME

Welcome to the opening of Sunshine Building. It is my honor to speak on behalf of Westside Architects, the firm that led this construction. This building has a commitment to provide a fitness center, retail space, and cafeteria. Therefore, the new building will play a big role in the continued success of the economy in this area.

PREPARATION TIME	RESPONSE TIME
00:00:45	00:00:45

강세 요령

❶ **Wel**come — 인사말에 강세를 넣는다.

❷ **Sun**shine Building, **West**side **Ar**chitects — 고유명사에 강세를 넣는다.

❸ **fit**ness, **re**tail, cafe**te**ria — A, B and C 문장 구조에서 각각의 맨 앞 수식어에 강세를 넣는다.

❹ will **play** — 조동사 뒤 동사에 강세를 넣는다.

A2

▶ MP3 3-04

❶ Welcome to the opening of ❷ Sunshine Building. It is my honor to speak on behalf of ❷ Westside Architects, the firm that led this construction. This building has a commitment to provide a ❸ fitness center, ❸ retail space, and ❸ cafeteria. Therefore, the new building ❹ will play a big role in the continued success of the economy in this area.

해석 | Sunshine 빌딩 개장에 오신 것을 환영합니다. 이번 건설을 이끈 회사인 Westside 건축을 대변하게 되어 영광입니다. 이 건물은 헬스장, 소매점 그리고 식당을 제공할 것을 약속했습니다. 그러므로, 이 신축 건물은 이 지역 경제의 지속적인 성공에 큰 역할을 할 것입니다.

사진 묘사하기

📢 사진을 보고 인물과 배경으로 나누어 순서에 맞게 묘사한다.

Q3 of 11

커피숍

▶ MP3 3-05

묘사 순서와 템플릿
❶ 전체 묘사 ⋯▶ ❷ 인물 묘사 ⋯▶ ❸ 배경 묘사 ⋯▶ ❹ 분위기 묘사

❶ This picture seems to be taken at a   장소 .
   There are   인원수   in the picture.

❷ The lady on the left is wearing a   의상 .
   She is very good-looking.
   She seems to be in her   나이 .
   She is sitting at a table looking at her   사물 .
   The man in the middle is wearing a   의상 .
   He is holding a   사물   in his hand.

❸ In the background, I can see some   사람 + 행동 + 장소 .
   I can also see some   사물 + 위치 .

❹ Overall, it looks like a typical day at a   장소 .

DESCRIBE A PICTURE

A3

▶ MP3 3-06

🔍 **전체 묘사**

This picture seems to be taken at a coffee shop.
There are many people in the picture.

🔍 **인물 묘사**

The lady on the left is wearing a white jacket.
She is very good-looking.
She seems to be in her mid-thirties.
She is sitting at a table looking at her laptop.
The man in the middle is wearing a grey shirt.
He is holding a mug in his hand.

🔍 **배경 묘사**

In the background, I can see some people standing at the counter.
I can also see some bowls on the shelves.

🔍 **분위기 묘사**

Overall, it looks like a typical day at a coffee shop.

해석 | 이 사진은 커피숍에서 찍힌 것처럼 보입니다.
사진에는 많은 사람들이 있습니다.

왼쪽에 있는 여자는 흰색 재킷을 입고 있습니다.
그녀는 외모가 준수합니다.
30대 중반 정도로 보입니다.
테이블에 앉아서 노트북 컴퓨터를 보고 있습니다.
중간에 있는 남자는 회색 셔츠를 입고 있습니다.
그는 손에 머그잔을 들고 있습니다.

배경에는, 카운터에 서 있는 사람들이 보입니다.
그리고 선반 위에 그릇들도 보입니다.

전반적으로, 커피숍에서의 보편적인 하루처럼 보입니다.

PART 3 질문에 답하기

🔊 준비 시간에 먼저 주어진 주제를 보면서 브레인스토밍을 한다.

Q4-6 Narration
전자기기

▶ MP3 3-07

TOEIC Speaking

Imagine that you are talking with your neighbor who wants to buy a computer and wants to ask you some questions about your new computer.

해석 | 컴퓨터를 사고 싶어서 당신의 새 컴퓨터에 대해 묻고 싶어하는 이웃과 이야기 중이라고 가정해보세요.

Q4 of 11

▶ MP3 3-08

TOEIC Speaking

Where did you buy your new computer? Why did you buy it?

PREPARATION TIME	RESPONSE TIME
00:00:03	00:00:15

해석 | 당신의 새 컴퓨터를 어디에서 구매했나요? 왜 구매했나요?

A4

▶ MP3 3-09

I bought my new computer at the mall.
I bought it because my old computer was getting old.
I needed to buy a new one.

해석 | 저는 쇼핑몰에서 새 컴퓨터를 구매했습니다.
원래 있던 제 컴퓨터가 오래돼서 구매했습니다.
새 것을 사야만 했습니다.

Q5 of 11

▶ MP3 3-10

TOEIC Speaking

What do you normally use your computer for?

PREPARATION TIME	RESPONSE TIME
00:00:03	00:00:15

해석 | 당신은 컴퓨터를 주로 무엇을 하는 데 사용하나요?

RESPOND TO QUESTIONS

A5

> I normally use my computer to get access to the Internet.
> I do searches and watch video clips online.

해석 | 저는 주로 인터넷을 사용하기 위해 컴퓨터를 사용합니다.
온라인으로 검색을 하고 동영상도 봅니다.

Q6 of 11

TOEIC Speaking VOLUME

If your friend wants to buy a computer, what are some important factors that your friend needs to consider?

PREPARATION TIME	RESPONSE TIME
00:00:03	00:00:30

해석 | 만일 당신의 친구가 컴퓨터를 사고 싶어한다면, 친구가 고려해야 하는 중요한 요소들은 무엇이 있나요?

A6

> There are several things you need to consider when you buy a computer.
> You should consider quality and brand.
> First, if the quality is good, you can use the product longer.
> And, if the brand is well-known, you can get reliable products.
> So, the quality and brand are the most important factors.

해석 | 컴퓨터를 살 때 고려해야 하는 것들이 몇 가지 있습니다.
품질과 브랜드를 따져봐야 합니다.
우선, 품질이 좋으면 그 제품을 오래 사용할 수 있습니다.
그리고, 브랜드의 인지도가 좋으면 믿을 수 있는 제품을 구매할 수 있습니다.
그래서, 품질과 브랜드가 가장 중요한 요소입니다.

표 보고 질문에 답하기

📢 먼저 주어진 표를 보면서 필요한 정보를 미리 숙지해 둔다. 이때, 각 개별 질문은 음성으로만 제공되므로 유의한다.

Q7-9 of 11
행사 일정표

▶ MP3 3-14

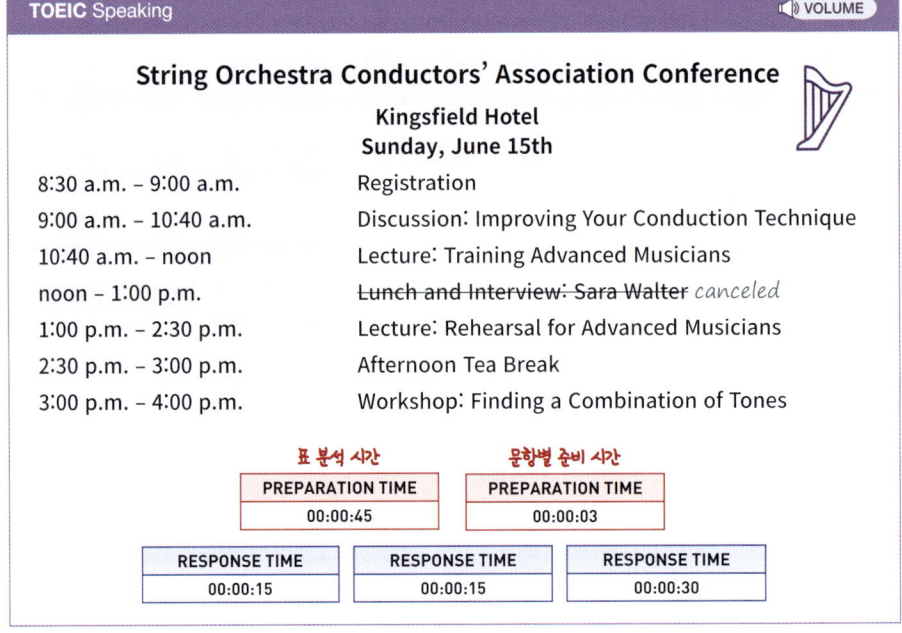

[Script] Hi there. I'm one of the string orchestra conductors attending the conference. Could you please give me some details about the schedule?

해석 | 안녕하세요. 저는 회의에 참여하는 현악 합주단의 지휘자 중 한 명입니다. 일정에 대해서 자세한 정보를 주실 수 있나요?

Q7 of 11

▶ MP3 3-15

What is the date of the conference and what time does registration begin?

해석 | 회의 날짜가 언제이고 등록은 몇 시에 시작하나요?

A7

▶ MP3 3-16

The conference will take place on Sunday, June 15th at the Kingsfield Hotel. The registration will begin at 8:30 a.m.

해석 | 회의는 6월 15일 일요일에 Kingsfield 호텔에서 진행될 예정입니다.
등록은 오전 8시 30분에 시작합니다.

RESPOND TO QUESTIONS USING INFORMATION PROVIDED

Q8 of 11

▶ MP3 **3-17**

TOEIC Speaking　　　　　　　　　　　　　　🔊 VOLUME

I heard that we will have a lunch and interview with Sara Walter. Am I right?

해석 | Sara Walter씨와 점심 식사와 인터뷰가 있을 것이라 들었습니다. 맞나요?

A8

▶ MP3 **3-18**

No, that is incorrect.

Unfortunately, that schedule has been canceled.

So, there is no schedule from noon to 1 p.m.

해석 | 아니요, 그렇지 않습니다.
아쉽지만, 그 일정은 취소되었습니다.
그래서, 정오부터 1시까지 일정이 없습니다.

Q9 of 11

▶ MP3 **3-19**

TOEIC Speaking　　　　　　　　　　　　　　🔊 VOLUME

I'm quite interested in attending sessions related to advanced musicians. Can you tell me all the details about the sessions for the advanced musicians?

해석 | 저는 상급 연주자들에 관련한 세션에 관심이 많습니다. 상급 연주자들을 위한 세션에 대해 자세히 알려주실 수 있나요?

A9

▶ MP3 **3-20**

Sure thing.

There will be two lectures for the Advanced Musicians.

One is a lecture on Training Advanced Musicians.

It is from 10:40 a.m. to noon.

The other one is a lecture on Rehearsal for Advanced Musicians.

It is from 1 p.m. to 2:30 p.m.

해석 | 물론입니다.
상급 연주자들을 위한 두 개의 강의가 있습니다.
하나는 상급 연주자 훈련에 관한 강의입니다.
이는 오전 10시 40분부터 정오까지입니다.
또 다른 하나는 상급 연주자들을 위한 리허설입니다.
이는 오후 1시부터 2시 30분까지입니다.

PART 5 해결책 제안하기

음성 스크립트가 제공되지 않으므로, 상대방의 문제점 또는 요청사항을 한 번에 파악할 수 있도록 키워드를 집중해서 들어야 한다.

Q10 of 11

공지 부족

MP3 3-21

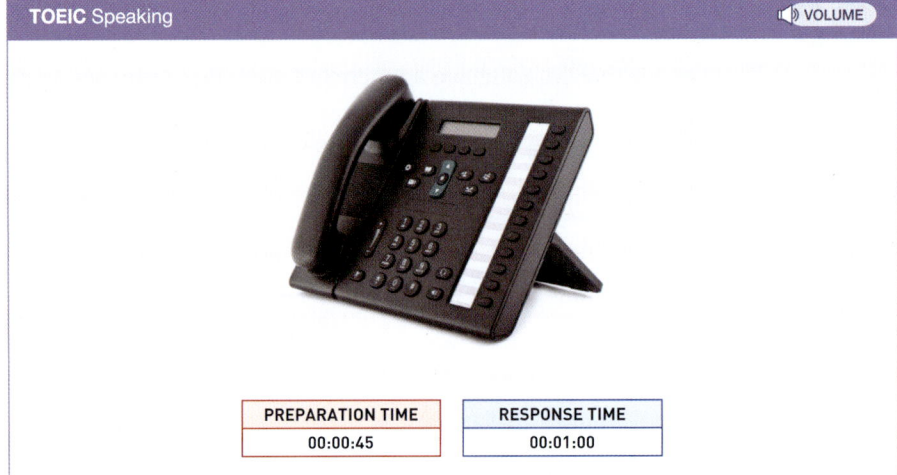

[Script] Good afternoon. This is Tim from the City Logistics Department. Since you are the communications director, I'm quite sure that you are well aware of the road construction downtown. **We are planning to block off those roads for repair work tomorrow.** The problem is that a lot of drivers take these roads in the morning rush hours. So, it seems like they will need to take alternate routes. I'd like you to come up with a plan to let the public know about the road closures in advance. It is important that people who usually take these roads are aware of alternate routes and consider the extra time they would need. Please call me back ASAP with your **plan for sending out this information about the road construction to the public.** Again, it's Tim. I will be waiting for your call.

해석 | 안녕하세요. 저는 도시 물류 부서의 Tim입니다. 당신은 홍보 담당자로서, 시내 도로 공사에 대해 잘 알고 계실 거라고 생각합니다. 저희가 내일 보수 작업을 위해 그 도로들을 폐쇄할 계획입니다. 문제는 많은 운전자들이 아침 출근 시간에 이 도로를 사용한다는 것입니다. 그래서, 그들이 우회로를 이용해야 될 것 같습니다. 저는 당신이 사람들에게 사전에 도로 폐쇄에 대해 알릴 수 있는 방안을 떠올려 주셨으면 합니다. 이 도로로 주로 다니는 사람들이 우회로를 알고 그들에게 필요할 수도 있는 추가 시간을 고려하는 것이 중요합니다. 도로 공사와 관련된 정보를 사람들에게 보내기 위한 계획과 함께 저에게 최대한 빨리 다시 연락 주시기를 바랍니다. 지금까지 Tim이였습니다. 전화 기다리겠습니다.

PROPOSE A SOLUTION

A10

▶ MP3 3-22

인사말과 문제 인식

Hi, there, Tim. This is ___.

I got your message loud and clear.

I understand that we need to let the public know about the road closures ahead of time.

대안 1

Here are my suggestions.

First, I think we should put up big signs on the roads.

That way, people can see the signs for the road closures better.

대안 2

Next, I think we should send out text messages to the public.

They can read the messages and get to know about the road closures.

마무리 인사

Anyway, these are my suggestions for now.

I'll call you back if I have more ideas.

Thanks.

해석 | 안녕하세요, Tim씨. _____입니다.
무슨 말씀이신지 잘 알겠습니다.
저희가 사람들에게 도로 폐쇄에 대해 미리 알려야 한다는 점 이해했습니다.

제 제안을 들어보세요.
우선, 큰 표지판을 도로에 세워 두어야 할 것 같습니다.
그렇게 하면, 사람들이 도로 폐쇄에 대한 내용을 더 잘 볼 수 있을 것입니다.

그리고, 사람들에게 문자 메시지 전송을 해야 될 것 같습니다.
그들이 문자를 읽으면 도로 폐쇄에 대해서 알 수 있을 것 같습니다.

아무튼, 저의 제안은 여기까지입니다.
더 생각나는 아이디어가 있으면 다시 연락드리겠습니다.
감사합니다.

의견 제시하기

🔊 반드시 주제의 키워드들과 직접적으로 관련된 근거나 예시를 포함하여 대답한다.

Q11 of 11
교육(학칙)

▶ MP3 3-23

TOEIC Speaking 🔊 VOLUME

What are the **advantages of children going to schools that have strict school regulations?**
Give specific reasons or examples to support your answer.

PREPARATION TIME	RESPONSE TIME
00:00:30	00:01:00

해석 | 아이들이 엄격한 학칙이 있는 학교에 다니는 것에 대한 장점이 무엇이 있나요?
답변을 뒷받침하기 위한 구체적인 이유나 예시를 제시해주세요.

Level↑ 답변
A11

▶ MP3 3-24

🔍 **서론**

I **strongly** believe that there are **several advantages of children going to schools** that have **strict school** regulations.

🔍 **근거 1**

First, if **schools** have **strict school** regulations, **students** are **less likely to** cause **trouble at school**.
If so, **students** will be **more motivated to study** harder.
If they **study harder,** they will **get better grades.**
Also, getting good grades will **make them be**come **better students and be well-prepared for the future.**

🔍 **근거 2**

Next, if **schools** have **strict school** regulations, **students** can focus better on their **class**.
Focusing on **studying** is one of the **most important factors in school life.**

🔍 **결론**

Once again, I **strongly** believe that there are **several advantages of children going to schools** that have **strict school** regulations.

EXPRESS AN OPINION

해석 | 저는 아이들이 엄격한 학칙이 있는 학교에 다니는 것에 몇 가지 장점이 있다고 강력히 믿는 바입니다.

우선, 학교에 엄격한 학칙이 있다면 학생들이 학교에서 문제를 덜 일으키게 될 것입니다.

그러면, 공부를 더 열심히 하는 데 동기부여가 될 것입니다.

만약 그들이 열심히 공부를 하면 더 좋은 성적을 받게 될 것입니다.

또한, 좋은 성적을 취득하는 것은 그들이 훌륭한 학생으로 성장하고 미래에 잘 준비된 사람이 되도록 만들어 줄 것입니다.

그리고, 학교가 엄격한 학칙이 있다면 학생들이 수업에 더 잘 집중할 수 있을 것입니다.

학교생활에서 학업에 집중하는 것은 가장 중요한 요소 중 하나입니다.

다시 말하자면, 저는 아이들이 엄격한 학칙이 있는 학교에 다니는 것에 몇 가지 장점이 있다고 강력히 믿는 바입니다.

SELF CHECKLIST

- [ ] 자신감 있는 목소리와 자연스러운 억양으로 답변했는가
- [ ] 모든 파트에서 내용어에 강세를 잘 적용했는가
- [ ] 올바른 위치의 음절에 강세를 적용했는가
- [ ] 단어가 아닌 문장으로 답변했는가
- [ ] 한국어 자음에는 없는 영어 특수 자음(r/f/v/th)을 정확히 발음했는가
- [ ] 관사, 전치사 등의 오류 및 누락은 없었는가
- [ ] 시제나 일반화 복수 처리 오류는 없었는가
- [ ] 제한된 시간 내에 문제에서 요구한 부분을 모두 답변했는가
- [ ] PART 4, 5의 문제를 듣고 문제 유형과 소재를 파악했는가
- [ ] 익숙하지 않는 주제에도 학습한 템플릿을 응용해서 사용했는가

실전 훈련 TEST 04

PART 1 - 전화 ARS / 교통정보

PART 2 - 커피숍

PART 3 - 음식

PART 4 - 행사 일정표

PART 5 - 공지 부족

PART 6 - 교육(휴대전화)

지문 읽기

🔊 강세와 발음에 주의하여 읽는다.

Q1 of 11
전화 ARS
▶ MP3 4-01

TOEIC Speaking 　🔊 VOLUME

Thank you for contacting the Hopkins Art Gallery. For information about our monthly membership, please press "zero." If you would like to know about admission prices, detailed programs, and opening hours, please press "nine." To speak with our personnel, please remain on the line. Visit our Website if you want to find out more about our upcoming events.

PREPARATION TIME	RESPONSE TIME
00:00:45	00:00:45

 강세 요령

❶ **Thank** you — 인사말에 강세를 넣는다.
❷ **Hop**kins **Art** Gallery — 고유명사에 강세를 넣는다.
❸ **please** — 강조어에 강세를 넣는다.
❹ would **like** — 조동사 뒤 동사에 강세를 넣는다.
❺ ad**mis**sion, **de**tailed, **o**pening — A, B and C 문장 구조에서 각각의 맨 앞 수식어에 강세를 넣는다.
❻ find **out** — 구동사 뒤 단어에 강세를 넣는다.

A1
▶ MP3 4-02

→ 틀리기 쉬운 강세 어휘!

❶ Thank you for (contacting) the ❷ Hopkins Art Gallery. For information about our monthly membership, ❸ please press "(zero)." If you ❹ would like to know about ❺ ad(mission) prices, ❺ (de)tailed programs, and ❺ opening hours, ❸ please press "nine." To speak with our (personnel), ❸ please remain on the line. Visit our Website if you want to ❻ find out more about our (upcoming) (events).

해석 | Hopkins 미술관에 전화 주셔서 감사합니다. 월간 회원제에 대한 정보를 원하시면 0번을 눌러주세요. 입장료, 상세한 프로그램 그리고 영업시간에 대해 알고 싶으시면 9번을 눌러주세요. 저희 상담원과 통화를 원하시면, 대기 해주시기 바랍니다. 다가오는 행사에 대해 더 알고 싶으시다면 저희 웹사이트를 방문해보세요.

READ A TEXT ALOUD

Q2 of 11
교통정보

▶ MP3 4-03

TOEIC Speaking

In traffic update for today, construction crews will initiate utility work on Gibson road including removal, replacement, and renovation. Therefore, the road will also have partial closures due to long construction work. Drivers will need to seek out detour signs for alternate routes in order to avoid congestion and a long commute.

PREPARATION TIME	RESPONSE TIME
00:00:45	00:00:45

강세 요령

① will **ini**tiate, will **need** — 조동사 뒤 동사에 강세를 넣는다.

② **Gib**son road — 고유명사에 강세를 넣는다.

③ re**mo**val, re**place**ment, re**no**vation — A, B and C 문장 구조에 강세를 넣는다.

④ **a**lso — 강조어에 강세를 넣는다.

⑤ seek **out** — 구동사 뒷 단어에 강세를 넣는다.

A2

▶ MP3 4-04

In traffic (update) for today, (construction) crews ① will initiate (utility) work on ② Gibson road including ③ removal, ③ replacement, and ③ renovation. Therefore, the road will ④ also have partial closures due to long construction work. Drivers ① will need to ⑤ seek out detour signs for alternate routes in order to avoid congestion and a long commute.

해석 | 오늘 교통 정보 소식으로는, 건설 인부들이 Gibson 도로의 제거, 교체 그리고 수리 작업을 포함한 설비작업을 개시할 예정입니다. 그러므로, 도로는 긴 공사 작업으로 인해 부분적으로 폐쇄될 것입니다. 운전자들은 교통 혼잡과 긴 통근시간을 피하기 위해 대체 경로에 대한 우회로 간판을 찾아야 할 것입니다.

사진 묘사하기

📢 사진을 보고 인물과 배경으로 나누어 순서에 맞게 묘사한다.

Q3
of 11

커피숍

▶ MP3 **4-05**

묘사 순서와 템플릿
❶ 전체 묘사 ···▶ ❷ 인물 묘사 ···▶ ❸ 배경 묘사 ···▶ ❹ 분위기 묘사

❶ This picture seems to be taken at a   장소   .
   There are   인원수   in the picture.

❷ The lady in the middle is wearing a   의상   .
   She is very good-looking.
   She seems to be in her   나이   .
   She is sitting at a table looking at   사람   .
   The man on the right is wearing a   의상   .
   He is having a conversation with the lady.

❸ In the background, I can see some   사물 + 상태 + 위치   .
   I can also see some   사물 + 위치   .

❹ Overall, it looks like a typical day at a   장소   .

DESCRIBE A PICTURE

A3
MP3 4-06

전체 묘사

This picture seems to be taken at a coffee shop.
There are three people in the picture.

인물 묘사

The lady in the middle is wearing a black top.
She is very good-looking.
She seems to be in her mid-thirties.
She is sitting at a table looking at the man.
The man on the right is wearing a black shirt.
He is having a conversation with the lady.

배경 묘사

In the background, I can see some pictures hanging on the wall.
I can also see some cars outside the window.

분위기 묘사

Overall, it looks like a typical day at a coffee shop.

해석 | 이 사진은 커피숍에서 찍힌 것처럼 보입니다.
사진에는 세 명의 사람이 있습니다.

중간에 있는 여자는 검은색 상의를 입고 있습니다.
그녀는 외모가 준수합니다.
30대 중반 정도로 보입니다.
테이블에 앉아서 남자를 바라보고 있습니다.
오른쪽에 있는 남자는 검은색 셔츠를 입고 있습니다.
그는 여자와 대화를 나누고 있습니다.

배경에는, 그림들이 벽에 걸려있는 것이 보입니다.
그리고 창밖에 차들도 보입니다.

전반적으로, 커피숍에서의 보편적인 하루처럼 보입니다.

PART 3 질문에 답하기

📢 준비 시간에 먼저 주어진 주제를 보면서 브레인스토밍을 한다.

Q4-6
Narration
음식

▶ MP3 4-07

TOEIC Speaking　　　◁)) VOLUME

Imagine that a food firm is doing a research about food. You have agreed to participate in an interview on shopping for food.

해석 | 식료품 회사에서 음식에 대한 조사를 한다고 가정해보세요. 당신은 음식 쇼핑에 대한 인터뷰에 응하기로 동의했습니다.

Q4
of 11

▶ MP3 4-08

TOEIC Speaking　　　◁)) VOLUME

Who usually gets groceries at your home and how often does he or she do that?

| PREPARATION TIME | RESPONSE TIME |
| 00:00:03 | 00:00:15 |

해석 | 당신의 집에서 누가 주로 장을 봅니까? 그리고 그 사람은 얼마나 자주 장을 보나요?

A4

▶ MP3 4-09

At my home, my mom usually gets groceries.
She does that at least once or twice a week on average.

해석 | 저희 집에서는, 주로 엄마가 장을 봅니다.
　　　그녀는 평균적으로 일주일에 최소 한 번 또는 두 번 정도 장을 봅니다.

Q5
of 11

▶ MP3 4-10

TOEIC Speaking　　　◁)) VOLUME

On weekends, do you like to cook at home or eat out at restaurants?

| PREPARATION TIME | RESPONSE TIME |
| 00:00:03 | 00:00:15 |

해석 | 당신은 주말에 집에서 요리하는 것을 좋아합니까, 아니면 식당에서 외식하는 것을 좋아합니까?

RESPOND TO QUESTIONS

A5
MP3 4-11

> Well, I think it's fifty-fifty.
> I sometimes like to cook at home, but I sometimes like to eat out at restaurants as well.
> It depends.

해석 | 글쎄요, 저는 반반입니다.
가끔은 집에서 요리하는 것을 좋아하지만, 때로는 식당에서 외식하는 것을 좋아하기도 합니다.
그때그때 다릅니다.

Q6 of 11
MP3 4-12

TOEIC Speaking VOLUME

Do you think the area you live in is a good place to get groceries? Why or why not?

PREPARATION TIME	RESPONSE TIME
00:00:03	00:00:30

해석 | 당신이 사는 동네가 장을 보기에 좋은 장소라고 생각하나요? 왜 그렇게 생각하나요?

A6
MP3 4-13

> I think the area I live in is a good place to get groceries.
> That's because there is a discount store near my place.
> You can get great deals there.
> Also, there is a large supermarket near my place as well.
> You can shop for various types of food there.

해석 | 저는 제가 사는 동네가 장을 보기에 좋은 장소라고 생각합니다.
왜냐하면 저희 집 근처에는 할인마트가 있기 때문입니다.
그곳에서 물건을 저렴하게 구매할 수 있습니다.
또한, 저희 집 근처에는 대형 슈퍼마켓도 있습니다.
그곳에서는 다양한 종류의 음식을 구입할 수 있습니다.

PART 4 표 보고 질문에 답하기

먼저 주어진 표를 보면서 필요한 정보를 미리 숙지해 둔다. 이때, 각 개별 질문은 음성으로만 제공되므로 유의한다.

Q7-9 of 11
행사 일정표

▶ MP3 4-14

TOEIC Speaking

Marketing Management Conference
Conference Room 307
October 19

Time	Topic	Speaker
7:30 – 8:00 a.m.	Core Business Process	Jun Lee
8:00 – 8:50 a.m.	International Marketing Firms	Joshua Cooper
9:00 – 9:50 a.m.	Online Job Research	Lauren Morgan
10:00 – 10:30 a.m.	Online Cooperation: Virtual Coworkers	Georgina Robins
11:00 – 11:40 a.m.	Sales Strategy & Good Leadership	May Lu

* Registration Fee: $150 (free for conference volunteers)

표 분석 시간
PREPARATION TIME 00:00:45

문항별 준비 시간
PREPARATION TIME 00:00:03

RESPONSE TIME 00:00:15
RESPONSE TIME 00:00:15
RESPONSE TIME 00:00:30

[Script] Hi, I'm interested in attending the Marketing Management Conference. It would be great if you can answer my questions.

해석 | 안녕하세요. 저는 마케팅 관리 회의 참석에 관심이 있습니다. 제 질문에 답변해주시면 대단히 감사하겠습니다.

Q7 of 11

▶ MP3 4-15

TOEIC Speaking

What time does the first session start? And who is the speaker?

해석 | 첫 번째 세션은 몇 시에 시작하나요? 그리고 진행자는 누구인가요?

A7

▶ MP3 4-16

The first session will start at 7:30 a.m. on October 19th.
It will be on Core Business Process by Jun Lee.

해석 | 첫 번째 세션은 10월 19일 오전 7시 30분에 시작합니다.
Jun Lee씨가 진행하는 핵심 경영 과정에 관한 것입니다.

RESPOND TO QUESTIONS USING INFORMATION PROVIDED

Q8 of 11
MP3 4-17

TOEIC Speaking VOLUME

I think I will only be able to attend morning sessions. What will I miss if I leave at noon?

해석 | 제가 오전 세션만 참여가 가능할 것 같습니다. 제가 정오에 떠나면 참여 못 하는 세션이 무엇이 있나요?

A8
MP3 4-18

The last session ends at 11:40 a.m.
So, you will not miss any session even if you leave at noon.

해석 | 마지막 세션은 오전 11시 40분에 끝납니다.
그래서, 당신이 정오에 떠난다 할지라도 놓치게 될 세션은 없습니다.

Q9 of 11
MP3 4-19

TOEIC Speaking VOLUME

I'm very interested in sessions on working online. So, could you tell me all the details for sessions that use online resources?

해석 | 저는 온라인으로 작업하는 것과 관련된 세션에 관심이 많습니다. 그러니, 온라인 자원을 사용하는 세션에 대해 자세히 말해 주실 수 있나요?

A9
MP3 4-20

Sure thing.
There will be two sessions on using online resources.
One will be on Online Job Research by Lauren Morgan.
It is from 9 a.m. to 9:50 a.m.
The other one will be on Online Cooperation: Virtual Coworkers by Georgina Robins.
It is from 10 a.m. to 10:30 a.m.

해석 | 물론입니다.
온라인 자원을 사용하는 두 개의 강의가 있습니다.
하나는 Lauren Morgan씨의 온라인 직업 연구에 관한 것입니다.
이는 오전 9시부터 9시 50분까지입니다.
또 다른 하나는 Georgina Robins씨의 온라인 협력: 가상의 동료에 관한 것입니다.
이는 오전 10시부터 10시 30분까지입니다.

PART 5 해결책 제안하기

음성 스크립트가 제공되지 않으므로, 상대방의 문제점 또는 요청사항을 한 번에 파악할 수 있도록 키워드를 집중해서 들어야 한다.

Q10 of 11
공지 부족

▶ MP3 4-21

[Script]

Woman: Before we end today's staff meeting, I would like to discuss one more thing. We have recently completed a new version of our employee handbook that contains important information on security procedures and personnel policies. We will be handing them out shortly.

Man: It's good that we updated the handbook and that more information is in it, but I am concerned that people would just put away their handbook without reading it just like they did last year.

Woman: Yeah, that's why I want to bring up the issue today. We will need to come up with a way to **make sure everyone understands the information in the handbook inside out** instead of just putting it away without reading. So, I would like you to call me later with a plan to make all our employees be well-informed with policies and updated information in the new company handbook.

해석 | 여: 오늘 직원 회의를 마치기 전에, 한 가지만 더 논의하고 싶습니다. 우리가 최근에 보안 절차와 인사방침에 관한 중요한 정보를 담은 직원 안내서의 새 버전을 완성했습니다. 곧 직원들에게 나누어 줄 예정입니다.

남: 우리가 안내서를 업데이트하고 더 많은 정보가 실려 있다는 것은 좋은 것 같지만, 사람들이 작년에 그랬던 것처럼 그것을 읽지 않고 내버려 둘까 봐 걱정되네요.

여: 네, 그래서 제가 오늘 이 사안에 관해 이야기를 꺼냈습니다. 모든 직원이 안내서에 있는 정보들을 읽지 않고 내버려 두는 대신 완전히 숙지하게 할만한 방법을 생각해 봐야 할 것 같습니다. 그럼 우리 직원들 모두가 새로운 회사 안내서의 방침들과 업데이트 된 정보를 잘 알 수 있는 방안과 함께 저에게 연락해주시기 바랍니다.

PROPOSE A SOLUTION

A10

▶ MP3 4-22

🔍 **인사말과 문제 인식**

Hi, there. This is _____.
I got your message loud and clear.
I understand that we need to let our employees know about the importance of reading the new handbook ahead of time.

🔍 **대안 1**

Here are my suggestions.
First, I think we should put up big signs in every office.
That way, people can see the signs for the new handbook better.

🔍 **대안 2**

Next, I think we should send out text messages to all our employees.
They can read the messages and get to know about the importance of reading the new handbook.

🔍 **마무리 인사**

Anyway, these are my suggestions for now.
I'll call you back if I have more ideas.
Thanks.

해석 | 안녕하세요. _____입니다.
무슨 말씀이신지 잘 알겠습니다.
저희가 직원들에게 새 안내서를 읽는 것에 대한 중요성에 대해 미리 알려야 한다는 점 이해했습니다.

제 제안을 들어보세요.
우선, 큰 표지판을 모든 사무실마다 세워 두어야 할 것 같습니다.
그렇게 하면, 사람들이 새 안내서에 대한 내용을 더 잘 볼 수 있을 거예요.

그리고, 모든 직원들에게 메시지 전송을 해야 할 것 같습니다.
그들이 문자를 읽으면 새 안내서를 읽는 것에 대한 중요성에 대해 알게 될 것 같아요.

아무튼, 저의 제안은 여기까지입니다.
더 생각나는 아이디어가 있으면 다시 연락드리겠습니다.
감사합니다.

PART 6 의견 제시하기

📢 반드시 주제의 키워드들과 직접적으로 관련된 근거나 예시를 포함하여 대답한다.

Q11 of 11
교육(휴대전화)

▶ MP3 4-23

TOEIC Speaking 　　　　　　　　　　🔊 VOLUME

What would be some **disadvantages of letting students bring their cell phones to school?**
Give specific reasons or examples to support your opinion.

PREPARATION TIME	RESPONSE TIME
00:00:30	00:01:00

해석 | 학생들이 학교에 휴대전화를 가지고 오는 것을 허용하는 것에 대한 단점들이 무엇이 있을까요? 답변을 뒷받침하기 위한 구체적인 이유나 예시를 제시해주세요.

A11

▶ MP3 4-24

🔎 **서론**
I strongly believe that there are several disadvantages of letting students bring their cell phones to school.

🔎 **근거 1**
First, if students bring their phones to school, they will check their phones during class.
If so, they can't focus on their class.
If they can't focus during class, they are less likely to study and get good grades.

🔎 **근거 2**
Next, if students bring their phones to school, they are less likely to move around.
That can be bad for their health.
Being healthy is one of the most important factors in school life.

🔎 **결론**
Once again, I strongly believe that there are several disadvantages of letting students bring their cell phones to school.

EXPRESS AN OPINION

해석 | 저는 학생들이 학교에 휴대전화를 가지고 오는 것을 허용하는 것에 대한 몇 가지 단점들이 있다고 강력히 믿는 바입니다.

우선, 학생들이 학교에 휴대전화를 가지고 오면 수업시간에 휴대전화를 확인할 것입니다.
그러면, 그들이 수업에 집중을 못할 것입니다.
학생들이 수업에 집중을 못하면, 그들이 공부를 하고 좋은 성적을 받을 가능성이 낮아집니다.

그리고, 학생들이 학교에 휴대전화를 가지고 오면, 돌아다닐 일이 적어집니다.
이는 학생들 건강에 좋지 않습니다.
학교생활에서 건강한 것은 가장 중요한 요소 중 하나입니다.

다시 말하자면, 저는 학생들이 학교에 휴대전화를 가지고 오는 것을 허용하는 것에 대한 몇 가지 단점들이 있다고 강력히 믿는 바입니다.

SELF CHECKLIST

☐ 자신감 있는 목소리와 자연스러운 억양으로 답변했는가
☐ 모든 파트에서 내용어에 강세를 잘 적용했는가
☐ 올바른 위치의 음절에 강세를 적용했는가
☐ 단어가 아닌 문장으로 답변했는가
☐ 한국어 자음에는 없는 영어 특수 자음(r/f/v/th)을 정확히 발음했는가
☐ 관사, 전치사 등의 오류 및 누락은 없었는가
☐ 시제나 일반화 복수 처리 오류는 없었는가
☐ 제한된 시간 내에 문제에서 요구한 부분을 모두 답변했는가
☐ PART 4, 5의 문제를 듣고 문제 유형과 소재를 파악했는가
☐ 익숙하지 않는 주제에도 학습한 템플릿을 응용해서 사용했는가

실전 훈련
TEST 05

PART 1 - 기내 방송 / 행사 안내

PART 2 - 옷 가게

PART 3 - 음식점

PART 4 - 행사 일정표

PART 5 - 정보 부족

PART 6 - 교육(뉴스)

지문 읽기

강세와 발음에 주의하여 읽는다.

Q1 of 11
기내 방송

▶ MP3 5-01

TOEIC Speaking VOLUME

Welcome aboard, ladies and gentlemen. This is the chief flight attendant speaking. Thank you for flying with United Air, your direct flight from Texas to the East Coast. From now on, we ask you to fasten your seatbelts and turn off all your cell phones, portable computers, and any other electronic devices. We hope you have a safe trip.

PREPARATION TIME	RESPONSE TIME
00:00:45	00:00:45

 강세 요령

❶ **Wel**come a**board**, **Thank** you —— 인사말에 강세를 넣는다.
❷ **Uni**ted Air —— 고유명사에 강세를 넣는다.
❸ turn **off** —— 구동사 뒷 단어에 강세를 넣는다.
❹ **all** —— 강조어에 강세를 넣는다.
❺ **cell**, **por**table, **any** —— A, B and C 문장 구조에서 각각의 맨 앞 수식어에 강세를 넣는다.

A1

▶ MP3 5-02

→ 틀리기 쉬운 강세 어휘!

❶ Welcome a**board**, ladies and gentlemen. This is the **chief** flight at**ten**dant speaking. ❶ **Thank** you for flying with ❷ **United** Air, your di**rect** flight from Texas to the East Coast. From **now** on, we ask you to **fasten** your **seatbelts** and ❸ turn **off** ❹ **all** your ❺ **cell** phones, ❺ **portable** com**pu**ters, and ❺ **any** other elec**tron**ic devices. We **hope** you have a **safe** trip.

해석 | 신사 숙녀 여러분들, 탑승을 환영합니다. 저는 수석 승무원입니다. 텍사스에서 동해로 가는 직항편인 저희 United Air와 함께해주셔서 감사합니다. 지금부터 안전띠를 착용하시고 모든 휴대전화, 휴대용 컴퓨터 그리고 다른 모든 전자제품의 전원을 꺼주실 것을 부탁드립니다. 안전한 여행 되시길 바랍니다.

READ A TEXT ALOUD

Q2 of 11
행사 안내

▶ MP3 5-03

TOEIC Speaking VOLUME

In local news for today, the festival at the Cherrywood Community Center will begin this Sunday. So, if you are looking for an exciting occasion, drop by our festival and enjoy the singing contest, dance performances, and fun games. The admission is absolutely free and all the events are open to the public.

PREPARATION TIME	RESPONSE TIME
00:00:45	00:00:45

 강세 요령

❶ **Che**rrywood Com**mu**nity Center — 고유명사에 강세를 넣는다.
❷ will be**gin** — 조동사 뒤 동사에 강세를 넣는다.
❸ drop **by** — 구동사 뒷 단어에 강세를 넣는다.
❹ **sing**ing, **dance**, **fun** — A, B and C 문장 구조에서 각각의 맨 앞 수식어에 강세를 넣는다.

A2

▶ MP3 5-04

In local news for today, the festival at the ❶ Cherrywood Community Center ❷ will begin this Sunday. So, if you are looking for an exciting occasion, ❸ drop by our festival and enjoy the ❹ singing contest, ❹ dance performances, and ❹ fun games. The admission is absolutely free and all the events are open to the public.

해석 | 오늘의 지역 뉴스에서는 Cherrywood 주민 센터에서 이번 주 일요일에 시작되는 축제가 있음을 알려드립니다. 그러니, 만약 특별한 일을 찾고 있으시다면, 우리 축제에 들르셔서 노래 대회, 춤 공연 그리고 재미있는 게임을 즐기러 오세요. 입장료는 완전히 무료이고 모든 행사들은 시민들에게 열려 있습니다.

사진 묘사하기

🔊 사진을 보고 인물과 배경으로 나누어 순서에 맞게 묘사한다.

Q3 of 11

옷 가게

▶ MP3 5-05

묘사 순서와 템플릿
❶ 전체 묘사 ⋯ ❷ 인물 묘사 ⋯ ❸ 배경 묘사 ⋯ ❹ 분위기 묘사

❶ This picture seems to be taken at a `장소` .
   There are `인원수` in the picture.
   They are standing at the counter.

❷ The lady on the right is wearing a `의상` .
   She is very good-looking.
   She seems to be in her `나이` .
   She is paying for something.
   The lady on the left is wearing a `의상` .
   She has long brown hair.
   She has her hair up.
   She is looking at the `사물` .

❸ In the background, I can see some `사물 + 위치` .
   I can also see `사물 + 상태 + 위치` .

❹ Overall, it looks like a typical day at a `장소` .

DESCRIBE A PICTURE

A3

▶ MP3 5-06

전체 묘사

This picture seems to be taken at a clothing store.

There are two people in the picture.

They are standing at the counter.

인물 묘사

The lady on the right is wearing a grey shirt.

She is very good-looking.

She seems to be in her mid-thirties.

She is paying for something.

The lady on the left is wearing a white shirt.

She has long brown hair.

She has her hair up.

She is looking at the credit card.

배경 묘사

In the background, I can see some bags on the shelves.

I can also see some clothes hanging on the rack.

분위기 묘사

Overall, it looks like a typical day at a clothing store.

해석 | 이 사진은 옷 가게에서 찍힌 것처럼 보입니다.
사진에는 두 명의 사람이 있습니다.
그들은 카운터에 서 있습니다.

오른쪽에 있는 여자는 회색 셔츠를 입고 있습니다.
그녀는 외모가 준수합니다.
30대 중반 정도로 보입니다.
무언가를 계산하는 중입니다.
왼쪽에 있는 여자는 흰색 셔츠를 입고 있습니다.
그녀는 긴 갈색 머리를 갖고 있습니다.
머리를 묶고 있습니다.
신용카드를 바라보고 있습니다.

배경에는, 선반 위에 가방들이 보입니다.
그리고 진열대에 걸려있는 옷들도 보입니다.

전반적으로, 옷 가게에서의 보편적인 하루처럼 보입니다.

질문에 답하기

📢 준비 시간에 먼저 주어진 주제를 보면서 브레인스토밍을 한다.

Q4-6 Narration
음식점

▶ MP3 5-07

TOEIC Speaking 🔊 VOLUME

Imagine that you are talking with your friend. You are talking about places to eat in your area.

해석 | 친구와 이야기를 나누고 있다고 가정해보세요. 당신의 동네에서 먹을 수 있는 장소에 대해 이야기하고 있습니다.

Q4 of 11

▶ MP3 5-08

TOEIC Speaking 🔊 VOLUME

Do you think that your area is a good place to have some western food? Why do you think so?

PREPARATION TIME	RESPONSE TIME
00:00:03	00:00:15

해석 | 당신의 동네가 양식을 먹기 좋은 장소라고 생각합니까? 왜 그렇게 생각하나요?

A4

▶ MP3 5-09

My area is a good place to have some western food.
That's because there are various types of restaurants nearby.

해석 | 우리 동네는 양식을 먹기 좋은 장소입니다.
왜냐하면 근처에 다양한 종류의 식당들이 있기 때문입니다.

Q5 of 11

▶ MP3 5-10

TOEIC Speaking 🔊 VOLUME

Which restaurant do you like best in your area? How often do you go there?

PREPARATION TIME	RESPONSE TIME
00:00:03	00:00:15

해석 | 당신의 동네에서 가장 좋아하는 식당은 어디인가요? 그곳에 얼마나 자주 가나요?

RESPOND TO QUESTIONS

A5
◉ MP3 5-11

I like to go to a decent barbeque place in my area.
I go there at least once or twice a month on average.

해석 | 저는 동네에 있는 괜찮은 고깃집에 가는 것을 좋아합니다.
저는 그곳에 평균적으로 최소한 한 달에 한두 번 정도 갑니다.

Q6 of 11
◉ MP3 5-12

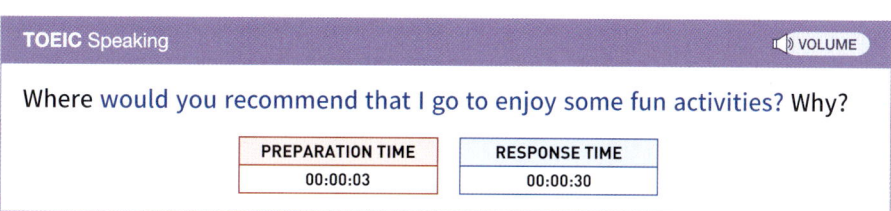

TOEIC Speaking

Where would you recommend that I go to enjoy some fun activities? Why?

PREPARATION TIME 00:00:03
RESPONSE TIME 00:00:30

해석 | 제가 재미있는 활동을 즐기기 위해 어디로 가는 것을 추천하시겠습니까? 왜 그런가요?

A6
◉ MP3 5-13

I would recommend that you go to a local park to enjoy some fun activities.
That's because you can enjoy various types of activities there.
You can take walks, ride bikes and take pictures.
Plus, you can play various sports such as tennis.
Once again, I would recommend that you go to a local park.

해석 | 재미있는 활동을 즐기기 위해서라면 당신이 동네 공원에 가보는 것을 추천하겠습니다.
왜냐하면 그곳에서 다양한 종류의 활동들을 즐길 수 있기 때문이죠.
산책도 할 수 있고, 자전거를 탈 수도 있고, 사진도 찍을 수 있습니다.
또한, 테니스 같은 다양한 스포츠도 할 수 있습니다.
다시 말하자면, 저는 당신이 동네 공원에 가보는 것을 추천하겠습니다.

표 보고 질문에 답하기

🔊 먼저 주어진 표를 보면서 필요한 정보를 미리 숙지해 둔다. 이때, 각 개별 질문은 음성으로만 제공되므로 유의한다.

Q7-9 of 11
행사 일정표

▶ MP3 5-14

TOEIC Speaking   🔊 VOLUME

Association of Physical Therapist Conference
Eagle Junction Center, Adelaide Road
Saturday, May 10th

9:00 – 10:00 a.m.	Lecture: Introduction to Physical Therapy	Roni Tobler
10:00 – Noon	Discussion: Stress-related Therapy	Jessica Row
Noon – 1:00 p.m.	Lunch Break	
1:00 – 2:00 p.m.	Discussion: New Therapy for Injuries	Michael Yu
2:00 – 3:00 p.m.	Lecture: Alternative Medicine to Control Stress	Sean Symons
3:00 – 4:00 p.m.	Workshop: Conventional Treatment	Naomi Batcher

표 분석 시간
PREPARATION TIME 00:00:45

문항별 준비 시간
PREPARATION TIME 00:00:03

RESPONSE TIME 00:00:15 | RESPONSE TIME 00:00:15 | RESPONSE TIME 00:00:30

[Script] Hi, I am interested in participating in the Association of Physical Therapist Conference. So, would you answer some of my questions?

해석 | 안녕하세요. 저는 물리치료사 협회 회의 참석에 관심이 있습니다. 그러니, 제 질문들에 대해 대답해주실 수 있나요?

Q7 of 11

▶ MP3 5-15

TOEIC Speaking   🔊 VOLUME

What is the **first thing** on the schedule and when will it start?

해석 | 일정상 첫 번째 것은 무엇이고 언제 시작하나요?

A7

▶ MP3 5-16

The **first thing on the schedule is a lecture on** Introduction to Physical Therapy by **Roni Tobler.**
It will **start at** 9 a.m.

해석 | 일정상 첫 번째 것은 Roni Tobler씨의 물리치료 입문 강연입니다. 오전 9시에 시작합니다.

RESPOND TO QUESTIONS USING INFORMATION PROVIDED

Q8 of 11

MP3 5-17

TOEIC Speaking　　　　　　　　　　　　　　　　　VOLUME

My friend told me that the conference will end somewhere around 2 p.m. Is that right?

해석 | 제 친구가 회의는 오후 2시쯤 끝난다고 말해줬습니다. 맞나요?

A8

MP3 5-18

No, that is incorrect.
The conference will end at 4 p.m., not 2 p.m.
The last session is from 3 p.m. to 4 p.m.

해석 | 아니요, 그렇지 않습니다.
회의는 오후 2시가 아니라 4시에 끝납니다.
마지막 세션은 오후 3시부터 4시까지입니다.

Q9 of 11

MP3 5-19

TOEIC Speaking　　　　　　　　　　　　　　　　　VOLUME

I really want to attend sessions that are related to stress. Could you tell me all the sessions that deal with stress?

해석 | 저는 스트레스와 관련된 세션에 꼭 참여하고 싶습니다. 스트레스에 대해 다루는 모든 세션에 대해 말해주실 수 있나요?

A9

MP3 5-20

Sure thing.
There will be two sessions on stress.
One is a discussion on Stress-related Therapy by Jessica Row.
It is from 10 a.m. to noon.
The other one is a lecture on Alternative Medicine to Control Stress by Sean Symons.
It is from 2 p.m. to 3 p.m.

해석 | 물론입니다.
스트레스에 관한 두 개의 세션이 있습니다.
하나는 Jessica Row씨의 스트레스 관련 치료에 관한 토론입니다.
이는 오전 10시부터 정오까지입니다.
또 다른 하나는 스트레스 조절을 위한 대체 의학에 관한 강의입니다.
이는 오후 2시부터 3시까지입니다.

해결책 제안하기

음성 스크립트가 제공되지 않으므로, 상대방의 문제점 또는 요청사항을 한 번에 파악할 수 있도록 키워드를 집중해서 들어야 한다.

Q10 of 11

정보 부족

MP3 5-21

[Script] Hi, this is Luke, the owner of the clothing store. As you are the manager of the store, I would like you to help me with something. As you know, **our sales have been continuously dropping** in the last several years. I've made some visits to the store and talked with some of our customers personally to see what they like about our store and what they don't like. However, I would like to gather information about our customers in a more efficient manner. I would like you to come up with a way to **collect information regarding our customers.** I want to use that information to make changes to our store. Please call me back with your ideas as soon as possible. Once again, it's Luke.

해석 | 안녕하세요, 저는 옷 가게의 주인 Luke입니다. 당신이 우리 가게의 매니저이니 저를 좀 도와 주셨으면 합니다. 아시다시피, 지난 몇 년 동안 우리 매출이 지속적으로 떨어지고 있습니다. 제가 매장에 직접 방문하여 손님들이 우리 가게에 대해 무엇을 좋아하고 무엇을 싫어하는지 알아보기 위해 개인적으로 이야기도 나누어 봤습니다. 하지만, 우리 손님들에 대해 좀 더 효율적인 방법으로 정보를 모으고 싶습니다. 당신이 우리 손님들에 관한 정보를 수집할 수 있는 방법을 떠올려 줬으면 합니다. 저는 그 정보를 우리 가게에 변화를 주는 데 사용하고 싶습니다. 당신의 아이디어와 함께 최대한 빨리 제게 다시 연락주실 것을 부탁드리겠습니다. 저는 Luke입니다.

PROPOSE A SOLUTION

A10
MP3 5-22

인사말과 문제 인식

Hi, there, Luke. This is ___.

I got your message loud and clear.

I understand that we need to get more information on our customers.

대안 1

Here are my suggestions.

First, I think we should do a survey of our customers.

We should offer them small gifts.

That way, they will be more motivated to participate.

대안 2

Next, I think we should use social media to collect information on our customers.

We could use Facebook to find out what they think.

Online surveys on social media are the best way these days.

마무리 인사

Anyway, these are my suggestions for now.

I'll call you back if I have more ideas.

Thanks.

해석 | 안녕하세요, Luke씨. 저는 _____ 입니다.
무슨 말씀이신지 잘 알겠습니다.
저희가 손님들에 대해 더 많은 정보를 수집해야 한다는 점 이해했습니다.

제 제안을 들어보세요.
우선, 손님들을 대상으로 설문 조사를 해야 될 것 같습니다.
그들에게 소정의 사은품을 나누어 줘야 될 것 같습니다.
그렇게 하면, 사람들이 설문 참여를 하는 데 더욱 동기부여가 될 것 같습니다.

그리고, 손님들에 대한 정보를 수집하기 위해 소셜 미디어를 이용해야 될 것 같습니다.
페이스북을 이용해서 그들의 생각을 알아볼 수 있을 것 같습니다.
요즘에는 소셜 미디어에 올리는 온라인 설문 조사가 가장 좋은 방법입니다.

아무튼, 저의 제안은 여기까지입니다.
더 생각나는 아이디어가 있으면 다시 연락드리겠습니다.
감사합니다.

의견 제시하기

🔊 반드시 주제의 키워드들과 직접적으로 관련된 근거나 예시를 포함하여 대답한다.

Q11 of 11
교육(뉴스)

▶ MP3 5-23

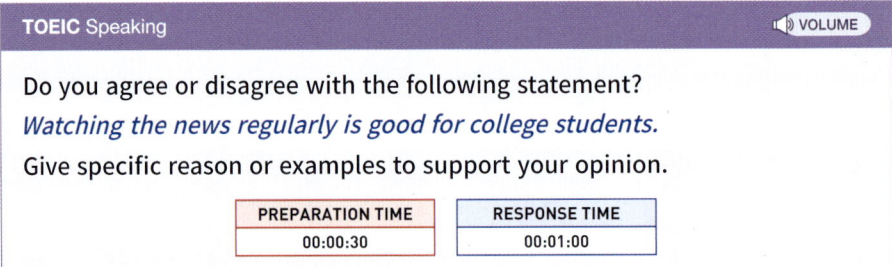

TOEIC Speaking 　　　　　　　　　　　　　　　　　🔊 VOLUME

Do you agree or disagree with the following statement?
Watching the news regularly is good for college students.
Give specific reason or examples to support your opinion.

PREPARATION TIME	RESPONSE TIME
00:00:30	00:01:00

해석 | 아래 서술에 대해 동의하시나요 동의하지 않으시나요?
　　　　꾸준히 뉴스를 시청하는 것은 대학생들에게 좋다.
　　　　의견을 뒷받침하기 위한 구체적인 이유나 예시를 제시해주세요.

A11

▶ MP3 5-24

🔍 **서론**

I strongly believe that watching the news regularly is good for college students.

🔍 **근거 1**

First, if students watch the news regularly, they will become more knowledgeable about the world.
If so, students will be more motivated to study harder.
If they study harder, they will get better grades.
Getting good grades will make them become better students and be well-prepared for the future.

🔍 **근거 2**

Next, if students watch the news regularly, they can develop concentration skills.
Good concentration is one of the most important factors in school life.

🔍 **결론**

Once again, I strongly believe that watching the news regularly is good for college students.

EXPRESS AN OPINION

해석 | 저는 꾸준히 뉴스를 시청하는 것이 대학생들에게 좋다고 강력히 믿는 바입니다.

우선, 학생들이 꾸준히 뉴스를 시청하면, 그들이 세상에 대해 더 많은 지식을 쌓을 수 있을 것입니다.
그러면, 학생들이 공부를 더욱 열심히 하는데 동기부여가 될 것입니다.
만약 그들이 열심히 공부를 하면, 좋은 성적을 받게 될 것입니다.
좋은 성적을 취득하는 것은 그들이 훌륭한 학생으로 성장하고 미래에 잘 준비된 사람이 되도록 만들어 줄 것입니다.

그리고, 학생들이 꾸준히 뉴스를 시청하면, 집중력을 향상시킬 수 있습니다.
학교생활에서 우수한 집중력은 가장 중요한 요소 중 하나입니다.

다시 말하자면, 저는 꾸준히 뉴스를 시청하는 것이 대학생들에게 좋다고 강력히 믿는 바입니다.

SELF CHECKLIST

☐ 자신감 있는 목소리와 자연스러운 억양으로 답변했는가
☐ 모든 파트에서 내용어에 강세를 잘 적용했는가
☐ 올바른 위치의 음절에 강세를 적용했는가
☐ 단어가 아닌 문장으로 답변했는가
☐ 한국어 자음에는 없는 영어 특수 자음(r/f/v/th)을 정확히 발음했는가
☐ 관사, 전치사 등의 오류 및 누락은 없었는가
☐ 시제나 일반화 복수 처리 오류는 없었는가
☐ 제한된 시간 내에 문제에서 요구한 부분을 모두 답변했는가
☐ PART 4, 5의 문제를 듣고 문제 유형과 소재를 파악했는가
☐ 익숙하지 않는 주제에도 학습한 템플릿을 응용해서 사용했는가

실전 훈련
TEST 06

PART 1 - 환영사 / 교통정보

PART 2 - 식료품점

PART 3 - 요리

PART 4 - 행사 일정표

PART 5 - 정보 부족

PART 6 - 교육(취업)

PART 1 지문 읽기

📢 강세와 발음에 주의하여 읽는다.

Q1 of 11
환영사

▶ MP3 6-01

TOEIC Speaking VOLUME

Good afternoon, ladies and gentlemen. We are now here to celebrate the twelfth anniversary of Harry and Jackson Real Estate. Our company has used innovation, devotion, and integrity to make a contribution to the company's turnaround. Before we continue, I would like to thank everyone for all your efforts in organizing tonight's event.

PREPARATION TIME	RESPONSE TIME
00:00:45	00:00:45

⚡ 강세 요령

❶ Good after**noon**   인사말에 강세를 넣는다.

❷ **twelf**th   숫자에 강세를 넣는다.

❸ **Ha**rry and **Jack**son   고유명사에 강세를 넣는다.

❹ has **used**, would **like**   조동사 뒤 동사에 강세를 넣는다.

❺ inno**va**tion, de**vo**tion, in**te**grity   A, B and C 문장 구조에 강세를 넣는다.

❻ **all**   강조어에 강세를 넣는다.

A1

▶ MP3 6-02

❶ Good afternoon, ladies and gentlemen. We are now here to celebrate the
→ 틀리기 쉬운 강세 어휘!
❷ twelfth anniversary of ❸ Harry and Jackson Real Estate. Our company ❹ has used ❺ innovation, ❺ devotion, and ❺ integrity to make a contribution to the company's turnaround. Before we continue, I ❹ would like to thank everyone for ❻ all your efforts in organizing tonight's event.

해석 | 안녕하세요, 신사 숙녀 여러분들. 저희는 지금 Harry and Jackson 부동산의 12번째 창립기념일을 축하하고자 이 자리에 모였습니다. 우리 회사는 회사를 일으키는 데 공헌하기 위해 혁신, 헌신 그리고 진실성을 행해왔습니다. 계속 진행하기에 앞서, 오늘 밤 행사를 준비를 위한 여러분들의 모든 노력에 대해 감사를 표하고 싶습니다.

READ A TEXT ALOUD

Q2 of 11
교통정보

▶ MP3 6-03

TOEIC Speaking 🔊 VOLUME

Hello, listeners. Time for our nightly traffic report. Drivers are currently facing heavy congestion around Wilshire Stadium. Also, the main streets downtown, Gold Avenue, and Lakeside Street are going to be blocked off due to repair work. So, if you are planning to take any of these roads, please follow the detour signs for alternate routes.

PREPARATION TIME	RESPONSE TIME
00:00:45	00:00:45

강세 요령

❶ Hel**lo** — 인사말에 강세를 넣는다.

❷ **Wil**shire **Sta**dium, Gold **A**venue, **Lake**side Street — 고유명사에 강세를 넣는다.

❸ **Al**so, **please** — 강조어에 강세를 넣는다.

❹ blocked **off** — 구동사 뒷 단어에 강세를 넣는다.

A2
▶ MP3 6-04

❶ Hello, listeners. Time for our nightly traffic report. Drivers are currently facing heavy congestion around ❷ Wilshire Stadium. ❸ Also, the main streets downtown, ❷ Gold Avenue, and ❷ Lakeside Street are going to be ❹ blocked off due to repair work. So, if you are planning to take any of these roads, ❸ please follow the detour signs for alternate routes.

해석 | 청취자 여러분들, 안녕하세요. 심야 교통 정보 시간입니다. 운전자들은 현재 Wilshire 경기장 주변으로 심한 교통정체를 겪고 있습니다. 또한, 보수 공사 때문에 시내의 중심가, Gold 가 그리고 Lakeside 거리가 차단될 예정입니다. 그러니, 만일 이 도로들 중 하나를 이용할 예정이시라면, 대체 경로를 위한 우회로 간판을 따라가시기 바랍니다.

PART 2 사진 묘사하기

사진을 보고 인물과 배경으로 나누어 순서에 맞게 묘사한다.

Q3 of 11
식료품점

▶ MP3 6-05

묘사 순서와 템플릿
❶ 전체 묘사 … ❷ 인물 묘사 … ❸ 배경 묘사 … ❹ 분위기 묘사

❶ This picture seems to be taken at a `장소`.
There are `인원수` in the picture.
They are getting groceries.

❷ The lady on the right is wearing a `의상`.
She is very good-looking.
She seems to be in her `나이`.
She is looking at an `사물` in her hand.
The man on the left is wearing a `의상`.
He is standing in front of the `사물`.
Also, he is holding a `사물` in his hand.

❸ In the background, I can see `사물 + 위치`.

❹ Overall, it looks like a typical day at a `장소`.

DESCRIBE A PICTURE

A3

▶ MP3 6-06

🔍 **전체 묘사**

This picture seems to be taken at a grocery store.
There are four people in the picture.
They are getting groceries.

🔍 **인물 묘사**

The lady on the right is wearing a black jacket.
She is very good-looking.
She seems to be in her mid-thirties.
She is looking at an orange in her hand.
The man on the left is wearing a blue shirt.
He is standing in front of the shelves.
Also, he is holding a grocery basket in his hand.

🔍 **배경 묘사**

In the background, I can see various items on the shelves.

🔍 **분위기 묘사**

Overall, it looks like a typical day at a grocery store.

해석 | 이 사진은 식료품점에서 찍힌 것처럼 보입니다.
사진에는 네 명의 사람이 있습니다.
그들은 장을 보고 있습니다.

오른쪽에 있는 여자는 검은색 재킷을 입고 있습니다.
그녀는 외모가 준수합니다.
30대 중반 정도로 보입니다.
그녀의 손에 있는 오렌지를 바라보고 있습니다.
왼쪽에 있는 남자는 파란색 셔츠를 입고 있습니다.
그는 선반 앞에 서 있습니다.
그리고, 손에 장바구니를 들고 있습니다.

배경에는, 선반 위에 다양한 물건들이 보입니다.

전반적으로, 식료품점에서의 보편적인 하루처럼 보입니다.

PART 3 질문에 답하기

준비 시간에 먼저 주어진 주제를 보면서 브레인스토밍을 한다.

Q4-6 Narration
요리

MP3 6-07

TOEIC Speaking

Imagine that you are talking with your friend. Your friend is asking you some questions about cooking.

해석 | 친구와 이야기를 나누고 있다고 가정해보세요. 당신의 친구가 요리에 대해 질문하고 있습니다.

Q4 of 11

MP3 6-08

TOEIC Speaking

Do you enjoy cooking? If so, how often do you cook at home?

PREPARATION TIME	RESPONSE TIME
00:00:03	00:00:15

해석 | 요리하는 것을 좋아하나요? 만약 그렇다면, 집에서 얼마나 자주 요리를 합니까?

A4

MP3 6-09

I enjoy cooking quite often.
That's because it is fun.
I am very interested in cooking.
I cook at home at least once or twice a week on average.

해석 | 저는 자주 요리하는 것을 제법 좋아합니다.
왜냐하면 재미있기 때문입니다.
저는 요리에 매우 관심이 많습니다.
최소한 평균적으로 일주일에 한두 번 집에서 요리를 합니다.

Q5 of 11

MP3 6-10

TOEIC Speaking

What do you normally cook at home?

PREPARATION TIME	RESPONSE TIME
00:00:03	00:00:15

해석 | 집에서 보통 무엇을 요리하나요?

RESPOND TO QUESTIONS

A5

Well, I think it's fifty-fifty.
I sometimes cook Korean food, but I sometimes cook Western food as well.
It depends.

해석 | 글쎄요, 저는 반반인 것 같습니다.
가끔은 한식을 요리할 때도 있지만, 때로는 양식을 요리하기도 합니다.
그때그때 다릅니다.

Q6 of 11

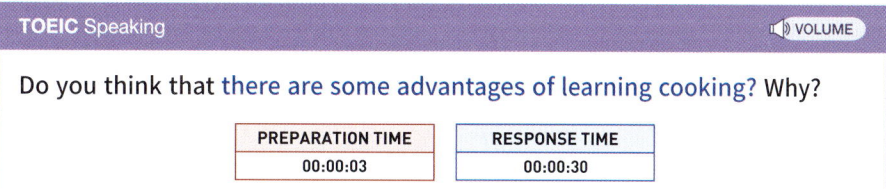

Do you think that there are some advantages of learning cooking? Why?

PREPARATION TIME 00:00:03
RESPONSE TIME 00:00:30

해석 | 요리를 배우는 것에 대한 장점이 있다고 생각하나요? 왜 그런가요?

A6

I think there are several advantages of learning cooking.
First, it helps you learn something new.
You can learn more about healthy food when you cook.
Also, you can become more creative.
Creativity is one of the most important factors in every field.

해석 | 저는 요리를 배우는 것에 대한 몇 가지 장점이 있다고 생각합니다.
우선, 새로운 것을 배울 수 있습니다.
요리를 할 때 건강한 음식에 대해서도 더 많은 것을 배울 수 있습니다.
또한, 더 창의적이게 될 것입니다.
창의력은 모든 분야에서 가장 중요한 요소 중 하나입니다.

PART 4 표 보고 질문에 답하기

먼저 주어진 표를 보면서 필요한 정보를 미리 숙지해 둔다. 이때, 각 개별 질문은 음성으로만 제공되므로 유의한다.

Q7-9 of 11
행사 일정표

▶ MP3 6-14

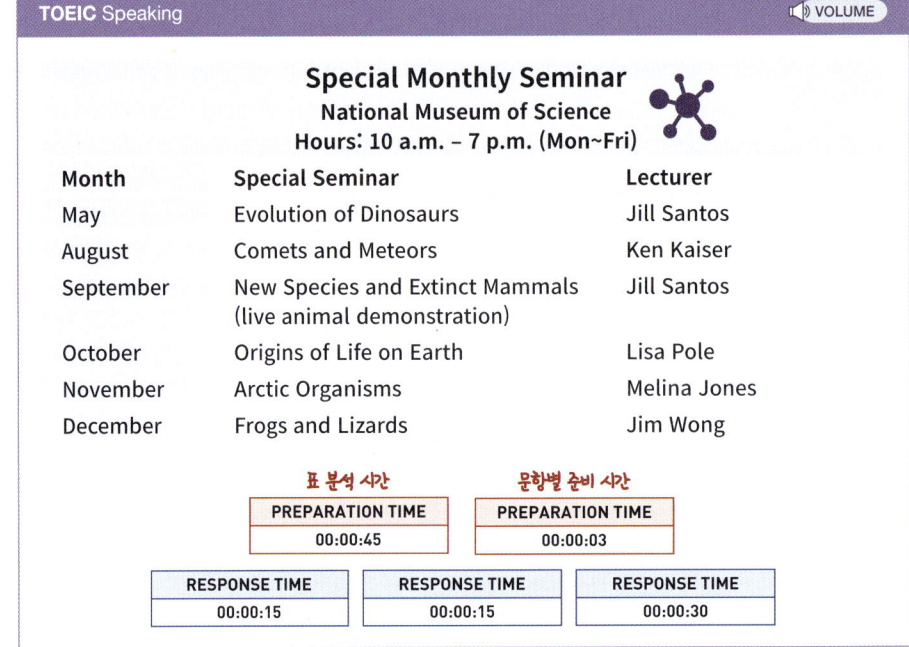

[Script] Hi, I am interested in participating in the Special Monthly Seminar. So, would you answer some of my questions?

해석 | 안녕하세요. 저는 특별 월례 세미나 참석에 관심이 있습니다. 그러니 제 질문들에 대해 대답해 주실 수 있나요?

Q7 of 11

▶ MP3 6-15

TOEIC Speaking

What are the museum's hours and when is the first seminar?

해석 | 박물관의 영업시간은 어떻게 되고 첫 번째 세미나는 언제인가요?

A7

▶ MP3 6-16

The museum's hours are from 10 a.m. to 7 p.m. on weekdays.
The first seminar will take place in May.

해석 | 박물관의 영업시간은 주중에 오전 10시부터 오후 7시까지입니다.
첫 번째 세미나는 5월에 있습니다.

RESPOND TO QUESTIONS USING INFORMATION PROVIDED

Q8 of 11

MP3 6-17

TOEIC Speaking

Someone told me that the seminar about small reptiles in August last year was interesting. Will the seminar in August be about small reptiles again this year?

해석 | 누군가가 작년 8월에 작은 파충류와 관련된 세미나가 흥미로웠다고 말해줬습니다. 올해 8월의 세미나도 작은 파충류에 관한 것입니까?

A8

MP3 6-18

No, that is incorrect.
The seminar in August this year will be on Comets and Meteors, not small reptiles.

해석 | 아니요, 그렇지 않습니다.
올해 8월에 있는 세미나는 작은 파충류가 아니라, 혜성과 유성에 관한 것입니다.

Q9 of 11

MP3 6-19

TOEIC Speaking

I heard that Jill Santos is well-known for giving great lectures. So, can you tell me about all the seminars that Jill Santos is leading?

해석 | Jill Santos씨가 훌륭한 강의를 하는 것으로 유명하다고 들었습니다. 그러니, Jill Santos씨가 진행하는 모든 세미나에 대해 말해주실 수 있나요?

A9

MP3 6-20

Sure thing.
There will be two seminars by Jill Santos.
One is a seminar on Evolution of Dinosaurs.
It will take place in May.
The other one is a seminar on New Species and Extinct Mammals.
It will take place in September.
There will be a live animal demonstration.

해석 | 물론입니다.
Jill Santos씨가 진행하는 두 개의 세미나가 있습니다.
하나는 공룡의 진화에 관한 세미나입니다.
이는 5월에 진행됩니다.
또 다른 하나는 새로운 종과 멸종된 포유류에 대한 세미나입니다.
이는 9월에 진행됩니다.
살아있는 동물의 시연도 있을 예정입니다.

해결책 제안하기

🔊 음성 스크립트가 제공되지 않으므로, 상대방의 문제점 또는 요청사항을 한 번에 파악할 수 있도록 키워드를 집중해서 들어야 한다.

Q10 of 11
정보 부족

▶ MP3 6-21

[Script] Hi, this is Fiona, the operations manager of Han's Language Institute. I want your advice on how we can get more feedback on our English classes since you are my assistant. You would probably know that we have opened new English writing classes this year. Our students were supposed to turn in the survey at the end of each class to give some feedback on our classes. However, I have just recognized that **only two students have handed in the survey** this month. So, we obviously don't have enough information to improve our new classes. Before we open other classes, I want you to **come up with some good plans on how we can collect more feedback from the students.** Please give me a call with your plan to ensure that more students can participate in giving us feedback.

해석 | 안녕하세요 저는 Han's 어학원의 운영매니저 Fiona입니다. 당신이 내 조수이기 때문에 어떻게 해야 우리가 영어 수업에 대한 피드백을 더 많이 받을 수 있는지 조언을 구하고 싶습니다. 올해 우리가 새로운 영어 작문 수업을 개설했다는 것은 알고 있을 것입니다. 우리 학생들이 수업에 대한 피드백을 주기 위해 종강할 때 마다 설문지를 제출하기로 되어 있었습니다. 근데, 이번 달에 고작 두 명의 학생만 설문지를 냈다는 것을 알게 되었습니다. 그래서 당연히 우리의 새로운 수업을 개선시킬 수 있는 충분한 자료가 없습니다. 다른 수업을 개설하기 전에, 우리가 학생들로부터 피드백을 더 수집할 수 있는 좋은 방법을 생각해봤으면 좋겠습니다. 더 많은 학생들이 반드시 우리에게 피드백 주는 것에 참여할 수 있게 하는 방법과 함께 연락 주셨으면 합니다.

PROPOSE A SOLUTION

A10

MP3 6-22

인사말과 문제 인식

Hi, there, Fiona. This is ____.

I got your message loud and clear.

I understand that we need to get more information on **student feedback**.

대안 1

Here are my suggestions.

First, we should offer students small gifts.

That way, they will be more motivated to participate.

대안 2

Next, I think we should use social media to collect information on **student feedback**.

We could use Facebook to find out what they think.

Online surveys on social media are the best way these days.

마무리 인사

Anyway, these are my suggestions for now.

I'll call you back if I have more ideas.

Thanks.

해석 | 안녕하세요, Fiona씨. 저는 ____ 입니다.
무슨 말씀이신지 잘 알겠습니다.
저희가 학생들 피드백에 대해 더 많은 정보를 수집해야 한다는 점 이해했습니다.

제 제안을 들어보세요.
우선, 학생들에게 작은 사은품을 줘야 될 것 같습니다.
그렇게 하면, 그들이 설문 참여를 하는 데 더 동기부여가 될 것 같습니다.

그리고, 학생들 피드백에 대한 정보를 수집하기 위해 소셜 미디어를 사용해야 될 것 같아요.
페이스북을 이용해서 그들의 생각을 알아볼 수 있을 것 같습니다.
요즘에는 소셜 미디어에 올리는 온라인 설문 조사가 가장 좋은 방법입니다.

아무튼, 저의 제안은 여기까지입니다.
더 생각나는 아이디어가 있으면 다시 연락드리겠습니다.
감사합니다.

PART 6 의견 제시하기

🔊 반드시 주제의 키워드들과 직접적으로 관련된 근거나 예시를 포함하여 대답한다.

Q11 of 11
교육(취업)

▶ MP3 6-23

TOEIC Speaking 🔊 VOLUME

What are the **advantages of working as interns or part-time workers for college students**?
Give specific reasons or examples to support your opinion.

PREPARATION TIME	RESPONSE TIME
00:00:30	00:01:00

해석 | 대학생들이 인턴이나 일용직으로 일하는 것에 대한 장점은 무엇인가요?
의견을 뒷받침하기 위한 구체적인 이유나 예시를 제시해주세요.

A11

▶ MP3 6-24

🔍 **서론**

I strongly believe that there are several **advantages of working as interns or part-time workers for college students**.

🔍 **근거 1**

First, if **students** work as **interns** or **part**-time **workers**, they can get hands-on experience.
If so, they will be more **motivated** to **study harder**.
If they **study harder**, they will **get better grades**.
Getting good grades will **make them become better students** and be well-prepared for the **future**.

🔍 **근거 2**

Next, if **students** work as **interns** or **part**-time **workers**, they can **make money**.
Learning how **hard** it is to **make money** is **one of the most important factors in school life**.

🔍 **결론**

Once again, I **strongly believe** that there are several **advantages of working as interns or part-time workers for college students**.

EXPRESS AN OPINION

해석 | 저는 대학생들이 인턴이나 일용직으로 일하는 것에 대해 몇 가지 장점이 있다고 강력히 믿는 바입니다.

우선, 학생들이 인턴이나 일용직으로 일을 하면, 실무 경험을 얻을 수 있습니다.
그러면, 학생들이 공부를 더 열심히 하는 데 동기부여가 될 것 입니다.
만약 그들이 열심히 공부를 하면, 더 좋은 성적을 받게 될 것입니다.
좋은 성적을 취득하는 것은 그들이 훌륭한 학생으로 성장하고 미래에 잘 준비된 사람이 되도록 만들어 줄 것 입니다.

그리고, 학생들이 인턴이나 일용직으로 일을 하면, 돈을 벌 수 있습니다.
학교생활에서 돈 버는 것이 얼마나 어려운지 알게 되는 것은 가장 중요한 요소 중 하나입니다.

다시 말하자면, 저는 대학생들이 인턴이나 일용직으로 일하는 것에 대해 몇 가지 장점이 있다고 강력히 믿는 바입니다.

SELF CHECKLIST

☐ 자신감 있는 목소리와 자연스러운 억양으로 답변했는가
☐ 모든 파트에서 내용어에 강세를 잘 적용했는가
☐ 올바른 위치의 음절에 강세를 적용했는가
☐ 단어가 아닌 문장으로 답변했는가
☐ 한국어 자음에는 없는 영어 특수 자음(r/f/v/th)을 정확히 발음했는가
☐ 관사, 전치사 등의 오류 및 누락은 없었는가
☐ 시제나 일반화 복수 처리 오류는 없었는가
☐ 제한된 시간 내에 문제에서 요구한 부분을 모두 답변했는가
☐ PART 4, 5의 문제를 듣고 문제 유형과 소재를 파악했는가
☐ 익숙하지 않는 주제에도 학습한 템플릿을 응용해서 사용했는가

실전 훈련
TEST 07

PART 1 - 광고 / 교육 안내
PART 2 - 공원
PART 3 - 파티
PART 4 - 행사 일정표
PART 5 - 인력 부족
PART 6 - 회사(면접)

PART 1 지문 읽기

🔊 강세와 발음에 주의하여 읽는다.

Q1 of 11
광고
▶ MP3 7-01

TOEIC Speaking　　　　　　　　　　🔊 VOLUME

Attention, shoppers. This week, we are having big sales on many products such as printers, copy machines, and laptop computers at Iceland Electronics. If you want to get more information or inquire about discounted prices, do not hesitate to call our customer service representative for help. Our store's first priority is the customer satisfaction.

PREPARATION TIME	RESPONSE TIME
00:00:45	00:00:45

강세 요령

❶ At**ten**tion — 인사말에 강세를 넣는다.

❷ **prin**ters, **co**py, **lap**top — A, B and C 문장 구조에서 각각의 맨 앞 수식어에 강세를 넣는다.

❸ **Ice**land Elec**tro**nics — 고유명사에 강세를 넣는다.

❹ **not** — 부정어에 강세를 넣는다.

❺ **first** — 숫자에 강세를 넣는다.

A1
▶ MP3 7-02

→ 틀리기 쉬운 강세 어휘!

❶ Attention, shoppers. This week, we are having big sales on many products such as ❷ printers, ❷ copy machines, and ❷ laptop computers at ❸ Iceland Electronics. If you want to get more information or inquire about discounted prices, do ❹ not hesitate to call our customer service representative for help. Our store's ❺ first priority is the customer satisfaction.

해석 | 고객 여러분들께 안내 말씀드리겠습니다. 이번 주에 Iceland 전자에서 프린터, 복사기 그리고 노트북 컴퓨터와 같은 많은 제품들을 크게 할인합니다. 더 많은 정보를 알고 싶으시거나 할인된 가격에 대해 문의하시려면, 주저하지 마시고 고객서비스 담당자에게 연락주세요. 저희 가게의 최우선 순위는 고객의 만족입니다.

READ A TEXT ALOUD

Q2 of 11

교육 안내

▶ MP3 7-03

TOEIC Speaking   VOLUME

Hello and welcome to the second session of our Team Building workshop series. In the last session, we went through business conversation, marketing strategies, and value creation. By the end of this session, you will understand how you can apply the skills that we have covered today.

PREPARATION TIME	RESPONSE TIME
00:00:45	00:00:45

강세 요령

❶ He**llo** and **wel**come — 인사말에 강세를 넣는다.

❷ **se**cond — 숫자에 강세를 넣는다.

❸ **Team** Building **work**shop — 고유명사에 강세를 넣는다.

❹ **bu**siness, **mar**keting, **val**ue — A, B and C 문장 구조에서 각각의 맨 앞 수식어에 강세를 넣는다.

❺ will under**stand**, can ap**ply**, have **co**vered — 조동사 뒤 동사에 강세를 넣는다.

A2

▶ MP3 7-04

❶ Hello and welcome to the ❷ second session of our ❸ Team Building workshop series. In the last session, we went through ❹ business conversation, ❹ marketing strategies, and ❹ value creation. By the end of this session, you ❺ will understand how you ❺ can apply the skills that we ❺ have covered today.

해석 | 안녕하세요, 저희 Team Building 워크숍 시리즈의 두 번째 시간에 오신 것을 환영합니다. 지난 시간에는, 저희가 비즈니스 대화, 마케팅 전략 그리고 가치 창출에 대해 다루어 봤습니다. 이번 시간이 끝날 때쯤이면, 당신은 오늘 다뤘던 기술들을 어떻게 적용할 수 있는지 이해할 수 있을 것입니다.

사진 묘사하기

🔊 사진을 보고 인물과 배경으로 나누어 순서에 맞게 묘사한다.

Q3 of 11

공원

▶ MP3 7-05

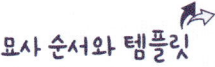

묘사 순서와 템플릿
❶ 전체 묘사 ⋯ ❷ 인물 묘사 ⋯ ❸ 배경 묘사 ⋯ ❹ 분위기 묘사

❶ This picture seems to be taken at a 　장소　.
　 There are 　인원수　 in the picture.

❷ The lady on the right is wearing 　의상　.
　 She is very good-looking.
　 She seems to be in his 　나이　.
　 She is walking her dog.
　 Also, she is holding a 　사물　 in her hand.
　 The lady on the left is wearing a 　의상　.
　 She has her hair up.
　 She is running.
　 She seems to be having fun.

❸ In the background, I can see some 　사물　.

❹ Overall, it looks like a typical day at a 　장소　.

DESCRIBE A PICTURE

Level 7 답변

A3

MP3 7-06

🔍 **전체 묘사**

This picture seems to be taken at a park.
There are four people in the picture.

🔍 **인물 묘사**

The lady on the right is wearing a violet shirt.
She is very good-looking.
She seems to be in his mid-thirties.
She is walking her dog.
Also, she is holding a leash in her hand.
The lady on the left is wearing a green top.
She has her hair up.
She is running.
She seems to be having fun.

🔍 **배경 묘사**

In the background, I can see some tall trees and grass.

🔍 **분위기 묘사**

Overall, it looks like a typical day at a park.

해석 | 이 사진은 공원에서 찍힌 것처럼 보입니다.
사진에는 네 명의 사람이 있습니다.

오른쪽에 있는 여자는 보라색 셔츠를 입고 있습니다.
그녀는 외모가 준수합니다.
30대 중반 정도로 보입니다.
개를 산책시키고 있습니다.
그리고, 손에는 가죽끈을 쥐고 있습니다.
왼쪽에 있는 여자는 초록색 상의를 입고 있습니다.
그녀는 머리를 묶고 있습니다.
달리고 있습니다.
즐거운 시간을 보내고 있는 것 같습니다.

배경에는, 큰 나무들과 잔디가 보입니다.

전반적으로, 공원에서의 보편적인 하루처럼 보입니다.

질문에 답하기

🔊 준비 시간에 먼저 주어진 주제를 보면서 브레인스토밍을 한다.

Q4-6
Narration
파티
▶ MP3 **7-07**

TOEIC Speaking　　🔊 VOLUME

Imagine that you are having a conversation with your new neighbor next door. You are talking about parties.

해석 | 옆집에 새로 온 이웃과 이야기를 나누고 있다고 가정해보세요. 파티에 대해 이야기하고 있습니다.

Q4
of 11
▶ MP3 **7-08**

TOEIC Speaking　　🔊 VOLUME

When was the last time you had a party and what did you do to prepare for the party?

PREPARATION TIME	RESPONSE TIME
00:00:03	00:00:15

해석 | 최근에 파티를 했던 것이 언제이고 그 파티를 준비하기 위해서 당신은 무엇을 했습니까?

A4
▶ MP3 **7-09**

The last time I had a party was a few weeks ago.
I cooked some food to prepare for the party.

해석 | 제가 최근에 파티를 한 것은 몇 주 전쯤입니다.
저는 파티를 준비하기 위해서 음식을 요리했습니다.

Q5
of 11
▶ MP3 **7-10**

TOEIC Speaking　　🔊 VOLUME

So, what do you think is the most difficult part when you prepare for a party?

PREPARATION TIME	RESPONSE TIME
00:00:03	00:00:15

해석 | 그렇다면, 파티를 준비하는 데 있어 가장 어려운 부분은 무엇이라고 생각하나요?

RESPOND TO QUESTIONS

A5
MP3 7-11

I think the most difficult part when preparing for a party is cooking food. That's because you need to cook various types of food for the guests.

해석 | 제 생각에 파티를 준비할 때 가장 어려운 부분은 음식을 하는 것입니다.
왜냐하면 손님들을 위해 다양한 종류의 요리를 해야 하기 때문이죠.

Q6 of 11
MP3 7-12

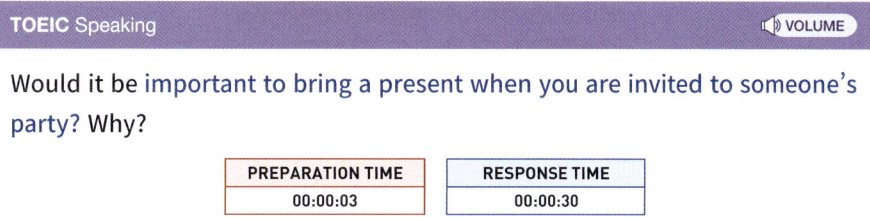

Would it be important to bring a present when you are invited to someone's party? Why?

PREPARATION TIME 00:00:03   RESPONSE TIME 00:00:30

해석 | 누군가의 파티에 초대 받았을 때 선물을 가져가는 것이 중요할까요? 왜 그런가요?

 Level 7 답변

A6
MP3 7-13

It would be important to bring a present when you are invited to someone's party.
First, a present can show how much you care about that person.
Plus, a present can make someone feel more special.
I think most people like getting presents at parties.
Once again, it would be important to bring a present.

해석 | 누군가의 파티에 초대 받았을 때 선물을 가져가는 것이 중요하다고 할 수 있습니다.
우선, 선물은 당신이 그 사람을 얼마나 아끼는지 보여줄 수 있습니다.
그리고, 선물은 누군가를 더 특별하게 느끼도록 만들어줍니다.
제 생각엔 대부분의 사람들이 파티에서 선물 받는 것을 좋아하는 것 같습니다.
다시 말하자면, 선물을 가져가는 것은 중요하다고 할 수 있습니다.

표 보고 질문에 답하기

🔊 먼저 주어진 표를 보면서 필요한 정보를 미리 숙지해 둔다. 이때, 각 개별 질문은 음성으로만 제공되므로 유의한다.

Q7-9 of 11
행사 일정표

▶ MP3 7-14

TOEIC Speaking

Clayfield Marathon Association
May Event Schedule

Date	Time	Event	Location	Cost
May 6	7 a.m.	10 Kilometer Marathon Race	Toowoomba Stadium	free
May 13	9:30 a.m.	Half Marathon Race	Silver Central Park	$10
May 20	2 p.m.	30 Kilometer Marathon Race	Dale Citizen's Forest	$15
May 22	5:20 p.m.	Full Marathon Race	Toowoomba Stadium	$24

* Safety gear provided.

표 분석 시간
PREPARATION TIME
00:00:45

문항별 준비 시간
PREPARATION TIME
00:00:03

RESPONSE TIME
00:00:15

RESPONSE TIME
00:00:15

RESPONSE TIME
00:00:30

[Script] Hi, I have few questions about the upcoming event in May. I would appreciate if you can answer some of my questions.

해석 | 안녕하세요, 다가오는 5월의 행사에 대해 몇 가지 질문이 있습니다. 제 질문들에 답해주시면 감사하겠습니다.

Q7 of 11

▶ MP3 7-15

TOEIC Speaking

What is the last event, and on what date will it be held?

해석 | 마지막 행사는 무엇이고 몇 일에 진행되나요?

A7

▶ MP3 7-16

The last event is the Full Marathon Race at 5:20 p.m. on May 22nd. It will take place at the Toowoomba Stadium.

해석 | 마지막 행사는 5월 22일 오후 5시 20분에 있는 마라톤 풀코스 경주입니다. Toowoomba 경기장에서 진행됩니다.

RESPOND TO QUESTIONS USING INFORMATION PROVIDED

Q8 of 11

MP3 7-17

TOEIC Speaking VOLUME

I heard that I will need to bring my own safety gear for the events. Is that true?

해석 | 행사에 참여하기 위해 제 안전 장비를 직접 가져가야 한다고 들었습니다. 이것이 사실인가요?

A8

MP3 7-18

No, that is incorrect.
Safety gear will be provided for the events.
So, you don't need to bring your own safety gear.

해석 | 아니요, 그렇지 않습니다.
행사를 위한 안전 장비는 제공될 것입니다.
그래서, 본인 안전 장비를 따로 가져오지 않아도 됩니다.

Q9 of 11

MP3 7-19

TOEIC Speaking VOLUME

I am especially interested in events that will be held at the Toowoomba Stadium. Can you tell me about all the events that will take place at the Toowoomba stadium in detail?

해석 | 저는 특히 Toowoomba 경기장에서 진행될 행사에 관심이 많습니다. Toowoomba 경기장에서 진행하는 모든 행사에 대해 자세히 말씀해주실 수 있나요?

A9

MP3 7-20

Sure thing.
There will be two events that will take place at the Toowoomba Stadium.
One is the 10 Kilometer Marathon Race on May 6th at 7 a.m.
There is no admission fee.
The other one is the Full Marathon Race on May 22nd at 5:20 p.m.
The admission fee is 24 dollars.

해석 | 물론입니다.
Toowoomba 경기장에서 진행하는 두 개의 행사가 있습니다.
하나는 5월 6일 오전 7시에 있는 10킬로미터 마라톤 경주입니다.
참가비는 무료입니다.
또 다른 하나는 5월 22일 오후 5시 20분에 있는 마라톤 풀코스 경주입니다.
참가비는 24달러입니다.

해결책 제안하기

🔊 음성 스크립트가 제공되지 않으므로, 상대방의 문제점 또는 요청사항을 한 번에 파악할 수 있도록 키워드를 집중해서 들어야 한다.

Q10 of 11

인력 부족

▶ MP3 7-21

[Script]

Woman: So that's it for today. I just like to go over one more important issue before we wrap things up. One of our **clients has requested an increase in the amount of cakes they ordered.** We were originally asked to provide cakes for 50 people for a wedding. However, our client has informed us that they now need cakes for about 120 people.

Man: But we have already allocated all our bakers that day for that event. It would be very hard for them to make extra cakes like that on such short notice. Plus, **we don't have any additional bakers or chefs** for the project.

Woman: I am well aware of that. Nonetheless, we cannot tell our client that their request would be impossible to carry out. Please go back to your seats and think about the best way that will enable us to accommodate their additional order of cakes. Please call me back with your ideas.

해석 | 여: 오늘은 여기까지입니다. 마무리하기 전에 중요한 안건 한 가지만 더 짚고 넘어가고 싶습니다. 우리 고객 중 한 분이 주문했던 케이크의 추가 주문을 요청했습니다. 원래는 우리가 결혼식을 위해 50인분의 케이크를 제공해 달라는 요청을 받았었죠. 그런데 우리 고객이 이제는 약 120인분의 케이크가 필요하다고 우리에게 연락이 왔습니다.

남: 그런데 우리가 이미 그 행사에 모든 제빵사들을 배정시켰어요. 이렇게 갑자기 알려주면 그들이 추가 케이크를 만들기는 무리일 것 같습니다. 게다가, 우리는 이 프로젝트를 할 수 있는 추가 제빵사나 요리사들이 없습니다.

여: 그것은 잘 알고 있습니다. 그럼에도 불구하고, 우리 고객에게는 요청한 의뢰가 불가능하다고 말할 수는 없습니다. 각자 자리로 돌아가셔서 케이크 추가 주문을 수용할 수 있는 최선의 방법을 생각해주세요. 아이디어와 함께 다시 연락 부탁드립니다.

A10

🔍 **인사말과 문제 인식**

Hi there. This is ____.

I got your message loud and clear.

I understand that we are short-handed.

🔍 **대안 1**

Here are my suggestions.

First, I think we should hire an experienced worker[baker].

We should hand out flyers to recruit someone.

Flyers are the best way to hire people quickly.

🔍 **대안 2**

Next, I think we should visit cooking schools to recruit a student who is good at baking.

We can hire the student as a volunteer or an intern.

🔍 **마무리 인사**

Anyway, these are my suggestions for now.

I'll call you back if I have more ideas.

Thanks.

해석 | 안녕하세요. ____입니다.
무슨 말씀이신지 잘 알겠습니다.
저희가 인력이 부족하다는 점 이해했습니다.

제 제안을 들어보세요.
우선, 경력자[제빵사]를 구해야 될 것 같습니다.
사람을 채용하려면 전단지를 돌려야 될 것 같아요.
사람을 빨리 구하는 데 전단지만큼 좋은 방법이 없죠.

그리고, 제빵을 잘하는 학생을 고용하기 위해 요리 학교를 방문해야 될 것 같아요.
그 학생을 자원자나 인턴으로 고용하면 될 것 같습니다.

아무튼, 저의 제안은 여기까지입니다.
더 생각나는 아이디어가 있으면 다시 연락드릴게요.
감사합니다.

의견 제시하기

📢 반드시 주제의 키워드들과 직접적으로 관련된 근거나 예시를 포함하여 대답한다.

Q11 of 11
회사(면접)

▶ MP3 7-23

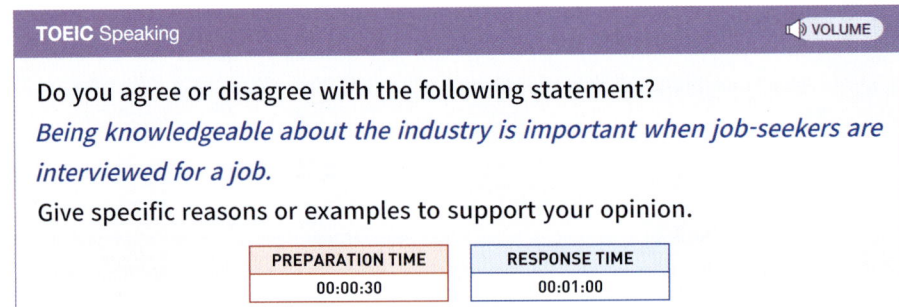

해석 | 아래 서술에 대해 동의하시나요 동의하지 않으시나요?
구직자가 면접을 볼 때 업계에 대해 잘 아는 것은 중요하다.
의견을 뒷받침하기 위한 구체적인 이유나 예시를 제시해주세요.

A11
▶ MP3 7-24

🔍 서론
I strongly believe that being knowledgeable about the industry is important when job-seekers are interviewed for a job.

🔍 근거 1
First, if job-seekers are knowledgeable about the industry, companies are more likely to hire those people.
If so, they can work more efficiently and productively.

🔍 근거 2
Next, if job-seekers are knowledgeable about the industry, it means they are well-prepared.
So, they will be more motivated to work harder.
That way, the company can get better results.

🔍 결론
Once again, I strongly agree with the statement.

EXPRESS AN OPINION

해석 | 저는 구직자가 면접을 볼 때 그 업계에 대해 잘 아는 것이 중요하다고 강력히 믿는 바입니다.

우선, 구직자가 그 업계에 대해 잘 알고 있으면, 회사에서는 그런 사람들을 채용할 확률이 높습니다.
그러면, 그들이 훨씬 효율적이고 생산적으로 일할 수 있습니다.

그리고, 구직자가 그 업계에 대해 잘 알고 있으면, 그것은 곧 그 사람이 잘 준비되었다는 것을 의미합니다.
그래서, 그들이 더 열심히 일하는 데 동기부여가 될 것입니다.
그렇게 하면, 회사가 더 나은 결과물을 얻을 수 있을 것입니다.

다시 말하자면, 저는 그 서술에 대해 강력히 동의하는 바입니다.

SELF CHECKLIST

- [ ] 자신감 있는 목소리와 자연스러운 억양으로 답변했는가
- [ ] 모든 파트에서 내용어에 강세를 잘 적용했는가
- [ ] 올바른 위치의 음절에 강세를 적용했는가
- [ ] 단어가 아닌 문장으로 답변했는가
- [ ] 한국어 자음에는 없는 영어 특수 자음(r/f/v/th)을 정확히 발음했는가
- [ ] 관사, 전치사 등의 오류 및 누락은 없었는가
- [ ] 시제나 일반화 복수 처리 오류는 없었는가
- [ ] 제한된 시간 내에 문제에서 요구한 부분을 모두 답변했는가
- [ ] PART 4, 5의 문제를 듣고 문제 유형과 소재를 파악했는가
- [ ] 익숙하지 않은 주제에도 학습한 템플릿을 응용해서 사용했는가

실전 훈련
TEST 08

PART 1 - 전화 ARS / 환영사

PART 2 - 공원

PART 3 - 생일

PART 4 - 업무 일정표

PART 5 - 인력 부족

PART 6 - 회사(자질)

PART 1 지문 읽기

🔊 강세와 발음에 주의하여 읽는다.

Q1 of 11
전화 ARS

▶ MP3 8-01

TOEIC Speaking 🔊 VOLUME

Thank you for calling Daisy Theater. Please press one if you want to get information about our location, business hours, and show times. If you want to reserve tickets, press two. For any other inquiries, please press three. Remember that you can also visit our Website to book your tickets in advance.

PREPARATION TIME	RESPONSE TIME
00:00:45	00:00:45

강세 요령

❶ **Thank** you — 인사말에 강세를 넣는다.
❷ **Dai**sy **Thea**ter — 고유명사에 강세를 넣는다.
❸ **Please**, **any**, **al**so — 강조어에 강세를 넣는다.
❹ **one**, **two**, **three** — 숫자에 강세를 넣는다.
❺ lo**cat**ion, **bu**siness, **show** — A, B and C 문장 구조에서 각각의 맨 앞 수식어에 강세를 넣는다.

A1
▶ MP3 8-02

→ 틀리기 쉬운 강세 어휘!

❶ Thank you for calling ❷ Daisy (Theater). ❸ Please press ❹ one if you want to get information about our ❺ location, ❺ business hours, and ❺ show times. If you want to (reserve) tickets, press ❹ two. For ❸ any other (inquiries), please press ❹ three. Remember that you can ❸ also visit our Website to book your tickets in (advance).

해석 | Daisy 영화관에 전화 주셔서 감사합니다. 저희 영화관의 위치, 영업시간 그리고 상영 시간에 대한 정보를 원하시면, 1번을 눌러주세요. 영화표를 예매하시려면, 2번을 눌러주세요. 다른 문의 사항이 있으시면, 3번을 눌러주세요. 저희 웹사이트에 방문하여 표를 사전에 예매할 수 있다는 것도 기억해주시기 바랍니다.

READ A TEXT ALOUD

Q2
of 11

환영사

▶ MP3 **8-03**

TOEIC Speaking   🔊 VOLUME

Hello, welcome to the third annual Employee Appreciation Dinner. This evening, we will present an award for the employee of the year. We also want to thank our employees and new staff members for all their professionalism, integrity, and hard work. And now, five employees will be recognized for their remarkable and outstanding work.

PREPARATION TIME	RESPONSE TIME
00:00:45	00:00:45

강세 요령

❶ He**llo**, wel**come**   인사말에 강세를 넣는다.

❷ **third**, **five**   숫자에 강세를 넣는다.

❸ will pre**sent**, will be **re**cognized   조동사 뒤 동사에 강세를 넣는다.

❹ **al**so, **all**   강조어에 강세를 넣는다.

❺ pro**fe**ssionalism, in**te**grity, **hard**   A, B and C 문장 구조에서 각각의 맨 앞 수식어에 강세를 넣는다.

A2

▶ MP3 **8-04**

❶ Hello, ❶ welcome to the ❷ third annual Employee Appreciation Dinner. This evening, we ❸ will present an award for the employee of the year. We ❹ also want to thank our employees and new staff members for ❹ all their ❺ professionalism, ❺ integrity, and ❺ hard work. And now, ❷ five employees ❸ will be recognized for their remarkable and outstanding work.

해석 | 안녕하세요, 세 번째 연례 직원 감사 만찬에 오신 것을 환영합니다. 오늘 밤에는, 저희가 올해의 직원상을 시상할 예정입니다. 또한, 모든 직원분들과 신입 사원들의 전문성, 훌륭한 진실성 그리고 많은 노력에 대해 감사를 표하고 싶습니다. 자, 이제 뛰어나고 탁월한 업무 능력을 보여준 다섯 명의 직원들이 호명될 것입니다.

사진 묘사하기

📢 사진을 보고 인물과 배경으로 나누어 순서에 맞게 묘사한다.

Q3 of 11

공원

▶ MP3 8-05

묘사 순서와 템플릿
❶ 전체 묘사 ⋯ ❷ 인물 묘사 ⋯ ❸ 배경 묘사 ⋯ ❹ 분위기 묘사

❶ This picture seems to be taken at a ⟨장소⟩.
   There are ⟨인원수⟩ in the picture.
   It is very crowded.

❷ The man in the middle is wearing a ⟨의상⟩.
   He seems to be in his ⟨나이⟩.
   He is standing in front of the ⟨사물⟩.
   The little boy on the right is wearing a ⟨의상⟩.
   He has short blonde hair.
   He seems to be having fun.

❸ In the background, I can see some ⟨사물⟩.
   I can also see some ⟨사람 + 행동⟩.

❹ Overall, it looks like a typical day at a ⟨장소⟩.

DESCRIBE A PICTURE

A3

▶ MP3 8-06

전체 묘사

This picture seems to be taken at a park.
There are many people in the picture.
It is very crowded.

인물 묘사

The man in the middle is wearing a black shirt.
He seems to be in his mid-thirties.
He is standing in front of the fountain.
The little boy on the right is wearing a red T-shirt.
He has short blonde hair.
He seems to be having fun.

배경 묘사

In the background, I can see some large buildings and tall trees.
I can also see some people passing by.

분위기 묘사

Overall, it looks like a typical day at a park.

해석 | 이 사진은 공원에서 찍힌 것처럼 보입니다.
사진에는 많은 사람들이 있습니다.
사람들로 매우 붐빕니다.

중간에 있는 남자는 검은색 셔츠를 입고 있습니다.
30대 중반 정도로 보입니다.
그는 분수대 앞에 서 있습니다.
오른쪽에 있는 남자아이는 빨간색 티셔츠를 입고 있습니다.
그는 짧은 금발 머리를 갖고 있습니다.
즐거운 시간을 보내고 있는 것 같습니다.

배경에는, 큰 건물들과 큰 나무들이 보입니다.
그리고 지나가는 사람들도 보입니다.

전반적으로, 공원에서의 보편적인 하루처럼 보입니다.

PART 3 질문에 답하기

📢 준비 시간에 먼저 주어진 주제를 보면서 브레인스토밍을 한다.

Q4-6 Narration
생일

▶ MP3 8-07

TOEIC Speaking 🔊 VOLUME

Imagine that you are having a conversation with your friend. You are talking about birthday parties.

해석 | 친구와 대화를 하는 중이라고 가정해보세요. 당신은 생일 파티에 대해 이야기하는 중입니다.

Q4 of 11

▶ MP3 8-08

TOEIC Speaking 🔊 VOLUME

Where do your friends or coworkers typically celebrate their birthdays?

PREPARATION TIME	RESPONSE TIME
00:00:03	00:00:15

해석 | 당신의 친구나 동료들이 주로 어디서 생일을 기념하나요?

A4

▶ MP3 8-09

My friends usually celebrate their birthdays at decent restaurants or fancy bars.
That's because they serve various types of tasty food there.

해석 | 제 친구들은 주로 괜찮은 식당이나 근사한 술집에서 생일을 기념합니다.
왜냐하면 그곳에서 다양한 종류의 맛있는 음식을 팔기 때문입니다.

Q5 of 11

▶ MP3 8-10

TOEIC Speaking 🔊 VOLUME

What kind of food would you like to have at a party? Why?

PREPARATION TIME	RESPONSE TIME
00:00:03	00:00:15

해석 | 파티에서 어떤 종류의 음식을 먹고 싶나요? 왜 그런가요?

RESPOND TO QUESTIONS

A5

Well, I think it's fifty-fifty.
I sometimes like to have Korean food, but I sometimes like to have Western food as well.
It depends.

해석 | 글쎄요, 저는 반반입니다.
가끔은 한식을 먹기를 좋아하고, 가끔은 양식 먹기를 좋아하기도 합니다.
그때그때 다릅니다.

Q6 of 11

TOEIC Speaking

What are the disadvantages of having a party at your own place?

PREPARATION TIME	RESPONSE TIME
00:00:03	00:00:30

해석 | 당신의 자택에서 파티를 하는 것에 대한 단점은 무엇이 있나요?

A6

There are several disadvantages of having a birthday party at my own place.
First, I need to cook a lot of food for the party.
Also, I need to clean up after the party.
Next, some guests might feel uncomfortable.
Once again, there are several disadvantages of having a birthday party at my own place.

해석 | 생일 파티를 자택에서 하는 것에 대한 몇 가지 단점들이 있습니다.
우선, 제가 파티를 위해 많은 음식을 해야 합니다.
또한, 파티가 끝나면 청소를 해야 합니다.
그리고, 몇몇 손님들은 불편할 수도 있습니다.
다시 말하자면, 생일 파티를 자택에서 하는 것에 대한 몇 가지 단점들이 있습니다.

PART 4 표 보고 질문에 답하기

🔊 먼저 주어진 표를 보면서 필요한 정보를 미리 숙지해 둔다. 이때, 각 개별 질문은 음성으로만 제공되므로 유의한다.

Q7-9 of 11
업무 일정표

▶ MP3 8-14

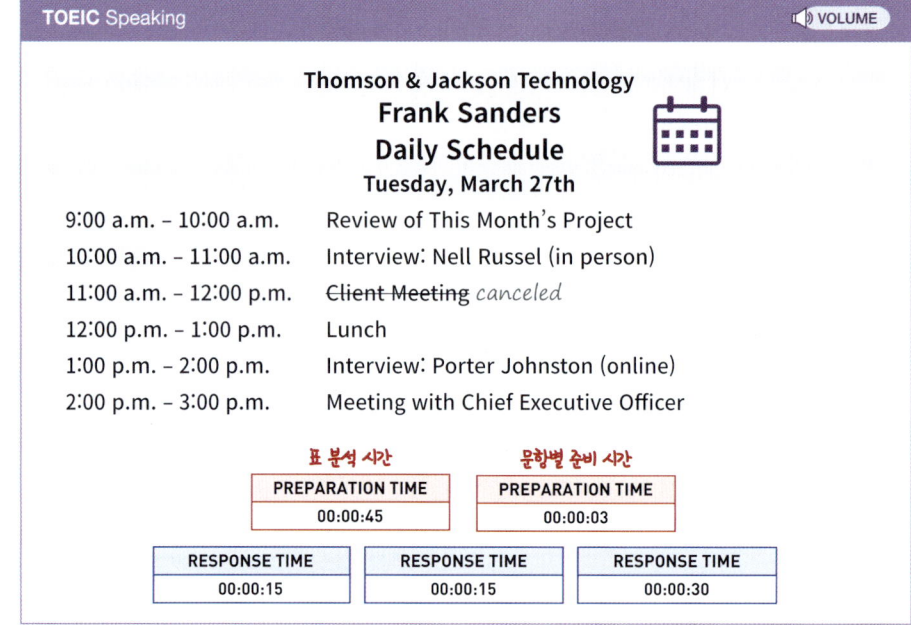

TOEIC Speaking 🔊 VOLUME

Thomson & Jackson Technology
Frank Sanders
Daily Schedule
Tuesday, March 27th

9:00 a.m. – 10:00 a.m.	Review of This Month's Project
10:00 a.m. – 11:00 a.m.	Interview: Nell Russel (in person)
11:00 a.m. – 12:00 p.m.	~~Client Meeting~~ canceled
12:00 p.m. – 1:00 p.m.	Lunch
1:00 p.m. – 2:00 p.m.	Interview: Porter Johnston (online)
2:00 p.m. – 3:00 p.m.	Meeting with Chief Executive Officer

표 분석 시간 | 문항별 준비 시간
PREPARATION TIME 00:00:45 | PREPARATION TIME 00:00:03
RESPONSE TIME 00:00:15 | RESPONSE TIME 00:00:15 | RESPONSE TIME 00:00:30

[Script] Hi, I left my schedule on my office desk. I just want to double check my schedule for today.

해석 | 안녕하세요, 제 스케줄 표를 사무실 책상 위에 두고 왔습니다. 오늘 스케줄을 한 번 더 확인하고 싶습니다.

Q7 of 11

▶ MP3 8-15

TOEIC Speaking 🔊 VOLUME

Could you please tell me what **my first schedule is?**

해석 | 제 첫 번째 일정이 무엇인지 말해주실 수 있나요?

A7

▶ MP3 8-16

Sure thing.
Your **first** schedule is the **review of this month's project.**
It is from **9** a.m. to **10** a.m.

해석 | 네, 물론입니다.
당신의 첫 번째 일정은 이번 달 프로젝트의 리뷰입니다.
오전 9시부터 10시까지입니다.

RESPOND TO QUESTIONS USING INFORMATION PROVIDED

Q8 of 11
MP3 8-17

TOEIC Speaking 🔊 VOLUME

I want to know the exact time of the client meeting that will take place today. It's at 11 o'clock, right?

해석 | 오늘 있는 고객과의 미팅의 정확한 시간을 알고 싶습니다. 11시에 있는 것이 맞나요?

A8
MP3 8-18

No, that is incorrect.

That schedule has been canceled.

So, there is no schedule from 11 a.m. to 12 p.m.

해석 | 아니요, 그렇지 않습니다.
그 일정은 취소되었습니다.
그래서, 오전 11시부터 오후 12시까지는 일정이 없습니다.

Q9 of 11
MP3 8-19

TOEIC Speaking 🔊 VOLUME

I remember that I have to go through some interviews today. Could you give me all the details about the interviews on my schedule?

해석 | 제가 오늘 면접이 좀 잡혀 있는 것으로 기억하고 있는데요. 제 스케줄 표에 있는 면접에 대해 자세히 말해주실 수 있나요?

A9
MP3 8-20

Sure thing.

There will be two interviews today.

One is an interview with Nell Russel in person.

It is from 10 a.m. to 11 a.m.

The other one is an interview with Porter Johnston online.

It is from 1 p.m. to 2 p.m.

해석 | 물론입니다.
오늘 두 개의 면접이 있습니다.
하나는 Nell Russel씨와의 면대면 면접입니다.
이는 오전 10시부터 11시까지입니다.
또 하나는 Porter Johnstonl씨와의 온라인 면접입니다.
이는 오후 1시부터 2시까지입니다.

PART 5 해결책 제안하기

음성 스크립트가 제공되지 않으므로, 상대방의 문제점 또는 요청사항을 한 번에 파악할 수 있도록 키워드를 집중해서 들어야 한다.

Q10 of 11
인력 부족

▶ MP3 8-21

[Script]

Man: Before we end the meeting, there is one important issue we need to discuss. You all know that we have opened a new branch in France where we will launch our new products. We were supposed to send Hayley from our marketing department to give a speech at the upcoming workshop, but I've just found out that **she will be leaving our company next week.**

Woman: Right. We need to find another person to give a speech in French. We do have a new employee who can speak French fluently. However, she doesn't have any previous experience in giving speeches or presentations.

Man: Yeah, so I want everyone to think about how we can address this issue. We need to send someone **who is not only good at French, but is also experienced in giving presentations.** I'd like everyone to call me after this meeting with a good plan.

해석 | 남: 회의를 마치기 전에, 논의해야 하는 한 가지 중요한 사안이 있습니다. 프랑스에 우리의 새 제품들을 론칭할 신규 지점을 오픈한다는 사실은 모두들 알고 있을 것입니다. 원래는 마케팅 부서의 Hayley씨를 다가오는 워크숍에서 연설을 하도록 보낼 예정이었습니다. 그런데 좀 전에 그분이 다음 주에 퇴사한다는 사실을 알게 되었네요.

여: 맞아요. 프랑스어로 연설을 할 다른 사람을 찾아야 합니다. 프랑스어를 유창하게 하는 신입사원이 있긴 합니다. 그러나 그 직원은 연설이나 발표를 해 본 경험이 없다고 합니다.

남: 네, 그래서 모두들 이 사안을 어떻게 해결할 것인지 생각해봤으면 합니다. 프랑스어를 잘하는 것뿐만 아니라 발표하는 것에 대한 경험도 있는 사람을 보내야 합니다. 좋은 계획과 함께 이 회의가 끝나면 저에게 연락을 주셨으면 합니다.

PROPOSE A SOLUTION

A10
▶ MP3 8-22

인사말과 문제 인식

Hi there. This is _____.
I got your message loud and clear.
I understand that we are short-handed.

대안 1

Here are my suggestions.
First, I think we should hire an experienced worker who speaks French.
We should hand out flyers to recruit someone.
Flyers are the best way to hire people quickly.

대안 2

Next, I think we should visit local schools to recruit a French student who is good at giving presentations.
We can hire the student as a volunteer or an intern.

마무리 인사

Anyway, these are my suggestions for now.
I'll call you back if I have more ideas.
Thanks.

해석 | 안녕하세요. _____입니다.
무슨 말씀이신지 잘 알겠습니다.
저희가 인력이 부족하다는 점 이해했습니다.

제 제안을 들어보세요.
우선, 프랑스어를 구사하는 경력자를 구해야 될 것 같습니다.
사람을 채용하려면 전단지를 돌려야 될 것 같아요.
사람을 빨리 구하는 데 전단지만큼 좋은 방법이 없습니다.

그리고, 발표를 잘하는 프랑스인 학생을 고용하기 위해 인근 학교를 방문해야 될 것 같아요.
그 학생을 자원자나 인턴으로 고용하면 될 것 같습니다.

아무튼, 저의 제안은 여기까지입니다.
더 생각나는 아이디어가 있으면 다시 연락드리겠습니다.
감사합니다.

PART 6 의견 제시하기

📢 반드시 주제의 키워드들과 직접적으로 관련된 근거나 예시를 포함하여 대답한다.

Q11 of 11
회사(자질)

▶ MP3 8-23

TOEIC Speaking　　🔊 VOLUME

Which of the following do you think contributes more to a leader's success; having extensive experiences or having good social skills?
Give specific reasons or examples to support your opinion.

PREPARATION TIME	RESPONSE TIME
00:00:30	00:01:00

해석 | 다양한 경력을 갖는 것 또는 우수한 사회성을 가진 것 중 어느 것이 리더의 성공에 더 많은 기여를 한다고 생각하나요?
의견을 뒷받침하기 위한 구체적인 이유나 예시를 제시해주세요.

A11

▶ MP3 8-24

🔍 서론
I strongly believe that having good social skills contributes more to a leader's success.

🔍 근거 1
First, if a leader has good social skills, it helps solve problems.
If so, people will be more motivated to work harder.
That way, they can get better results.

🔍 근거 2
Next, if a leader has good social skills, it helps build better chemistry.
Better chemistry brings better teamwork.
Better teamwork makes work easier and less time-consuming.
That way, people can work more efficiently and productively.

🔍 결론
Once again, I strongly believe that having good social skills contributes more to a leader's success.

EXPRESS AN OPINION

해석 | 저는 우수한 사회성을 갖고 있는 것이 리더의 성공에 더 많은 기여를 한다고 강력히 믿는 바입니다.

우선, 리더가 우수한 사회성을 갖고 있으면, 문제를 해결하는 데 도움이 됩니다.
그러면, 직원들이 더 열심히 일하는 데 동기부여가 될 것입니다.
그렇게 하면, 그들이 더 좋은 결과를 얻을 수 있습니다.

그리고, 리더가 우수한 사회성을 갖고 있으면 더 나은 관계를 쌓는 데 도움이 됩니다.
서로 더 잘 통하는 것은 더 나은 팀워크를 만들어 줍니다.
더 나은 팀워크는 업무를 훨씬 더 쉽게 만들어주고, 시간도 적게 걸리게 해줍니다.
그렇게 되면, 사람들은 더 효율적이고 생산적으로 일할 수 있습니다.

다시 말하자면, 저는 우수한 사회성을 갖고 있는 것이 리더의 성공에 더 많은 기여를 한다고 강력히 믿는 바입니다.

SELF CHECKLIST

☐ 자신감 있는 목소리와 자연스러운 억양으로 답변했는가
☐ 모든 파트에서 내용어에 강세를 잘 적용했는가
☐ 올바른 위치의 음절에 강세를 적용했는가
☐ 단어가 아닌 문장으로 답변했는가
☐ 한국어 자음에는 없는 영어 특수 자음(r/f/v/th)을 정확히 발음했는가
☐ 관사, 전치사 등의 오류 및 누락은 없었는가
☐ 시제나 일반화 복수 처리 오류는 없었는가
☐ 제한된 시간 내에 문제에서 요구한 부분을 모두 답변했는가
☐ PART 4, 5의 문제를 듣고 문제 유형과 소재를 파악했는가
☐ 익숙하지 않는 주제에도 학습한 템플릿을 응용해서 사용했는가

실전 훈련
TEST 09

PART 1 - 광고 / 환영사

PART 2 - 공원

PART 3 - 휴대전화

PART 4 - 업무 일정표

PART 5 - 인력 부족

PART 6 - 회사(자질)

PART 1 지문 읽기

📢 강세와 발음에 주의하여 읽는다.

Q1 of 11
광고

▶ MP3 9-01

TOEIC Speaking 🔊 VOLUME

Are you looking for a house with easy access to the downtown area? Right now, your perfect home is available at Lake Town Real Estate. These new houses are conveniently located near the Eagle Park Train Station, where there are several bus stops, multiple subway lines, and taxi stands. To sign up for a tour of the houses, please visit our Website.

PREPARATION TIME	RESPONSE TIME
00:00:45	00:00:45

 강세 요령

❶ **Right** now, **please** — 강조어에 강세를 넣는다.

❷ **Lake** Town **Real** Estate, **Ea**gle Park **Train** Station — 고유명사에 강세를 넣는다.

❸ **se**veral, **mul**tiple, **ta**xi — A, B and C 문장 구조에서 각각의 맨 앞 수식어에 강세를 넣는다.

❹ sign **up** — 구동사는 뒷 단어에 강세를 넣는다.

A1

▶ MP3 9-02

틀리기 쉬운 강세 어휘!

Are you looking for a house with easy (access) to the downtown area? ❶ Right now, your perfect home is available at ❷ Lake Town Real (Estate). These new houses are conveniently located near the ❷ Eagle Park Train Station, where there are ❸ several bus stops, ❸ multiple subway lines, and ❸ taxi stands. To ❹ sign up for a tour of the houses, ❶ please visit our Website.

해석 | 시내에 접근이 용이한 집을 찾고 계신가요? 지금 바로, Lake Town 부동산에서 당신의 완벽한 집을 구할 수 있습니다. 새집들은 편리하게 여러 버스 정류장, 지하철 노선 그리고 택시 정류장이 있는 Eagle Park 역 근처에 위치해 있습니다. 집 구경을 신청하고 싶으시면, 저희 웹사이트를 방문해주세요.

READ A TEXT ALOUD

Q2 of 11
환영사

▶ MP3 9-03

TOEIC Speaking VOLUME

Welcome to employee dinner for Travis Food Company. We would like to thank you for your hard work tonight. With your efforts, our company has been able to make creative, innovative, and meaningful advancements. Now, please join me in welcoming the president of our company, Andrew Stein to the stage.

PREPARATION TIME	RESPONSE TIME
00:00:45	00:00:45

 강세 요령

❶ **Wel**come — 인사말에 강세를 넣는다.

❷ would **like** — 조동사 뒤 동사에 강세를 넣는다.

❸ cre**a**tive, inno**va**tive, **mea**ningful — A, B and C 문장 구조에서 각각의 맨 앞 수식어에 강세를 넣는다.

A2
▶ MP3 9-04

❶ Welcome to employee dinner for Travis Food Company. We ❷ would like to thank you for your hard work tonight. With your efforts, our company has been able to make ❸ creative, ❸ innovative, and ❸ meaningful advancements. Now, please join me in welcoming the president of our company, Andrew Stein to the stage.

해석 | Travis 식품 회사의 직원 만찬회에 오신 것을 환영합니다. 오늘 밤 여러분들의 노고에 감사 인사를 전하고 싶습니다. 여러분들의 노력 덕분에 우리 회사는 창의적이고, 혁신적이며 의미 있는 발전을 이루어 낼 수 있었습니다. 자, 이제 우리 회사의 Andrew Stein 회장님을 무대에 모시는 것을 환영해주시기 바랍니다.

PART 2 사진 묘사하기

📢 사진을 보고 인물과 배경으로 나누어 순서에 맞게 묘사한다.

Q3 of 11

공원

▶ MP3 9-05

묘사 순서와 템플릿

❶ 전체 묘사 … ❷ 인물 묘사 … ❸ 배경 묘사 … ❹ 분위기 묘사

❶ This picture seems to be taken at a   장소   .
  There are   인원수   people in the picture.

❷ The lady in the middle is wearing a   의상   .
  She is very good-looking.
  She seems to be in her   나이   .
  She is sitting on the   사물   with the   사람   .
  The lady on the left is wearing a   의상   .
  She has long black hair.
  She is standing in front of the   사물   looking at the   사람   .

❸ In the background, I can see some   사물   .

❹ Overall, it looks like a typical day at a   장소   .

DESCRIBE A PICTURE

A3

MP3 9-06

🔍 전체 묘사

This picture seems to be taken at a park.
There are four people in the picture.

🔍 인물 묘사

The lady in the middle is wearing a black top.
She is very good-looking.
She seems to be in her mid-thirties.
She is sitting on the stone fence with the other lady.
The lady on the left is wearing a white T-shirt.
She has long black hair.
She is standing in front of the tree looking at the lady.

🔍 배경 묘사

In the background, I can see some tall trees and grass.

🔍 분위기 묘사

Overall, it looks like a typical day at a park.

해석 | 이 사진은 공원에서 찍힌 것처럼 보입니다.
사진에는 네 명의 사람이 있습니다.

중간에 있는 여자는 검은색 상의를 입고 있습니다.
그녀는 외모가 준수합니다.
30대 중반 정도로 보입니다.
다른 여자와 함께 돌 담벼락 위에 앉아 있습니다.
왼쪽에 있는 여자는 흰색 티셔츠를 입고 있습니다.
그녀는 긴 검은색 머리를 갖고 있습니다.
여자를 바라보며 나무 앞에 서 있습니다.

배경에는, 큰 나무들과 잔디가 보입니다.

전반적으로, 공원에서의 보편적인 하루처럼 보입니다.

질문에 답하기

📢 준비 시간에 먼저 주어진 주제를 보면서 브레인스토밍을 한다.

Q4-6
Narration
휴대전화

▶ MP3 **9-07**

TOEIC Speaking

Imagine that a mobile telephone service company is doing a survey in your town. You are participating in an interview about your mobile telephone service.

해석 | 휴대전화 통신사 회사가 당신의 동네에서 설문조사를 한다고 가정해보세요. 당신은 휴대전화 통신 서비스에 관한 인터뷰에 참여하고 있습니다.

Q4
of 11

▶ MP3 **9-08**

TOEIC Speaking

How often do you **do something on your phone**? What do you **normally do**?

PREPARATION TIME	RESPONSE TIME
00:00:03	00:00:15

해석 | 휴대전화로 얼마나 자주 무언가를 합니까? 주로 무엇을 하나요?

A4

▶ MP3 **9-09**

I **use** my **phone** all day long.
I **normally use** it to get access to the Internet.
I **do** searches or **watch** video clips on my **phone**.

해석 | 저는 하루 종일 휴대전화를 사용합니다.
저는 그것을 주로 인터넷에 접속하기 위해 사용합니다.
제 휴대전화로 검색을 하거나 동영상을 봅니다.

Q5
of 11

▶ MP3 **9-10**

TOEIC Speaking

How long have you **used your phone**? Are you **satisfied with the service that you get from your mobile service company**?

PREPARATION TIME	RESPONSE TIME
00:00:03	00:00:15

해석 | 얼마나 오랫동안 휴대전화를 사용해왔습니까? 당신의 통신사로부터 받는 서비스에 대해 만족하십니까?

RESPOND TO QUESTIONS

A5
▶ MP3 9-11

I have used my phone for a few years.
I am quite happy with the service I am getting.
So, I don't plan to change the company anytime soon.

해석 | 저는 휴대전화를 몇 년간 사용해왔습니다.
저는 제가 받는 서비스에 대해 제법 만족합니다.
그래서, 당장은 통신사를 바꿀 계획이 없습니다.

Q6 of 11
▶ MP3 9-12

TOEIC Speaking   VOLUME

What were some reasons you chose the mobile carrier that you are with now?

PREPARATION TIME 00:00:03   RESPONSE TIME 00:00:30

해석 | 현재 쓰고 있는 통신사를 선택했던 이유들은 무엇이였나요?

A6
▶ MP3 9-13

There are several reasons I chose the mobile carrier that I am with now.
I chose my current mobile carrier by doing online searches.
There were some good comments about the company.
Plus, my phone bill is very reasonable.
Once again, there are several reasons I chose the mobile carrier that I am with now.

해석 | 제가 지금 쓰고 있는 통신사를 선택했던 몇 가지 이유들이 있습니다.
저는 온라인 검색을 통해 현재 통신사를 선택했습니다.
그 회사에 대해 좋은 평들이 있었습니다.
그리고, 휴대폰 요금이 매우 저렴합니다.
다시 말하자면, 제가 지금 쓰고 있는 통신사를 선택했던 몇 가지 이유들이 있습니다.

표 보고 질문에 답하기

◁< 먼저 주어진 표를 보면서 필요한 정보를 미리 숙지해 둔다. 이때, 각 개별 질문은 음성으로만 제공되므로 유의한다.

Q7-9 of 11
업무 일정표

▶ MP3 9-14

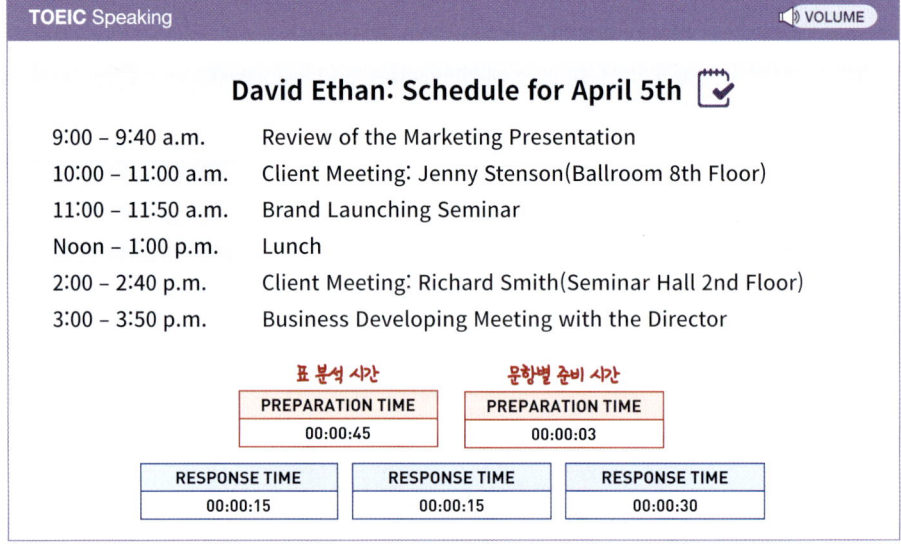

TOEIC Speaking

David Ethan: Schedule for April 5th

9:00 – 9:40 a.m.	Review of the Marketing Presentation
10:00 – 11:00 a.m.	Client Meeting: Jenny Stenson(Ballroom 8th Floor)
11:00 – 11:50 a.m.	Brand Launching Seminar
Noon – 1:00 p.m.	Lunch
2:00 – 2:40 p.m.	Client Meeting: Richard Smith(Seminar Hall 2nd Floor)
3:00 – 3:50 p.m.	Business Developing Meeting with the Director

표 분석 시간 — PREPARATION TIME 00:00:45
문항별 준비 시간 — PREPARATION TIME 00:00:03
RESPONSE TIME 00:00:15
RESPONSE TIME 00:00:15
RESPONSE TIME 00:00:30

[Script] Hi, I left my schedule in my office. I just want to double check my schedule for today.

해석 | 안녕하세요, 제 스케줄표를 사무실에 두고 왔습니다. 오늘 스케줄을 한번 더 확인하고 싶습니다.

Q7 of 11
▶ MP3 9-15

TOEIC Speaking

Could you please tell me what my last schedule is?

해석 | 제 마지막 일정이 무엇인지 말해주실 수 있나요?

A7
▶ MP3 9-16

Sure thing.
Your last schedule is the Business Developing Meeting with the Director.
It is from 3 p.m. to 3:50 p.m.

해석 | 네, 물론입니다.
당신의 마지막 일정은 상무님과의 비즈니스 개발 회의입니다.
오후 3시부터 3시 50분까지입니다.

RESPOND TO QUESTIONS USING INFORMATION PROVIDED

Q8 of 11
MP3 9-17

TOEIC Speaking

I just want to check if the Brand Launching Seminar will still take place after lunch. Is it right?

해석 | 브랜드 출시 세미나가 여전히 점심시간 이후에 진행되는지 확인하고 싶습니다. 맞나요?

A8
MP3 9-18

No, that is incorrect.
The Brand Launching Seminar will take place before lunch, not after lunch.
It is from 11 a.m. to 11:50 a.m.

해석 | 아니요, 그렇지 않습니다.
　　　브랜드 출시 세미나는 점심시간 이후가 아니라 이전에 진행됩니다.
　　　오전 11시부터 11시 50분까지입니다.

Q9 of 11
MP3 9-19

TOEIC Speaking

I remember seeing meetings with my clients on my schedule. Can you give me all the details about client meetings today?

해석 | 제가 오늘 고객들과 미팅이 있는 것을 일정에서 본 기억이 있는데요. 오늘 진행될 미팅에 대해 자세히 알려주실 수 있나요?

A9
MP3 9-20

Sure thing.
There will be two client meetings today.
One is a meeting with Jenny Stenson at the Ballroom on the 8th floor.
It is from 10 a.m. to 11 a.m.
The other one is a meeting with Richard Smith at the Seminar Hall on the 2nd floor.
It is from 2 p.m. to 2:40 p.m.

해석 | 물론입니다.
　　　오늘 두 개의 고객 미팅이 있습니다.
　　　하나는 8층 연회장에서 Jenny Stenson씨와의 미팅입니다.
　　　이는 오전 10시부터 11시까지입니다.
　　　또 하나는 2층 세미나실에서 Richard Smith씨와의 미팅입니다.
　　　이는 오후 2시부터 2시 40분까지입니다.

PART 5 해결책 제안하기

🔊 음성 스크립트가 제공되지 않으므로, 상대방의 문제점 또는 요청사항을 한 번에 파악할 수 있도록 키워드를 집중해서 들어야 한다.

Q10 of 11

인력 부족

▶ MP3 9-21

[Script] Before we end the meeting, I want to discuss the upcoming event. As usual, we are expecting more shoppers to come in during the event. Last year, we had some problems with giving out gifts to our customers. Our staff had trouble giving out gifts to all the visitors. **The bigger problem was that people waiting in line got frustrated because they had to wait too much to get free gifts.** How can we improve the service for this year's event? We still want to offer the free gifts during the event. I'd like everyone to call me with a plan to address this issue.

해석 | 우리가 회의를 마치기 전에, 다가오는 행사에 대해 이야기를 하고자 합니다. 늘 그렇듯이, 우리가 행사를 할 때는 더 많은 고객들이 올 것으로 예상됩니다. 작년에는, 손님들에게 사은품을 나누어 주는데 문제가 좀 있었습니다. 우리 직원들이 모든 방문객들에게 사은품을 나눠주는 데 어려움을 겪었습니다. 더 큰 문제는 줄을 서 있던 사람들이 무료 사은품을 받기 위해 오래 기다려야 해서 불쾌함을 느꼈던 점입니다. 올해 행사에는 어떻게 이 서비스를 개선할 수 있을까요? 여전히 우리는 행사 기간에 사람들에게 무료 사은품을 증정하고 싶습니다. 이 문제를 해결할 수 있는 방안을 모색하여 모두들 저에게 전화주세요.

PROPOSE A SOLUTION

A10
MP3 **9-22**

인사말과 문제 인식
Hi there. This is _____.
I got your message loud and clear.
I understand that we are short-handed.

대안 1
Here are my suggestions.
First, I think we should hire some part-time workers.
We should hand out flyers to recruit someone.
Flyers are the best way to hire people quickly.

대안 2
Next, I think we should visit local schools to recruit students who are good at customer service.
We can hire the students as volunteers or interns.

마무리 인사
Anyway, these are my suggestions for now.
I'll call you back if I have more ideas.
Thanks.

해석 | 안녕하세요. _____입니다.
무슨 말씀이신지 잘 알겠습니다.
저희가 인력이 부족하다는 점 이해했습니다.

제 제안을 들어보세요.
우선, 아르바이트생을 구해야 될 것 같습니다.
사람을 채용하려면 전단지를 돌려야 될 것 같아요.
사람을 빨리 구하는데 전단지만큼 좋은 방법이 없습니다.

그리고, 고객서비스에 능숙한 학생을 고용하기 위해 인근 학교를 방문해야 될 것 같아요.
그 학생들을 자원자나 인턴으로 고용하면 될 것 같습니다.

아무튼, 저의 제안은 여기까지입니다.
더 생각나는 아이디어가 있으면 다시 연락드릴게요.
감사합니다.

의견 제시하기

📢 반드시 주제의 키워드들과 직접적으로 관련된 근거나 예시를 포함하여 대답한다.

Q11 of 11
회사(자질)

▶ MP3 9-23

TOEIC Speaking 🔊 VOLUME

Do you think having good leadership skills is an important trait when choosing a business partner? Why?
Give specific reasons or examples to support your opinion.

PREPARATION TIME	RESPONSE TIME
00:00:30	00:01:00

해석 | 사업파트너를 고를 때 우수한 리더십을 갖춘 것이 중요한 요소라 생각하나요? 왜 그런가요? 의견을 뒷받침하기 위한 구체적인 이유나 예시를 제시해주세요.

Level ↑ 답변
A11

▶ MP3 9-24

🔍 **서론**

I strongly believe that having good leadership skills is an important trait when choosing a business partner.

🔍 **근거 1**

First, if a business partner has good leadership skills, it helps solve problems.
If so, people will be more motivated to work harder.
That way, they can get better results.

🔍 **근거 2**

Next, if a business partner has good leadership skills, it helps build better chemistry.
Better chemistry brings better teamwork.
Better teamwork makes work easier and less time-consuming.
That way, you can work more efficiently and productively.

🔍 **결론**

Once again, I strongly believe that having good leadership skills is an important trait when choosing a business partner.

EXPRESS AN OPINION

해석 | 저는 사업파트너를 고를 때 우수한 리더십을 갖춘 것이 중요한 요소라고 강력히 믿는 바입니다.

우선, 사업파트너가 우수한 리더십을 갖추고 있으면, 문제를 해결하는 데 도움이 됩니다.
그러면, 사람들이 더 열심히 일하는 데 동기부여가 될 것입니다.
그렇게 하면, 더 좋은 결과를 얻을 수 있을 것입니다.

그리고, 리더가 우수한 사회성을 갖고 있으면 더 나은 관계를 쌓는 데 도움이 됩니다.
서로 잘 통하는 것은 더 나은 팀워크를 만들어 줍니다.
더 나은 팀워크는 업무를 훨씬 쉽게 만들어주고, 시간도 더 적게 걸리게 해줍니다.
그렇게 되면, 훨씬 더 효율적이고 생산적으로 일할 수 있습니다.

다시 말하자면, 저는 사업파트너를 고를 때 우수한 리더십을 갖춘 것이 중요한 요소라고 강력히 믿는 바입니다.

SELF CHECKLIST

- [ ] 자신감 있는 목소리와 자연스러운 억양으로 답변했는가
- [ ] 모든 파트에서 내용어에 강세를 잘 적용했는가
- [ ] 올바른 위치의 음절에 강세를 적용했는가
- [ ] 단어가 아닌 문장으로 답변했는가
- [ ] 한국어 자음에는 없는 영어 특수 자음(r/f/v/th)을 정확히 발음했는가
- [ ] 관사, 전치사 등의 오류 및 누락은 없었는가
- [ ] 시제나 일반화 복수 처리 오류는 없었는가
- [ ] 제한된 시간 내에 문제에서 요구한 부분을 모두 답변했는가
- [ ] PART 4, 5의 문제를 듣고 문제 유형과 소재를 파악했는가
- [ ] 익숙하지 않는 주제에도 학습한 템플릿을 응용해서 사용했는가

PART 1 - 환영사 / 광고

PART 2 - 주차장

PART 3 - 기술

PART 4 - 면접 일정표

PART 5 - 공간 부족

PART 6 - 회사(문제)

지문 읽기

🔊 강세와 발음에 주의하여 읽는다.

Q1 of 11
환영사

▶ MP3 10-01

TOEIC Speaking　　　　　　　　　　　　　　🔊 VOLUME

Hello and good evening. It is a pleasure to introduce to you Garry Barns, a respected member of our community. He has worked on various projects regarding construction, development, and the welfare of our city. He is here today to share his views about the future projects that are planned for our community. After his speech, he will take questions from the audience.

PREPARATION TIME	RESPONSE TIME
00:00:45	00:00:45

⚡ 강세 요령

① **He**llo and good **e**vening　　　　　　인사말에 강세를 넣는다.

② **Garry** Barns　　　　　　　　　　　　　고유명사에 강세를 넣는다.

③ has **wor**ked, will **take**　　　　　　　조동사 뒤 동사에 강세를 넣는다.

④ con**struc**tion, de**vel**opment, **wel**fare　　A, B and C 문장 구조에서 각각의 맨 앞 수식어에 강세를 넣는다.

A1

▶ MP3 10-02

→ 틀리기 쉬운 강세 어휘!

① Hello and good evening. It is a pleasure to introduce to you ② Garry Barns, a respected member of our community. He ③ has worked on various projects regarding ④ construction, ④ development, and the ④ welfare of our city. He is here today to share his views about the future projects that are planned for our community. After his speech, he ③ will take questions from the audience.

해석 | 안녕하세요. 우리 지역사회에서 존경 받는 Garry Barns를 소개해드리게 되어 기쁩니다. 그는 우리 시의 건설, 발전 그리고 복지에 관련된 다양한 프로젝트를 맡아왔습니다. 우리 지역 사회를 위해 계획된 미래 프로젝트에 대한 그의 의견을 공유하기 위해 오늘 이 자리에 오셨습니다. 그의 연설이 끝나면, 청중분들의 질문을 받을 것입니다.

READ A TEXT ALOUD

Q2 of 11
광고
▶ MP3 **10-03**

TOEIC Speaking　　🔊 VOLUME

Good afternoon, shoppers. Thank you for coming to shop at Harry's Electronics, your best choice for electronic products in town. We are currently having a clearance sale at one of our stores. Please visit the sales section on the third floor. You'll be able to find computers, mobile phones, and other portable devices at the lowest prices. So, you will not want to miss this great opportunity.

PREPARATION TIME	RESPONSE TIME
00:00:45	00:00:45

강세 요령

① Good after**noon**, **Thank** you — 인사말에 강세를 넣는다.
② **Harry**'s Elec**tro**nics — 고유명사에 강세를 넣는다.
③ **best**, **lowest** — 최상급에 강세를 넣는다.
④ **Please**, **o**ther — 강조어에 강세를 넣는다
⑤ **third** — 숫자에 강세를 넣는다.
⑥ com**pu**ters, **mo**bile, **por**table — A, B and C 문장 구조에서 각각의 맨 앞 수식어에 강세를 넣는다.
⑦ will **not** want — 부정어에 강세를 넣는다.

A2
▶ MP3 **10-04**

① Good after<u>noon</u>, shoppers. ① Thank you for coming to shop at ② Harry's Elec<u>tro</u>nics, your ③ best choice for elec<u>tro</u>nic pro<u>du</u>cts in town. We are currently having a clea<u>ra</u>nce sale at one of our stores. ④ Please visit the sales section on the ⑤ third floor. You'll be able to find ⑥ com<u>pu</u>ters, ⑥ <u>mobile</u> phones, and ④ other ⑥ <u>por</u>table devices at the ③ lowest prices. So, you ⑦ will not want to miss this great oppor<u>tu</u>nity.

해석 | 고객님들, 안녕하세요. 이 동네 최고의 전자기기 상품을 판매하는 Harry's 전자에 구매하러 와 주셔서 감사드립니다. 현재 저희 매장 중 한 곳에서 재고정리 세일을 하고 있습니다. 3층에 있는 세일 구역을 방문해 주시기 바랍니다. 최저가에 판매 중인 컴퓨터, 휴대전화 그리고 다른 휴대 기기들을 만나 보실 수 있을 것입니다. 그러니, 이 좋은 기회를 놓치고 싶지 않으실 거라고 생각합니다.

사진 묘사하기

📢 사진을 보고 인물과 배경으로 나누어 순서에 맞게 묘사한다.

Q3 of 11

주차장

▶ MP3 **10-05**

묘사 순서와 템플릿
❶ 전체 묘사 … ❷ 인물 묘사 … ❸ 배경 묘사 … ❹ 분위기 묘사

❶ This picture seems to be taken at a   장소   .
   There are   인원수   in the picture.

❷ The lady in the middle is wearing a   의상   .
   She is very good-looking.
   She seems to be in her   나이   .
   She has long black hair.
   She has her hair down.
   She is loading something   위치   .
   The man on the right is wearing a   의상   .
   He is standing in front of a   사물   .

❸ In the background, I can see a   사람 + 행동   .
   I can also see some   사물 상태   .

❹ Overall, it looks like a typical day at a   장소   .

DESCRIBE A PICTURE

A3
▶ MP3 10-06

전체 묘사

This picture seems to be taken at a parking lot.
There are three people in the picture.

인물 묘사

The lady in the middle is wearing a white jacket.
She is very good-looking.
She seems to be in her mid-thirties.
She has long black hair.
She has her hair down.
She is loading something in the car trunk.
The man on the right is wearing a black jacket.
He is standing in front of a shopping cart.

배경 묘사

In the background, I can see a man passing by.
I can also see some cars parked side by side.

분위기 묘사

Overall, it looks like a typical day at a parking lot.

해석 | 이 사진은 주차장에서 찍힌 것처럼 보입니다.
사진에는 세 명의 사람이 있습니다.

중간에 있는 여자는 흰색 자켓을 입고 있습니다.
그녀는 외모가 준수합니다.
30대 중반 정도로 보입니다.
긴 검은 머리를 갖고 있습니다.
머리를 풀고 있습니다.
차 트렁크에 무언가를 싣고 있습니다.
오른쪽에 있는 남자는 검은색 자켓을 입고 있습니다.
그는 쇼핑 카트 앞에 서 있습니다.

배경에는, 지나가는 남자 한 명이 보입니다.
그리고 나란히 주차된 차도 보입니다.

전반적으로, 주차장에서의 보편적인 하루처럼 보입니다.

질문에 답하기

준비 시간에 먼저 주어진 주제를 보면서 브레인스토밍을 한다.

Q4-6
Narration
기술

▶ MP3 **10-07**

TOEIC Speaking　　　　　　　　　　　　　　　　　　　　　VOLUME

Imagine that a technology firm is doing a survey in your town. You are participating in an interview about a piece of technology.

해석 | 기술 회사가 당신의 동네에서 설문조사를 한다고 가정해보세요. 당신은 기술과 관련된 인터뷰에 참여하고 있습니다.

Q4
of 11

▶ MP3 **10-08**

TOEIC Speaking　　　　　　　　　　　　　　　　　　　　　VOLUME

What kinds of technology do you normally use at your office or school? What do you usually do with it?

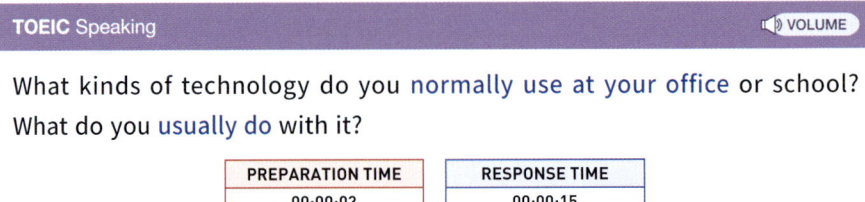

해석 | 당신은 사무실이나 학교에서 주로 어떤 종류의 기술을 사용하시나요? 그것으로 보통 무엇을 하나요?

A4

▶ MP3 **10-09**

I use various types of technology at my office.
Among them, I use my cell phone the most.
I usually do searches or watch video clips.

해석 | 저는 사무실에서 다양한 종류의 기술을 사용합니다.
　　　그들 중에서도, 제 휴대전화를 가장 많이 사용합니다.
　　　저는 주로 검색을 하거나 동영상을 봅니다.

Q5
of 11

▶ MP3 **10-10**

TOEIC Speaking　　　　　　　　　　　　　　　　　　　　　VOLUME

Would you like your office or school to have new technology? Why?

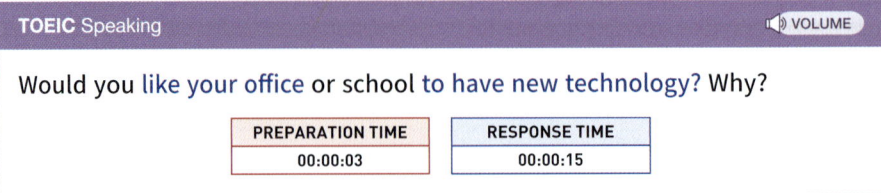

해석 | 당신의 사무실이나 학교에서 새로운 기술을 갖추었으면 합니까? 왜 그런가요?

RESPOND TO QUESTIONS

A5
▶ MP3 **10-11**

I would like my office to have wi-fi connection in all meeting rooms.
That's because I want to get access to the Internet during meetings.

해석 | 저희 사무실의 모든 회의실마다 와이파이가 있었으면 합니다.
왜냐하면 회의 시간에 인터넷을 사용하고 싶기 때문입니다.

Q6 of 11
▶ MP3 **10-12**

TOEIC Speaking

Do people around you like to buy a new piece of technology? Why is that?

PREPARATION TIME	RESPONSE TIME
00:00:03	00:00:30

해석 | 당신 주변의 사람들은 새로운 전자 제품을 사는 것을 좋아합니까? 왜 그런가요?

A6
▶ MP3 **10-13**

People around me like to buy a new piece of technology.
That's because they are very tech-savvy.
Having new technology makes our lives very convenient.
It makes a big difference.
The more we use new technology, the better our lives become.

해석 | 제 주변 사람들은 새로운 전자 제품을 사는 것을 좋아합니다.
왜냐하면 그들은 기기를 잘 다루기 때문입니다.
새로운 기술을 갖는 것은 우리의 삶을 매우 편리하게 만들어 줍니다.
정말 큰 차이를 가져다주죠.
우리가 새로운 기술을 더 사용할수록, 우리의 삶도 더 나아집니다.

표 보고 질문에 답하기

먼저 주어진 표를 보면서 필요한 정보를 미리 숙지해 둔다. 이때, 각 개별 질문은 음성으로만 제공되므로 유의한다.

Q7-9 of 11
면접 일정표

▶ MP3 10-14

TOEIC Speaking　　　🔊 VOLUME

Jenny's Illustration Company
Interview Schedule
Location: Room 1102, San Francisco Office
Date: Friday, June 14th

Time	Name	Position	Notes
11:00 a.m.	Natasha Hall	Assistant manager	Not available until July 2nd
11:30 a.m.	Alicia Brewer	Graphic designer	Interview (In person)
1:00 p.m.	Jake Morrison	Assistant manager	Interview (Online)
1:30 p.m.	Henry Farrell	Senior director	
2:00 p.m.	Brett Tod	Graphic designer	Not available until August 10th
2:30 p.m.	Jinn Logan	Web designer	Interview (Telephone)

표 분석 시간
PREPARATION TIME
00:00:45

문항별 준비 시간
PREPARATION TIME
00:00:03

RESPONSE TIME
00:00:15

RESPONSE TIME
00:00:15

RESPONSE TIME
00:00:30

[Script] Hi, I can't find the schedule for the next interviews. So, it would be great if you can answer some of questions regarding the schedule.

해석 | 안녕하세요, 제가 다음 면접의 일정표를 못 찾겠습니다. 그러니, 일정 관련해서 제 질문에 답해 주시면 감사하겠습니다.

Q7 of 11

▶ MP3 10-15

TOEIC Speaking　　　🔊 VOLUME

What are the exact location and the date of the interviews?

해석 | 면접의 정확한 장소와 날짜가 언제입니까?

A7

▶ MP3 10-16

The interviews will take place in Room 1102(one one o two) at the San Francisco office.
It will take place on Friday, June 14th.

해석 | 면접은 San Francisco 사무실의 1102호에서 진행될 것입니다.
6월 14일 금요일에 진행됩니다.

RESPOND TO QUESTIONS USING INFORMATION PROVIDED

Q8 of 11

MP3 10-17

TOEIC Speaking   ◀)) VOLUME

Henry Farrell is applying for the manager position, right?

해석 | Henry Farrell씨가 매니저 직급에 지원한 것이 맞죠?

A8

MP3 10-18

No, that is incorrect.
Henry Farrell has applied for the senior director position, not the manager position.
His interview will take place at 1:30 p.m.

해석 | 아니요, 그렇지 않습니다.
     Henry Farrell씨는 매니저 직급이 아니라, 차장 직급에 지원했습니다.
     그의 면접은 오후 1시 30분에 진행될 예정입니다.

Q9 of 11

MP3 10-19

TOEIC Speaking   ◀)) VOLUME

Could you give me all the details of interviews with anyone who is applying for the assistant manager position?

해석 | 대리 직급에 지원한 사람들에 대한 모든 면접 상세 정보를 알려주실 수 있나요?

A9

MP3 10-20

Sure thing.
There will be two interviews.
One is an interview with Natasha Hall at 11 a.m.
She is not available until July 2nd.
The other one is an interview with Jake Morrison at 1 p.m.
His interview will take place online.

해석 | 물론입니다.
     두 개의 면접이 있습니다.
     하나는 오전 11시에 있는 Natasha Hall씨와의 면접입니다.
     그녀는 7월 2일 전까지는 시간이 되지 않습니다.
     또 하나는 오후 1시에 있는 Jake Morrison씨와의 면접입니다.
     그의 면접은 온라인으로 진행될 예정입니다.

PART 5 해결책 제안하기

음성 스크립트가 제공되지 않으므로, 상대방의 문제점 또는 요청사항을 한 번에 파악할 수 있도록 키워드를 집중해서 들어야 한다.

Q10 of 11
공간 부족

▶ MP3 10-21

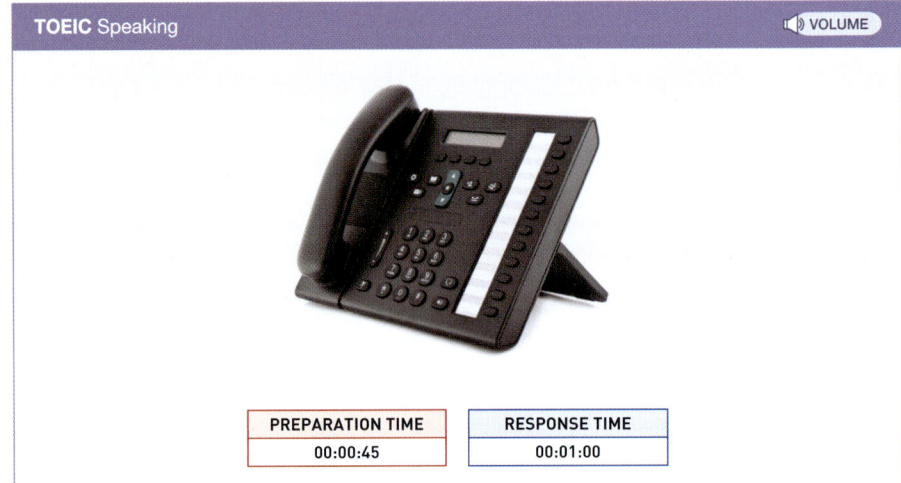

[Script] Hi there. This is Sally, the head of the Lemon Pictures. Since you are my assistant, I want you to help me with a problem we are having. As you know, we have opened up a photo-taking class for next month. We **already had fifty people sign up for the class, but ten more were added to the list.** It's a good thing that there are many people interested in the class, but there is a problem. The dark room we have to use for developing the photos **cannot hold that many people.** We have to hold the class there to show people how pictures are developed. Plus, we don't want any of the newly-registered people to cancel. Can you come up with an idea to allow us to **fit everyone in the class without changing the venue?** Once again, this is Sally.

해석ㅣ 안녕하세요. 저는 Lemon Pictures의 대표 Sally입니다. 당신이 내 조수이기 때문에 우리가 처한 문제에 대해 저를 도와줬으면 합니다. 당신도 아시다시피, 우리가 다음 달에 사진 촬영 수업을 개설해 놨습니다. 이미 수업에 50명이 등록을 했는데, 10명이 명단에 추가되었습니다. 많은 사람들이 수업에 관심을 갖는다는 것은 좋은 일이지만, 문제가 있습니다. 우리가 사진 인화를 위해 사용해야 하는 암실이 그 많은 인원을 수용하지 못한다는 것입니다. 사진이 어떻게 인상되는지 사람들에게 보여주기 위해 그곳에서 수업을 해야 합니다. 그리고, 새로 등록한 인원 중 한 사람이라도 수강 취소를 하지 않았으면 합니다. 장소를 변경하지 않고도 저희가 모든 사람들을 공간에 수용할 수 있는 아이디어를 내주실 수 있나요? 저는 Sally입니다.

PROPOSE A SOLUTION

A10

🔍 **인사말과 문제 인식**

Hi there, Sally. This is ___.

I got your message loud and clear.

I understand that we don't have enough space for the photo-taking class.

🔍 **대안 1**

Here are my suggestions.

First, I think we should divide the class in half.

We can have two classes, instead of one.

We can have one in the morning, and the other in the afternoon.

🔍 **대안 2**

Next, I think we should set up webcams.

That way, people can attend the class online as well.

🔍 **마무리 인사**

Anyway, these are my suggestions for now.

I'll call you back if I have more ideas.

Thanks.

해석 | 안녕하세요, Sally씨. 저는 _____ 입니다.
무슨 말씀이신지 잘 알겠습니다.
저희가 사진 촬영 수업을 위한 공간이 부족하다는 점 이해했습니다.

제 제안을 들어보세요.
우선, 수업을 반으로 나눠야 할 것 같습니다.
하나가 아니라 두 개의 수업을 진행하면 될 것 같아요.
한 번은 오전에, 그리고 다른 한 번은 오후에 하면 좋을 것 같습니다.

그리고, 웹캠을 설치해도 될 것 같습니다.
그렇게 하면, 사람들이 온라인으로도 수업에 참여할 수 있을 것 같아요.

아무튼, 저의 제안은 여기까지입니다.
더 생각나는 아이디어가 있으면 다시 연락드리겠습니다.
감사합니다.

PART 6 의견 제시하기

🔊 반드시 주제의 키워드들과 직접적으로 관련된 근거나 예시를 포함하여 대답한다.

Q11 of 11
회사(문제)

▶ MP3 10-23

TOEIC Speaking

Do you agree or disagree with the following statement?
It is better to handle disputes with coworkers by asking for manager's help.
Give specific reasons and examples to support your opinion.

PREPARATION TIME	RESPONSE TIME
00:00:30	00:01:00

해석 | 아래 서술에 대해 동의하시나요 동의하지 않으시나요?
매니저에게 도움을 요청해서 직장 동료와의 논쟁을 해결하는 것이 더 낫다.
의견을 뒷받침하기 위한 구체적인 이유와 예시를 제시해주세요.

Level 7 답변
A11

▶ MP3 10-24

🔍 **서론**

I strongly believe that it is better to handle disputes with coworkers by asking for manager's help.

🔍 **근거 1**

First, if you ask for manager's help, the manager will resolve disagreement.
If so, you can build better chemistry with your coworkers.
Better chemistry brings better teamwork.
Better teamwork makes work easier and less time-consuming.
That way, you can work more efficiently and productively.

🔍 **근거 2**

Plus, if you ask for manager's help, you can focus better on your work.
If so, you will be more motivated to work harder.
That way, you can get better results.

🔍 **결론**

Once again, I strongly agree with the statement.

EXPRESS AN OPINION

해석 | 저는 매니저에게 도움을 요청함으로써 직장 동료와의 논쟁을 해결하는 것이 더 낫다고 강력히 믿는 바입니다.

우선, 매니저에게 도움을 요청하면 매니저가 논쟁을 해결할 것입니다.
그러면, 동료와 더 나은 관계를 쌓는 데 도움이 됩니다.
서로 잘 통하는 것은 더 나은 팀워크를 만들어 줍니다.
더 나은 팀워크는 업무를 훨씬 쉽게 만들어주며 시간도 적게 걸리게 해줍니다.
그렇게 하면, 더 효율적이고 생산적으로 일할 수 있습니다.

그리고, 매니저에게 도움을 요청하면 업무에 더 잘 집중할 수 있습니다.
그러면, 더 열심히 일하는 데 더 동기부여가 될 것입니다.
그렇게 되면, 더 나은 결과물을 얻게 될 것입니다.

다시 말하자면, 저는 그 서술에 대해 강력히 동의하는 바입니다.

SELF CHECKLIST

☐ 자신감 있는 목소리와 자연스러운 억양으로 답변했는가
☐ 모든 파트에서 내용어에 강세를 잘 적용했는가
☐ 올바른 위치의 음절에 강세를 적용했는가
☐ 단어가 아닌 문장으로 답변했는가
☐ 한국어 자음에는 없는 영어 특수 자음(r/f/v/th)을 정확히 발음했는가
☐ 관사, 전치사 등의 오류 및 누락은 없었는가
☐ 시제나 일반화 복수 처리 오류는 없었는가
☐ 제한된 시간 내에 문제에서 요구한 부분을 모두 답변했는가
☐ PART 4, 5의 문제를 듣고 문제 유형과 소재를 파악했는가
☐ 익숙하지 않는 주제에도 학습한 템플릿을 응용해서 사용했는가

실전 훈련
TEST 11

PART 1 - 인사 소식 / 교육 안내

PART 2 - 길거리

PART 3 - 취미

PART 4 - 면접 일정표

PART 5 - 공간 부족

PART 6 - 회사(복지)

PART 1 지문 읽기

📢 강세와 발음에 주의하여 읽는다.

Q1 of 11
인사 소식

▶ MP3 11-01

TOEIC Speaking 　🔊 VOLUME

This is your local business news. Anthony Craddock will be inaugurated as the new vice president of Youngman Construction. He has a reputation for having extensive experiences in global marketing, financial management, and corporate development. Mr. Craddock said he is pleased and it is an honor to serve as the vice president of his company.

PREPARATION TIME	RESPONSE TIME
00:00:45	00:00:45

강세 요령

❶ **An**thony **Crad**dock,　　　　고유명사에 강세를 넣는다.
　Youngman Cons**tru**ction

❷ will be in**au**gurated　　　　　조동사 뒤 동사에 강세를 넣는다.

❸ **glo**bal, fi**nan**cial, **cor**porate　A, B and C 문장 구조에서 각각의 맨 앞 수식어에 강세를 넣는다.

A1

▶ MP3 11-02

→ 틀리기 쉬운 강세 어휘!

This is your (local) business news. ❶ Anthony Craddock ❷ will be inaugurated as the new vice president of ❶ Youngman Construction. He has a (reputation) for having extensive (experiences) in ❸ global marketing, ❸ financial management, and ❸ corporate development. Mr. Craddock said he is pleased and it is an honor to serve as the vice president of his company.

해석 | 지역 비즈니스 뉴스입니다. Anthony Craddock씨가 Youngman 건설의 새로운 부회장으로 취임될 예정입니다. 그는 글로벌 마케팅, 재무관리 그리고 기업 발전에 대한 풍부한 경험이 있는 것으로 명성이 높습니다. Craddock씨는 그가 회사의 부회장으로 기여할 수 있게 되어 기쁘고 영광이라고 합니다.

READ A TEXT ALOUD

Q2 of 11
교육 안내

▶ MP3 **11-03**

TOEIC Speaking 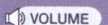 VOLUME

We will now conclude the orientation for new staff members. Please read and understand all the instructions in the handbook that includes the policies, payrolls, and upcoming projects of our company. In addition, please be sure that your identification number and password is reset before you get to work next week. Once again, we welcome you in joining one of the leading companies in Korea.

PREPARATION TIME	RESPONSE TIME
00:00:45	00:00:45

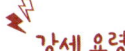 강세 요령

❶ will **now** con**clude** — 조동사 뒤 동사에 강세를 넣는다.

❷ **Please**, **all**, **Once** again — 강조어에 강세를 넣는다.

❸ **po**licies, **pay**roll, **up**coming — A, B and C 문장 구조에서 각각의 맨 앞 수식어에 강세를 넣는다.

A2

▶ MP3 **11-04**

We ❶ will now con<u>clude</u> the orientation for new staff members. ❷ <u>Please</u> read and under<u>stand</u> ❷ all the instructions in the handbook that in<u>cludes</u> the ❸ <u>policies</u>, ❸ payrolls, and ❸ up<u>coming</u> pro<u>jects</u> of our company. In ad<u>dition</u>, please be sure that your identifi<u>cation</u> number and password is <u>reset</u> before you get to work next week. ❷ <u>Once again</u>, we welcome you in joining one of the leading companies in Korea.

해석 | 이로써 신입 직원 오리엔테이션을 마치도록 하겠습니다. 우리 회사의 정책, 임금 그리고 다가오는 프로젝트가 포함된 안내서의 모든 사항을 읽고 숙지해주시기 바랍니다. 그리고, 여러분의 신원 확인 번호와 비밀번호가 다음 주 출근 전에 재설정 되도록 부탁드립니다. 다시 한번, 한국 일류 기업 중 한 곳에 입사하신 여러분을 환영합니다.

사진 묘사하기

🔊 사진을 보고 인물과 배경으로 나누어 순서에 맞게 묘사한다.

Q3 of 11

길거리

▶ MP3 **11-05**

묘사 순서와 템플릿
❶ 전체 묘사 ⋯ ❷ 인물 묘사 ⋯ ❸ 배경 묘사 ⋯ ❹ 분위기 묘사

❶ This picture seems to be taken on the ⬚장소⬚ .
  There are ⬚인원수⬚ in the picture.

❷ The man on the right is wearing a ⬚의상⬚ .
  He is very good-looking.
  He seems to be in his ⬚나이⬚ .
  He is riding a bike with the ⬚사람⬚ .
  The lady on the left is wearing a ⬚의상⬚ .
  She has long brown hair.
  She seems to be having fun.

❸ In the background, I can see some ⬚사물 + 상태⬚ .
  I can also see some ⬚사물 + 위치⬚ .

❹ Overall, it looks like a typical day on the ⬚장소⬚ .

DESCRIBE A PICTURE

A3

MP3 11-06

전체 묘사

This picture seems to be taken on the **street**.
There are **two people** in the picture.

인물 묘사

The **man on the right** is wearing a **helmet**.
He is very good-looking.
He seems to be in his **mid-thirties**.
He is riding a bike with the **lady**.
The **lady on the left** is wearing a **blue** shirt.
She has **long** brown hair.
She seems to be having fun.

배경 묘사

In the **background**, I can see some **cars** passing by.
I can also see some **buildings** and **trees** along the street.

분위기 묘사

Overall, it **looks** like a typical day on the **street**.

해석 | 이 사진은 길거리에서 찍힌 것처럼 보입니다.
사진에는 두 명의 사람이 있습니다.

오른쪽에 있는 남자는 헬멧을 착용하고 있습니다.
그는 외모가 준수합니다.
30대 중반 정도로 보입니다.
여자와 함께 자전거를 타고 있습니다.
왼쪽에 있는 여자는 파란색 셔츠를 입고 있습니다.
그녀는 긴 갈색 머리를 갖고 있습니다.
즐거운 시간을 보내고 있는 것 같습니다.

배경에는, 지나가는 차들이 보입니다.
그리고 길을 따라 건물들과 나무들도 보입니다.

전반적으로, 길거리에서의 보편적인 하루처럼 보입니다.

질문에 답하기

🔊 준비 시간에 먼저 주어진 주제를 보면서 브레인스토밍을 한다.

Q4-6 Narration
취미

▶ MP3 11-07

TOEIC Speaking 🔊 VOLUME

Imagine that a marketing company is doing a survey in your town. You are participating in an interview about your hobbies.

해석 | 마케팅 회사가 당신의 동네에서 설문조사를 한다고 가정해보세요. 당신은 취미에 대한 인터뷰에 참여하고 있습니다.

Q4 of 11

▶ MP3 11-08

TOEIC Speaking 🔊 VOLUME

Which hobby do you like most? How long have you enjoyed that hobby?

PREPARATION TIME	RESPONSE TIME
00:00:03	00:00:15

해석 | 어떤 취미를 가장 좋아하나요? 얼마나 오랫동안 그 취미를 즐겨왔나요?

A4

▶ MP3 11-09

I have various types of hobbies.
Among them, I like cooking the most.
I have enjoyed cooking for a few years.

해석 | 저는 다양한 종류의 취미를 갖고 있습니다.
그들 중에서도, 요리하는 것을 가장 좋아합니다.
저는 몇 년간 요리를 즐겨왔습니다.

Q5 of 11

▶ MP3 11-10

TOEIC Speaking 🔊 VOLUME

Do you spend less or more time on enjoying your favorite hobby compared to in the past? Why?

PREPARATION TIME	RESPONSE TIME
00:00:03	00:00:15

해석 | 과거에 비해 가장 좋아하는 취미 활동을 하는 데 더 적은 시간을 보내시나요 아니면 더 많은 시간을 보내시나요? 왜 그런가요?

RESPOND TO QUESTIONS

A5
▶ MP3 11-11

Well, I think it's fifty-fifty.
I sometimes spend less time on enjoying my favorite hobby, but I sometimes spend more time doing that.
It depends.

해석 | 글쎄요, 저는 반반인 것 같습니다.
때로는 가장 좋아하는 취미 활동을 하는 데 더 적은 시간을 보내지만, 때로는 그것을 하는 데 더 많은 시간을 보내기도 합니다.
그때그때 다릅니다.

Q6 of 11
▶ MP3 11-12

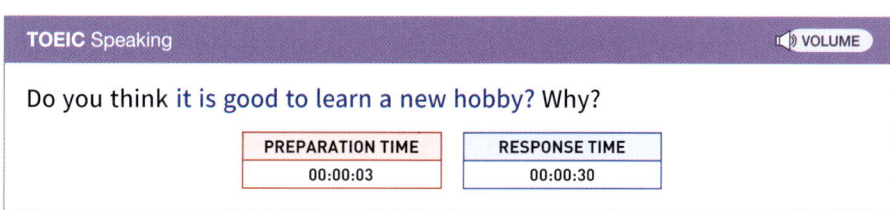

해석 | 새로운 취미를 배우는 것이 좋다고 생각하나요? 왜 그렇게 생각하나요?

A6
▶ MP3 11-13

I think it is good to learn a new hobby.
First, it will help me learn something new.
Also, it will help me be more creative.
Creativity is one of the most important factors in every field.
Once again, I think it is good to learn a new hobby.

해석 | 저는 새로운 취미를 배우는 것이 좋다고 생각합니다.
우선 그것은 제가 어떤 새로운 것을 알게 해줄 것입니다.
그리고 저를 더 창의적으로 만들어 줄 것입니다.
창의력은 모든 분야에 있어서 가장 중요한 요소 중 하나입니다.
다시 말하자면, 저는 새로운 취미를 배우는 것이 좋다고 생각합니다.

표 보고 질문에 답하기

📢 먼저 주어진 표를 보면서 필요한 정보를 미리 숙지해 둔다. 이때, 각 개별 질문은 음성으로만 제공되므로 유의한다.

Q7-9 of 11
면접 일정표

▶ MP3 **11-14**

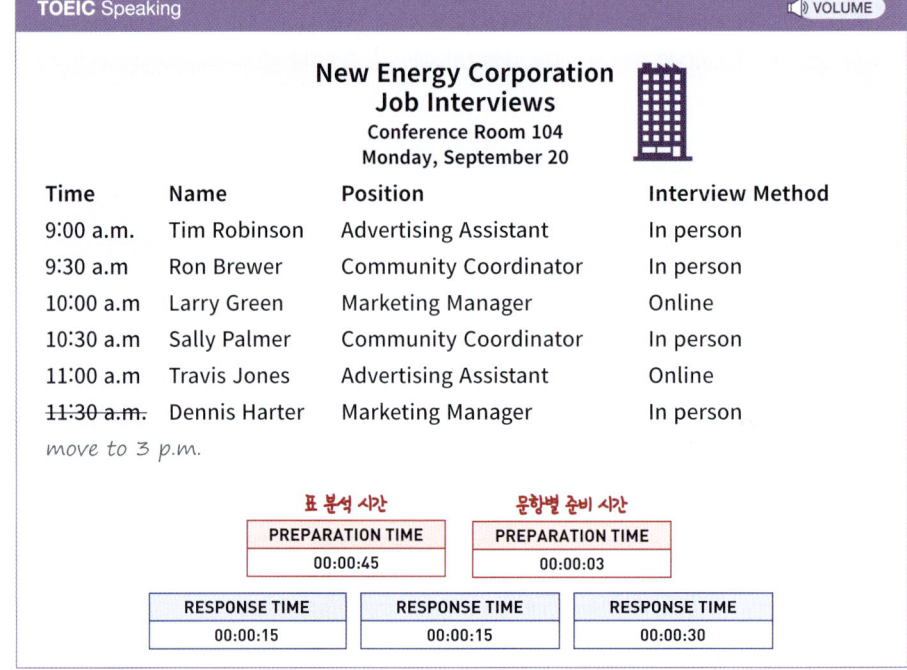

TOEIC Speaking

New Energy Corporation Job Interviews
Conference Room 104
Monday, September 20

Time	Name	Position	Interview Method
9:00 a.m.	Tim Robinson	Advertising Assistant	In person
9:30 a.m	Ron Brewer	Community Coordinator	In person
10:00 a.m	Larry Green	Marketing Manager	Online
10:30 a.m	Sally Palmer	Community Coordinator	In person
11:00 a.m	Travis Jones	Advertising Assistant	Online
~~11:30 a.m.~~	Dennis Harter	Marketing Manager	In person

move to 3 p.m.

표 분석 시간 — PREPARATION TIME 00:00:45
문항별 준비 시간 — PREPARATION TIME 00:00:03
RESPONSE TIME 00:00:15 | RESPONSE TIME 00:00:15 | RESPONSE TIME 00:00:30

[Script] Hi, I can't find the schedule for next job interviews. So, it would be great if you can answer some of the questions regarding the schedule.

해석 | 안녕하세요, 제가 다음 입사 면접 일정표를 못 찾겠습니다. 그러니 일정과 관련해서 몇 가지 제 질문에 답해주시면 감사하겠습니다.

Q7 of 11

▶ MP3 **11-15**

TOEIC Speaking

On what date will the **interviews take place** and when is **the first interview?**

해석 | 면접이 진행되는 날짜와 첫 면접이 언제입니까?

A7

▶ MP3 **11-16**

The interviews will take place on Monday, September 20th in Conference Room 104(one o four).
The first interview will start at 9 a.m.

해석 | 면접은 9월 20일 월요일에 회의실 104호에서 진행될 것입니다.
첫 번째 면접은 오전 9시에 시작합니다.

RESPOND TO QUESTIONS USING INFORMATION PROVIDED

Q8 of 11

TOEIC Speaking 🔊 VOLUME

I heard that the interviews will end before noon. Is that right?

해석 | 면접이 정오 이전에 끝난다고 들었습니다. 맞나요?

A8

No, that is incorrect.
The last interview has been rescheduled to 3 p.m.
So, the interviews will not end before noon.

해석 | 아니요, 그렇지 않습니다.
마지막 면접은 오후 3시로 일정이 변경되었습니다.
그래서, 면접은 정오 이전에 끝나지 않을 것입니다.

Q9 of 11

TOEIC Speaking 🔊 VOLUME

We sometimes need to interview people online instead of in person. Could you tell me all the details of the interviews that will be done online?

해석 | 우리는 종종 면대면 대신 온라인으로 면접을 봐야 할 때가 있습니다. 온라인으로 진행되는 면접의 모든 세부 사항들을 말해 줄 수 있나요?

A9

Sure thing.
There will be two interviews online.
One is an interview with Larry Green at 10 a.m.
He has applied for the marketing manager position.
The other one is an interview with Travis Jones at 11 a.m.
He has applied for the advertising assistant position.

해석 | 물론입니다.
두 개의 온라인 면접이 있습니다.
하나는 오전 10시에 있는 Larry Green씨와의 면접입니다.
그는 마케팅 매니저에 지원했습니다.
또 다른 하나는 오전 11시에 있는 Travis Jones씨와의 면접입니다.
그는 광고 보조직에 지원했습니다.

해결책 제안하기

음성 스크립트가 제공되지 않으므로, 상대방의 문제점 또는 요청사항을 한 번에 파악할 수 있도록 키워드를 집중해서 들어야 한다.

Q10 of 11

공간 부족

MP3 11-21

[Script] Hi, it's Matthew, the director of the Central Art Museum. Since you are my assistant, I need your help on a problem we are facing. As you know, we started a weekly exhibition series by prominent artists since last month. This event is absolutely free and open to the public. And it seems like our exhibition has been promoted through word-to-mouth and participation is getting much higher than we had expected. Unfortunately, **we sometimes don't have enough space for everyone to enjoy the exhibition.** Changing the venue is not a good idea since **we are already using the largest place in our Museum.** So, what else can we do to hold everyone who wants to participate? I hope you can come up with a good plan for managing the large crowds for rest of our exhibition series. Please call me back. Thanks.

해석 | 안녕하세요. Central 미술관의 관장 Matthew입니다. 당신이 내 조수이기 때문에, 우리가 처한 문제에 대해 도움을 줬으면 합니다. 아시다시피, 우리가 지난달부터 유명한 예술가들의 주간 전시회 시리즈를 열었습니다. 이 행사는 완전히 무료이고 모든 사람에게 개방되어 있습니다. 그리고 우리 전시회가 입소문이 나서 예상했던 것 보다 훨씬 참가율이 높아지고 있습니다. 안타깝게도, 종종 모든 인원이 전시회를 즐기기 위한 공간이 부족할 때가 있습니다. 이미 우리 박물관에서 가장 큰 장소를 사용하고 있기 때문에 장소를 변경하는 것은 좋은 방법이 아니라 생각합니다. 그래서 참여하고 싶은 모든 분들을 수용할 수 있도록 우리가 무엇을 할 수 있을까요? 남은 전시회 시리즈에 많은 인원을 수용할 수 있는 좋은 방안을 떠올려 주셨으면 합니다. 다시 전화 주시기 바랍니다. 감사합니다.

PROPOSE A SOLUTION

A10

▶ MP3 **11-22**

🔍 **인사말과 문제 인식**

Hi there, Matthew. This is ____.
I got your message loud and clear.
I understand that we don't have enough space for the weekly exhibition.

🔍 **대안 1**

Here are my suggestions.
First, I think we should divide the exhibition in half.
We can have two exhibitions, instead of one.
We can have one in the morning, and the other in the afternoon.

🔍 **대안 2**

Next, I think we should set up webcams.
That way, people can attend the exhibition online as well.

🔍 **마무리 인사**

Anyway, these are my suggestions for now.
I'll call you back if I have more ideas.
Thanks.

해석 | 안녕하세요, Matthew씨. ____ 입니다.
무슨 말씀이신지 잘 알겠습니다.
저희가 주간 전시회를 위한 공간이 부족하다는 점 이해했습니다.

제 제안을 들어보세요.
우선, 전시회를 반으로 나눠야 할 것 같습니다.
하나가 아니라 두 개의 전시회를 진행하면 될 것 같아요.
한 번은 오전에, 그리고 다른 한 번은 오후에 하면 좋을 것 같습니다.

그리고, 웹캠을 설치해도 될 것 같습니다.
그렇게 하면, 사람들이 온라인으로도 전시회에 참여할 수 있을 것 같아요.

아무튼, 저의 제안은 여기까지입니다.
더 생각나는 아이디어가 있으면 다시 연락드리겠습니다.
감사합니다.

의견 제시하기

🔊 반드시 주제의 키워드들과 직접적으로 관련된 근거나 예시를 포함하여 대답한다.

Q11 of 11
회사(복지)

▶ MP3 11-23

TOEIC Speaking　🔊 VOLUME

Do you think **companies need to pay for classes their employees take outside** for their self-development? Why or why not?
Give specific reasons or examples to support your opinion.

PREPARATION TIME	RESPONSE TIME
00:00:30	00:01:00

해석 | 직원들이 자기 개발을 위해 외부에서 수강하는 수업에 대해 회사가 지원해줘야 한다고 생각하나요? 왜 그렇게 생각하나요?
의견을 뒷받침하기 위한 구체적인 이유나 예시를 제시해주세요.

A11

▶ MP3 11-24

🔍 서론

I strongly believe that companies need to pay for classes their employees take outside.

🔍 근거 1

First, if companies pay for their classes, the employees will think they are getting better welfare.
If so, they will be more motivated to work harder.
That way, the company can get better results.
Good welfare is one of the most important factors at work.

🔍 근거 2

Next, if companies pay for their classes, the employees can use the skills at work.
That way, they can work more efficiently and productively.

🔍 결론

Once again, I strongly believe that companies need to pay for classes their employees take outside.

EXPRESS AN OPINION

해석 | 저는 직원들이 외부에서 수강하는 수업에 대해 회사가 지원해줘야 한다고 강력히 믿는 바입니다.

우선, 회사가 그들의 수강료를 지원해주면, 직원들은 더 나은 복지 혜택을 받는다고 생각할 것입니다.
그러면, 그들이 더 열심히 일하는 데 동기부여가 될 것입니다.
그렇게 되면, 회사가 더 나은 결과물을 얻게 될 것입니다.
회사생활에서 좋은 복지는 가장 중요한 요소 중 하나입니다.

그리고, 회사가 그들의 수강료를 지원해주면, 직원들이 그 기술을 업무에 사용할 것입니다.
그렇게 되면, 그들이 훨씬 더 효율적이고 생산적으로 일할 수 있습니다.

다시 말하자면, 저는 직원들이 외부에서 수강하는 수업에 대해 회사가 지원해줘야 한다고 강력히 믿는 바입니다.

SELF CHECKLIST

- [ ] 자신감 있는 목소리와 자연스러운 억양으로 답변했는가
- [ ] 모든 파트에서 내용어에 강세를 잘 적용했는가
- [ ] 올바른 위치의 음절에 강세를 적용했는가
- [ ] 단어가 아닌 문장으로 답변했는가
- [ ] 한국어 자음에는 없는 영어 특수 자음(r/f/v/th)을 정확히 발음했는가
- [ ] 관사, 전치사 등의 오류 및 누락은 없었는가
- [ ] 시제나 일반화 복수 처리 오류는 없었는가
- [ ] 제한된 시간 내에 문제에서 요구한 부분을 모두 답변했는가
- [ ] PART 4, 5의 문제를 듣고 문제 유형과 소재를 파악했는가
- [ ] 익숙하지 않은 주제에도 학습한 템플릿을 응용해서 사용했는가

실전 훈련
TEST 12

PART 1 - 광고 / 행사 안내

PART 2 - 시장

PART 3 - 독서

PART 4 - 면접 일정표

PART 5 - 시간 부족

PART 6 – 회사(복지)

지문 읽기

강세와 발음에 주의하여 읽는다.

Q1 of 11
광고

▶ MP3 12-01

TOEIC Speaking　　　　　　　　　　　　　🔊 VOLUME

Attention, shoppers. Come to the home appliances department to check out the latest models of our portable vacuums. You will be able to compare the performance, design, and quality of the new products. If you are considering buying vacuum cleaners, come and enjoy the demonstration on the 7th floor now.

PREPARATION TIME	RESPONSE TIME
00:00:45	00:00:45

강세 요령

❶ check **out**　　　　　　　　　　구동사는 뒷 단어에 강세를 넣는다.

❷ **la**test　　　　　　　　　　　　최상급에 강세를 넣는다.

❸ will be **a**ble　　　　　　　　　조동사 뒤 동사에 강세를 넣는다.

❹ per**for**mance, de**sign**, **qua**lity　A, B and C 문장 구조에서 각각의 맨 앞 수식어에 강세를 넣는다.

❺ **7**th　　　　　　　　　　　　　숫자에 강세를 넣는다.

A1

▶ MP3 12-02

→ 틀리기 쉬운 강세 어휘!

Attention, shoppers. Come to the home (appliances) department to ❶ <u>check out</u> the ❷ (latest) models of our (portable) (vacuums). You ❸ <u>will be able to</u> (compare) the ❹ per<u>for</u>mance, ❹ <u>design</u>, and ❹ <u>quality</u> of the new products. If you are considering buying (vacuum) cleaners, come and (enjoy) the (demonstration) on the ❺ 7th floor now.

해석 | 고객 여러분들께 안내 말씀드리겠습니다. 휴대용 청소기의 가장 최신형 모델을 보시려면 가전제품 코너로 오시기 바랍니다. 귀하께서는 신제품들의 성능, 디자인 그리고 품질을 비교해보실 수 있습니다. 진공청소기 구매를 생각하고 계시는 고객분들께서는 지금 7층에 시연 행사에 와주시기 바랍니다.

READ A TEXT ALOUD

Q2 of 11
행사 안내

▶ MP3 12-03

TOEIC Speaking 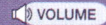 VOLUME

Good morning, patrons. Welcome to the thirteenth exhibition at the Eastside Art Center. We are currently holding an exhibit by famous European artists. Please be aware that food, drinks, and chewing gum are not allowed in the exhibition hall. The admission is free and open to all ages, but children are admitted only if accompanied by their parents or adults. I hope you enjoy the remarkable art collections at our gallery.

PREPARATION TIME	RESPONSE TIME
00:00:45	00:00:45

 강세 요령

❶ Good **mor**ning — 인사말에 강세를 넣는다.
❷ thir**teen**th — 숫자에 강세를 넣는다.
❸ **East**side Art Center — 고유명사에 강세를 넣는다.
❹ **please, all, only** — 강조어에 강세를 넣는다.
❺ **food, drinks, chewing** — A, B and C 문장 구조에서 각각의 맨 앞 수식어에 강세를 넣는다.
❻ **not** — 부정어에 강세를 넣는다.

A2

▶ MP3 12-04

❶ Good morning, patrons. Welcome to the ❷ thirteenth exhibition at the ❸ Eastside Art Center. We are currently holding an exhibit by famous European artists. ❹ Please be aware that ❺ food, ❺ drinks, and ❺ chewing gum are ❻ not allowed in the exhibition hall. The admission is free and open to ❹ all ages, but children are admitted ❹ only if accompanied by their parents or adults. I hope you enjoy the remarkable art collections at our gallery.

해석 | 고객 여러분들, 좋은 아침입니다. Eastside 미술관의 13번째 전시회에 오신 것을 환영합니다. 현재 저희는 유명한 유럽 작가들의 전시를 진행 중입니다. 전시회장 안에 음식, 음료수 그리고 껌은 반입이 안 된다는 점 유의해주시기 바랍니다. 입장료는 무료이며 전 연령층이 관람 가능하나, 어린이들은 부모님이나 성인과 동반할 경우에만 입장이 가능합니다. 저희 갤러리의 멋진 작품들을 즐기시기 바랍니다.

사진 묘사하기

🔊 사진을 보고 인물과 배경으로 나누어 순서에 맞게 묘사한다.

Q3 of 11

시장

▶ MP3 **12-05**

묘사 순서와 템플릿
❶ 전체 묘사 ⋯▶ ❷ 인물 묘사 ⋯▶ ❸ 배경 묘사 ⋯▶ ❹ 분위기 묘사

❶ This picture seems to be taken at a   장소 .
  There are   인원수   in the picture.
  It is very crowded.

❷ The lady on the right is wearing a   의상 .
  She is very good-looking.
  She seems to be in her   나이 .
  She is standing in front of the   사람 .
  She is paying for something.
  The man on the left is wearing a   의상 .
  He is looking at something in his hands.

❸ In the background, I can see some   사람 .
  I can also see some   사물 .

❹ Overall, it looks like a typical day at a   장소 .

DESCRIBE A PICTURE

A3

> MP3 12-06

전체 묘사

This picture seems to be taken at a marketplace.

There are many people in the picture.

It is very crowded.

인물 묘사

The lady on the right is wearing a navy shirt.

She is very good-looking.

She seems to be in her mid-thirties.

She is standing in front of the man.

She is paying for something.

The man on the left is wearing a blue shirt.

He is looking at something in his hands.

배경 묘사

In the background, I can see some street vendors.

I can also see some tents and tall trees.

분위기 묘사

Overall, it looks like a typical day at a marketplace.

해석 | 이 사진은 시장에서 찍힌 것처럼 보입니다.
사진에는 많은 사람들이 있습니다.
사람들로 매우 붐빕니다.

오른쪽에 있는 여자는 남색 셔츠를 입고 있습니다.
그녀는 외모가 준수합니다.
30대 중반 정도로 보입니다.
남자 앞에 서 있습니다.
무언가를 계산을 하고 있습니다.
왼쪽에 있는 남자는 파란색 셔츠를 입고 있습니다
그는 그의 손에 있는 무언가를 바라보고 있습니다.

배경에는, 노점상들이 보입니다.
그리고 천막과 큰 나무들도 보입니다.

전반적으로, 시장에서의 보편적인 하루처럼 보입니다.

질문에 답하기

🔊 준비 시간에 먼저 주어진 주제를 보면서 브레인스토밍을 한다.

Q4-6 Narration
독서
▶ MP3 12-07

TOEIC Speaking 🔊 VOLUME

Imagine you are talking with your friend about reading books.

해석 | 책 읽기에 대해 당신의 친구와 이야기를 나누고 있다고 가정해보세요.

Q4 of 11
▶ MP3 12-08

TOEIC Speaking 🔊 VOLUME

How often do you read books in your free time? And what kind of books do you normally read?

PREPARATION TIME	RESPONSE TIME
00:00:03	00:00:15

해석 | 당신은 자유시간에 책을 얼마나 자주 읽으시나요? 그리고 어떤 종류의 책을 주로 읽나요?

A4
▶ MP3 12-09

I read books at least once or twice a month on average.
I like to read various types of books.
Among them, I like novels the most.

해석 | 저는 최소한 평균적으로 한 달에 한두 번 정도 책을 읽습니다.
저는 다양한 종류의 책을 읽는 것을 좋아합니다.
그들 중에서도, 소설을 가장 좋아합니다.

Q5 of 11
▶ MP3 12-10

TOEIC Speaking 🔊 VOLUME

What was the best book you read in your childhood? Why did you like it?

PREPARATION TIME	RESPONSE TIME
00:00:03	00:00:15

해석 | 어렸을 때 읽은 최고의 책은 무엇인가요? 왜 그 책을 좋아했나요?

RESPOND TO QUESTIONS

A5

▶ MP3 12-11

The best book I read in my childhood was a best-seller novel.
I really liked the storyline and the twist at the end.
I had a great time reading it.

해석 | 어렸을 때 읽었던 최고의 책은 베스트셀러 소설이었습니다.
저는 줄거리와 끝에 반전이 정말 좋았습니다.
그 책을 읽으며 즐거운 시간을 보냈습니다.

Q6
of 11

▶ MP3 12-12

TOEIC Speaking ◀》 VOLUME

Would you participate in a book club if there's one at your school or workplace? Why?

PREPARATION TIME	RESPONSE TIME
00:00:03	00:00:30

해석 | 학교나 직장에서 독서회가 있다면 참여를 할 건가요? 왜 그런가요?

A6

▶ MP3 12-13

I would participate in a book club if there's one at my school.
That's because I can get different views by talking to people.
First, I can learn more about books.
Also, it will help me be more creative.
I think creativity is one of the most important factors in every field.
Once again, I would participate in a book club.

해석 | 저는 학교에 독서회가 있다면 참여할 것입니다.
왜냐하면 사람들과 이야기하며 여러 다른 관점들을 접할 수 있기 때문이죠.
우선, 책에 대해 더 많은 것을 배울 수 있습니다.
그리고, 저를 더 창의적인 사람으로 만들어 줄 것입니다.
창의력은 모든 분야에서 가장 중요한 요소 중 하나라고 생각합니다.
다시 말하자면, 저는 독서회에 참여할 것입니다.

표 보고 질문에 답하기

📢 먼저 주어진 표를 보면서 필요한 정보를 미리 숙지해 둔다. 이때, 각 개별 질문은 음성으로만 제공되므로 유의한다.

Q7-9 of 11
면접 일정표

▶ MP3 12-14

TOEIC Speaking 🔊 VOLUME

Mayfield Construction Company
Interview Schedule
Tuesday, August 3(Room 504)

Time	Name	Years of Experience	Current Employer
1:00 p.m.	Richard Perez	3	West-bridge Plumbing
1:30 p.m.	Gaya Welder	7	Adam's Construction
2:00 p.m.	Jane Green	2	United Contractors
2:30 p.m.	Pete Goldstein	6	Ray Incorporated
3:00 p.m.	Maria Giordano	3	General Woodworks
3:30 p.m.	Dean Oliver	3	Jackson's Housebuilders

표 분석 시간
| PREPARATION TIME |
| 00:00:45 |

문항별 준비 시간
| PREPARATION TIME |
| 00:00:03 |

| RESPONSE TIME | RESPONSE TIME | RESPONSE TIME |
| 00:00:15 | 00:00:15 | 00:00:30 |

[Script] Hi, I can't find the schedule for next Tuesday's interviews. So, it would be great if you can answer some of the questions regarding the schedule.

해석 ㅣ 안녕하세요, 제가 다음 주 화요일 인터뷰의 일정표를 못 찾겠습니다. 그러니 일정 관련해서 몇 가지 제 질문에 답해주시면 감사하겠습니다.

Q7 of 11
▶ MP3 12-15

TOEIC Speaking 🔊 VOLUME

Who is the **first applicant** I'm interviewing, and where does the person **currently work?**

해석 ㅣ 제가 면접할 첫 지원자는 누구이고 그 사람은 현재 어디에서 근무하고 있나요?

A7
▶ MP3 12-16

The **first applicant is Richard Perez at** 1 p.m.

He currently works at **West-bridge Plumbing.**

He has **3 years of experience.**

해석 ㅣ 첫 번째 지원자는 오후 1시에 Richard Perez씨입니다.
그는 현재 West-bridge 배관회사에서 근무하고 있습니다.
3년의 근무 경력을 갖고 있습니다.

RESPOND TO QUESTIONS USING INFORMATION PROVIDED

Q8

TOEIC Speaking

I might have to go out for a client meeting after I'm done with the interviews. My last interview is at 3 p.m., right?

해석 | 면접이 끝나면 제가 고객 미팅 때문에 나가봐야 할 듯합니다. 제 마지막 면접이 오후 3시가 맞나요?

A8

No, that is incorrect.
Your last interview is at 3:30 p.m., not 3 p.m.
It is with Dean Oliver.

해석 | 아니요, 그렇지 않습니다.
당신의 마지막 면접은 오후 3시가 아니라 3시 30분입니다.
Dean Oliver씨와의 면접입니다.

Q9

TOEIC Speaking

Right now, we need someone who has extensive experience. So, can you tell me all the details about any interviews with applicants who have more than at least 4 years of experience?

해석 | 지금 당장, 우리는 경력이 많은 사람이 필요합니다. 그러니, 최소 4년 이상의 경력을 가진 지원자들에 대한 면접에 관해 상세하게 말해줄 수 있나요?

A9

Sure thing.
There will be two interviews.
One is an interview with Gaya Welder at 1:30 p.m.
She currently works at Adam's Construction.
She has 7 years of experience.
The other is an interview with Pete Goldstein at 2:30 p.m.
He currently works at Ray Incorporated.
He has 6 years of experience.

해석 | 물론입니다.
두 개의 면접이 있습니다.
하나는 오후 1시 30분에 있는 Gaya Welder씨와의 면접입니다.
그녀는 현재 Adam's 건설사에서 근무 중입니다.
7년의 경력을 갖고 있습니다.
다른 하나는 오후 2시 30분에 있는 Pete Goldstein씨와의 면접입니다.
그는 현재 Ray 주식회사에서 근무 중입니다.
6년의 경력을 갖고 있습니다.

해결책 제안하기

🔊 음성 스크립트가 제공되지 않으므로, 상대방의 문제점 또는 요청사항을 한 번에 파악할 수 있도록 키워드를 집중해서 들어야 한다.

Q10 of 11
시간 부족

▶ MP3 12-21

[Script] Hello, this is Sharron, the General Manager at the Planning Department. I need your help with solving a problem regarding our department meeting. The weekly staff meeting gives all our employees a chance to get to know about new projects and plans. They also get a chance to ask questions about the updated information. But the thing is, **we normally run out of time before everyone can ask a question.** They ask a lot of questions, but we cannot afford to extend the meeting time since it is already quite long. So, we need to figure out a good way to make sure that **all people get a chance to have their questions answered within our meeting time.** Please call me back with your ideas.

해석 | 안녕하세요. 기획부서의 실장 Sharron입니다. 우리 부서 회의와 관련된 문제 해결에 대해 당신의 도움이 필요합니다. 매주 진행되는 직원회의는 모든 직원들이 새로운 프로젝트와 계획에 대해 알게 해주는 기회를 줍니다. 업데이트된 정보들에 대해 질문을 할 수 있는 기회이기도 합니다. 그런데 문제는 주로 모든 사람들이 질문을 하기 전에 시간이 끝난다는 것입니다. 그들이 질문을 많이 하긴 하지만, 이미 회의 시간이 꽤 길기 때문에 시간을 연장하기는 어렵습니다. 그래서, 모든 사람들이 회의 시간 내에 물어본 질문에 답변을 얻을 수 있는 좋은 방안을 모색해봐야 할 것 같습니다. 아이디어를 내서 다시 전화 주시기 바랍니다.

PROPOSE A SOLUTION

Level 7 답변
A10
▶ MP3 12-22

인사말과 문제 인식

Hi there, Sharron. This is ____.

I got your message loud and clear.

I understand that we don't have enough time for the Q&A session.

대안 1

Here are my suggestions.

First, I think we should limit the time of each question.

That way, we will have enough time for answering all the questions.

대안 2

Next, I think we should answer two questions at once.

We can answer two questions from different people at the same time.

If so, we will have enough time for answering all the questions.

마무리 인사

Anyway, these are my suggestions for now.

I'll call you back if I have more ideas.

Thanks.

해석 | 안녕하세요, Sharron. ____입니다.
무슨 말씀이신지 잘 알겠습니다.
저희가 질의 응답할 시간이 부족하다는 점 이해했습니다.

제 제안을 들어보세요.
우선, 각각의 질문 시간을 제한해야 될 것 같습니다.
그렇게 하면, 모든 질문에 답을 하는 데 충분한 시간이 될 것 같습니다.

그리고, 한 번에 두 개의 질문을 처리해야 할 것 같습니다.
각기 다른 사람들의 두 질문에 동시에 답하면 될 것 같아요.
그러면, 모든 질문에 답을 하는 데 충분한 시간이 될 것 같습니다.

아무튼, 저의 제안은 여기까지입니다.
더 생각나는 아이디어가 있으면 다시 연락드릴게요.
감사합니다.

PART 6 의견 제시하기

◁< 반드시 주제의 키워드들과 직접적으로 관련된 근거나 예시를 포함하여 대답한다.

Q11 of 11
회사(복지)

▶ MP3 12-23

TOEIC Speaking

Is it **better** to **work** at an **old company** than a **new company**?
Give specific reasons and examples to support your opinion.

PREPARATION TIME	RESPONSE TIME
00:00:30	00:01:00

해석 | 새로운 회사보다 오래된 회사에서 일하는 게 더 나은가요?
의견을 뒷받침하기 위한 구체적인 이유와 예시를 제시해주세요.

A11

▶ MP3 12-24

🔍 서론

I **strongly believe that** it is **better** to **work** at an **old company** than a **new company**.

🔍 근거 1

First, if you **work** at an **old company**, you can get **better welfare**.
If so, you will be **more motivated** to **work harder**.
That way, the company can get **better results**.
Good welfare is one of the **most important factors** at work.

🔍 근거 2

Next, if you **work** at an **old company**, you will **feel more secure** because it is **stable**.
You are more likely to **work longer** at the company.

🔍 결론

Once again, I **strongly believe** that it is **better** to **work** at an **old company**.

EXPRESS AN OPINION

해석 | 저는 새로운 회사보다 오래된 회사에서 일하는 게 더 낫다고 강력히 믿는 바입니다.

우선, 오래된 회사에서 근무하면, 더 나은 복지 혜택을 받을 수 있습니다.
그러면, 당신이 더욱 열심히 일하는 데 동기부여가 될 것입니다.
그렇게 되면, 회사가 더 나은 결과물을 얻게 될 것입니다.
회사생활에서 좋은 복지는 가장 중요한 요소 중 하나입니다.

그리고, 오래된 회사에서 근무하면, 회사가 안정적이기 때문에 더욱 안심이 될 것입니다.
당신이 그 회사에서 오래 근무할 가능성이 높아지겠죠.

다시 말하자면, 저는 오래된 회사에서 일하는 게 더 낫다고 강력히 믿는 바입니다.

SELF CHECKLIST

- [ ] 자신감 있는 목소리와 자연스러운 억양으로 답변했는가
- [ ] 모든 파트에서 내용어에 강세를 잘 적용했는가
- [ ] 올바른 위치의 음절에 강세를 적용했는가
- [ ] 단어가 아닌 문장으로 답변했는가
- [ ] 한국어 자음에는 없는 영어 특수 자음(r/f/v/th)을 정확히 발음했는가
- [ ] 관사, 전치사 등의 오류 및 누락은 없었는가
- [ ] 시제나 일반화 복수 처리 오류는 없었는가
- [ ] 제한된 시간 내에 문제에서 요구한 부분을 모두 답변했는가
- [ ] PART 4, 5의 문제를 듣고 문제 유형과 소재를 파악했는가
- [ ] 익숙하지 않는 주제에도 학습한 템플릿을 응용해서 사용했는가

실전 훈련
TEST 13

PART 1 - TV 프로그램 / 공연 안내

PART 2 - 공항

PART 3 - 자판기

PART 4 - 이력서

PART 5 - 다중택일

PART 6 - 기타(거주지)

지문 읽기

🔊 강세와 발음에 주의하여 읽는다.

Q1 of 11
TV 프로그램

▶ MP3 13-01

TOEIC Speaking　　　🔊 VOLUME

Thank you for watching today's episode of *Traveling to the Pacific Ocean*. On today's program, we will have a little contest for traveling the Saint Patrick's island. Only three lucky viewers will get a chance to win free airline tickets, accommodation, and restaurant gift certificates.

PREPARATION TIME	RESPONSE TIME
00:00:45	00:00:45

강세 요령

❶ **Thank** you　　　　　　　　　　　인사말에 강세를 넣는다.

❷ Pa**ci**fic Ocean,　　　　　　　　　고유명사에 강세를 넣는다.
　　Saint Patrick's island

❸ will **have**, will **get**　　　　　　　조동사 뒤 동사에 강세를 넣는다.

❹ **three**　　　　　　　　　　　　　숫자에 강세를 넣는다.

❺ **air**line, accommo**da**tion, **res**taurant　A, B and C 문장구조에서 각각의 맨 앞 수식어에 강세를 넣는다.

A1

▶ MP3 13-02

❶ <u>Thank</u> you for watching today's (episode) of *Traveling to the* ❷ *Pacific Ocean*. On today's (program), we ❸ will <u>have</u> a little contest for <u>traveling</u> the ❷ <u>Saint</u> Patrick's island. Only ❹ <u>three</u> lucky viewers ❸ will <u>get</u> a chance to <u>win</u> free ❹ <u>air</u>line tickets, ❹ (accommo<u>da</u>tion), and ❹ (<u>res</u>taurant) gift (certificates).

↑ 틀리기 쉬운 강세 어휘!

해석 | <태평양으로의 여행>의 오늘의 회차를 시청해 주셔서 감사합니다. 오늘 프로그램에서는 Saint Patrick's 섬 여행권으로 작은 대회를 진행할 예정입니다. 오직 세 명의 행운의 시청자들만 항공권, 숙박권 그리고 외식 상품권을 얻을 수 있는 기회를 갖게 될 것입니다.

READ A TEXT ALOUD

Q2 of 11

공연 안내

▶ MP3 13-03

TOEIC Speaking 🔊 VOLUME

Good evening, everyone. Thank you for coming to our concert at Chelsey Stadium, the best venue for concerts and performances in town. Tonight, you will have a chance to listen to jazz, pop and classical music. After the performances, we will give out handbooks informing about upcoming events.

PREPARATION TIME	RESPONSE TIME
00:00:45	00:00:45

강세 요령

❶ Good **e**vening, **Thank** you — 인사말에 강세를 넣는다.

❷ **Che**lsey **Sta**dium — 고유명사에 강세를 넣는다.

❸ **best** — 최상급에 강세를 넣는다.

❹ will **have**, will give **out** — 조동사 뒤 동사에 강세를 넣는다.

❺ **jazz**, **pop**, **cla**ssical — A, B and C 문장 구조에서 각각의 맨 앞 수식어에 강세를 넣는다.

❻ give **out** — 구동사 뒷 단어에 강세를 넣는다.

A2

▶ MP3 13-04

❶ Good evening, everyone. ❶ Thank you for coming to our concert at ❷ Chelsey Stadium, the ❸ best venue for concerts and performances in town. Tonight, you ❹ will have a chance to listen to ❺ jazz, ❺ pop and ❺ classical music. After the performances, we ❹ will ❻ give out handbooks informing about upcoming events.

해석 | 안녕하세요, 여러분. 이 동네의 콘서트와 공연에 최적화된 장소인 Chelsey 경기장에서 열리는 저희 콘서트에 와 주셔서 감사합니다. 오늘 밤, 여러분들은 재즈, 팝 그리고 클래식 음악을 들어볼 기회를 갖게 될 것입니다. 공연이 끝나면, 앞으로 있을 행사에 대한 안내 책자를 나누어 드릴 예정입니다.

PART 2 사진 묘사하기

🔊 사진을 보고 인물과 배경으로 나누어 순서에 맞게 묘사한다.

Q3 of 11

공항

▶ MP3 13-05

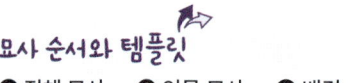

묘사 순서와 템플릿
❶ 전체 묘사 … ❷ 인물 묘사 … ❸ 배경 묘사 … ❹ 분위기 묘사

❶ This picture seems to be taken at an 장소 .
  There are 인원수 in the picture.
  It is very crowded.

❷ The man in the middle is wearing a 의상 .
  He is very good-looking.
  He seems to be in his 나이 .
  He has a backpack on his back.
  He is standing in front of the 사물 .
  The man on the right is standing in line.
  He is holding a 사물 in his hand.

❸ In the background, I can see some 사물 + 상태 + 위치 .
  I can also see some 사람 + 행동 + 위치 .

❹ Overall, it looks like a typical day at an 장소 .

DESCRIBE A PICTURE

A3

▶ MP3 13-06

🔍 **전체 묘사**

This picture seems to be taken at an airport.

There are many people in the picture.

It is very crowded.

🔍 **인물 묘사**

The man in the middle is wearing a brown shirt.

He is very good-looking.

He seems to be in his mid-thirties.

He has a backpack on his back.

He is standing in front of the counter.

The man on the right is standing in line.

He is holding a suitcase in his hand.

🔍 **배경 묘사**

In the background, I can see some screens hanging on the ceiling.

I can also see some people checking their bags at the counter.

🔍 **분위기 묘사**

Overall, it looks like a typical day at an airport.

해석 | 이 사진은 공항에서 찍힌 것처럼 보입니다.
사진에는 많은 사람들이 있습니다.
사람들로 매우 붐빕니다.

중간에 있는 남자는 갈색 셔츠를 입고 있습니다.
그는 외모가 준수합니다.
30대 중반 정도로 보입니다.
가방을 등에 메고 있습니다.
카운터 앞에 서 있습니다.
오른쪽에 있는 남자는 줄을 서 있습니다.
그는 손에 여행 가방을 들고 있습니다.

배경에는, 화면이 천장에 매달려 있는 스크린 화면들이 보입니다.
그리고 카운터에서 짐을 부치는 몇몇 사람들도 보입니다.

전반적으로, 공항에서의 보편적인 하루처럼 보입니다.

질문에 답하기

🔊 준비 시간에 먼저 주어진 주제를 보면서 브레인스토밍을 한다.

Q4-6
Narration
자판기

▶ MP3 13-07

TOEIC Speaking　　🔊 VOLUME

Imagine you are talking with your friend about vending machines.

해석 | 자판기에 대해 당신의 친구와 이야기를 나누고 있다고 가정해보세요.

Q4 of 11

▶ MP3 13-08

TOEIC Speaking　　🔊 VOLUME

When was the last time you bought something from a vending machine? What kinds of items did you get from it?

PREPARATION TIME	RESPONSE TIME
00:00:03	00:00:15

해석 | 당신이 자판기에서 최근에 무언가를 구매했던 게 언제인가요? 어떤 종류의 제품을 샀나요?

A4

▶ MP3 13-09

The last time I bought something from a vending machine was a few weeks ago.
I bought a drink because I was thirsty.

해석 | 최근에 자판기에서 무언가를 구매한 것은 몇 주 전쯤입니다.
목이 말라서 음료수를 샀었습니다.

Q5 of 11

▶ MP3 13-10

TOEIC Speaking　　🔊 VOLUME

Would it be better if there are more vending machines near your school or workplace? Why or why not?

PREPARATION TIME	RESPONSE TIME
00:00:03	00:00:15

해석 | 당신의 학교나 직장 근처에 더 많은 자판기가 있으면 좋을 것 같나요? 왜 그렇게 생각하나요?

RESPOND TO QUESTIONS

A5
◉ MP3 13-11

> I think it would be better if there are more vending machines near my workplace.
> That's because they are very convenient.
> I can buy things when I'm on the move.

해석 | 우리 회사 근처에 더 많은 자판기가 있으면 좋을 것 같습니다.
왜냐하면 자판기는 편리하기 때문이죠.
이동 중에 물건을 구매할 수 있습니다.

Q6
of 11
◉ MP3 13-12

TOEIC Speaking   ◀)) VOLUME

Which of the following places would most likely need vending machines? Why would they need them?
* shopping center   * hospital   * subway station

PREPARATION TIME	RESPONSE TIME
00:00:03	00:00:30

해석 | 아래 장소들 중 자판기가 가장 필요한 곳은 어디일까요? 왜 그것들이 필요한가요?
*쇼핑센터   * 병원   * 지하철역

A6
◉ MP3 13-13

> I think subway stations would most likely need vending machines.
> That's because there are not many stores at subway stations.
> It would feel like a hassle to go to stores to buy drinks or snacks.
> But you can easily get them from the vending machines.
> Once again, subway stations would most likely need vending machines.

해석 | 저는 지하철역이 가장 자판기가 필요한 곳이라 생각합니다.
왜냐하면 지하철역에는 가게들이 많지 않기 때문이죠.
음료나 간식거리를 사러 가게에 가는 것은 귀찮게 느껴질 수도 있습니다.
그런데 자판기에서 그것들을 쉽게 구매할 수 있죠.
다시 말하자면, 저는 지하철역이 가장 자판기가 필요한 곳이라 생각합니다.

표 보고 질문에 답하기

🔊 먼저 주어진 표를 보면서 필요한 정보를 미리 숙지해 둔다. 이때, 각 개별 질문은 음성으로만 제공되므로 유의한다.

Q7-9 of 11
이력서

▶ MP3 13-14

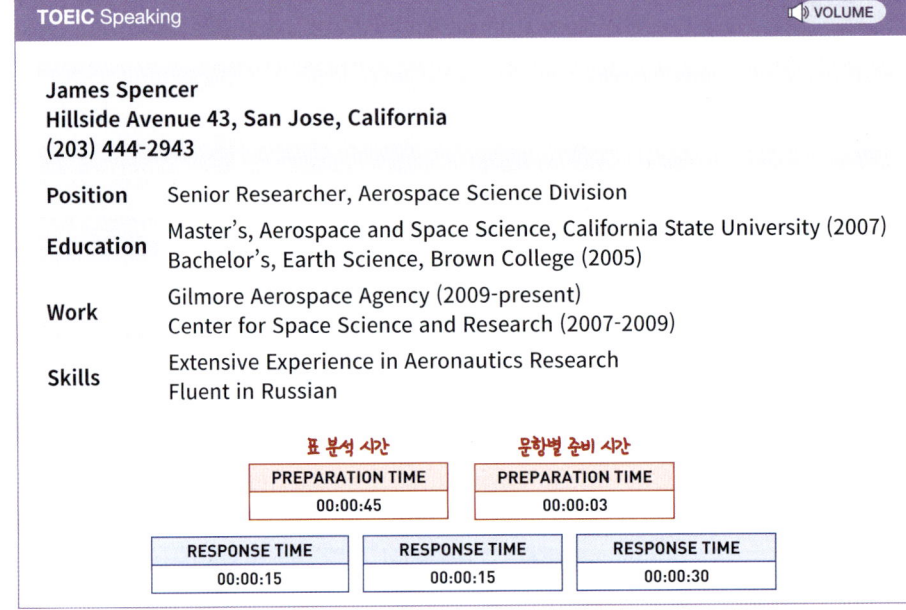

[Script] Hi, I have an interview with James Spencer, but I can't find his résumé. So, it would be great if you can answer some of my questions about Mr. Spencer.

해석 | 안녕하세요, 제가 James Spencer씨의 면접을 봐야 하는데 그의 이력서를 못 찾겠습니다. 그러니 Spencer 씨에 대한 몇 가지 질문에 대답해주시면 감사하겠습니다.

Q7 of 11

▶ MP3 13-15

TOEIC Speaking

Can you tell me which companies Mr. Spencer has worked for?

해석 | Spencer씨가 어느 회사에서 근무했었는지 말해줄 수 있나요?

A7

▶ MP3 13-16

Mr. Spencer worked at the Center for Space Science and Research from 2007 to 2009.
Next, he has worked at the Gilmore Aerospace Agency since 2009.
He still works there.

해석 | Spencer씨는 우주과학 연구센터에서 2007년부터 2009년까지 근무하였습니다.
그리고 그는 Gilmore 항공우주 에이전시에서 2009년부터 근무해왔습니다.
아직 그곳에서 근무 중입니다.

RESPOND TO QUESTIONS USING INFORMATION PROVIDED

Q8 of 11

MP3 13-17

TOEIC Speaking

Can you give some details of his educational background?

해석 | 그의 학력 사항에 대한 세부 정보를 알려주실 수 있나요?

A8

MP3 13-18

Sure thing.
He got his Bachelor's in Earth Science at Brown College in 2005.
Plus, he got his Master's in Aerospace and Space Science at California State University in 2007.

해석 | 물론입니다.
　　　그는 2005년에 Brown 대학에서 지구 과학 학사 학위를 받았습니다.
　　　그리고, 2007년 California 주립 대학에서 항공학과 우주과학 석사 학위를 받았습니다.

Q9 of 11

MP3 13-19

TOEIC Speaking

We are planning on doing a joint project with our partners in Russia. Would you say that Mr. Spencer is a qualified person to participate in such future projects?

해석 | 우리는 러시아의 파트너사와 함께 공동 프로젝트를 진행할 계획입니다. Spencer씨가 이러한 앞으로의 프로젝트에 참여하기 적합한 사람이라고 말할 수 있나요?

A9

MP3 13-20

Yes, his résumé says that he has extensive experience in aeronautics research.
Plus, his résumé says that he is fluent in Russian.
I think he will be very useful.

해석 | 네, 그의 이력서에 그가 항공학 연구에 대해 풍부한 경험이 있다고 기재되어 있습니다.
　　　그리고, 러시아어에도 능통하다고 합니다.
　　　제 생각에 그는 매우 도움이 될 만한 사람인 것 같습니다.

해결책 제안하기

음성 스크립트가 제공되지 않으므로, 상대방의 문제점 또는 요청사항을 한 번에 파악할 수 있도록 키워드를 집중해서 들어야 한다.

Q10 of 11

다중택일

MP3 13-21

[Script] Before we end the marketing managers' meeting, I have one last issue to discuss. As you all know, we are planning to expand the selection here at our clothing store. We want to include party dresses. However, we don't have a lot of extra space here at our store. So, we need to make sure the party dresses we choose are popular and will sell well. When you go back to your seats, I'd like for each of you, the marketing managers, to **come up with a plan to determine which party dresses will be the most popular.** I'd like everyone to call me later with ideas that will help us find out which party dresses will sell the best.

해석 | 마케팅 관리자 회의를 마치기 전에, 마지막으로 한 가지 논의할 사안이 있습니다. 여러분 모두 아시다시피, 우리 옷가게에 판매 품목을 늘릴 계획입니다. 파티 드레스를 포함시키고 싶습니다. 그러나, 우리 매장에 충분한 여분의 공간이 많지 않습니다. 그래서, 우리가 고른 파티용 드레스가 인기를 얻고 잘 팔리도록 해야 합니다. 자리로 돌아가서, 마케팅 관리자 여러분들 모두가 어떤 파티용 드레스가 가장 인기가 많을지 결정할 수 있는 방안을 떠올려 주시기 바랍니다. 어떤 파티 드레스가 가장 잘 팔릴지 알아내는 데 도움이 될 수 있는 방안과 함께 모두들 다시 저에게 전화 주셨으면 합니다.

PROPOSE A SOLUTION

A10
▶ MP3 13-22

인사말과 문제 인식

Hi there. This is ____.

I got your message loud and clear.

I understand that we need to find a way to select the **best** party dresses.

대안 1

Here are my suggestions.

First, I think we should do a survey of our **customers**.

We should offer them small gifts.

That way, they will be more motivated to participate.

대안 2

Next, I think we should use social media to **have** a **vote**.

We could use Facebook to find **out** what our **customers** think.

Online **votes** on social media are the best way these days.

마무리 인사

Anyway, these are my suggestions for **now**.

I'll call you back if I have more ideas.

Thanks.

해석 | 안녕하세요. ____입니다.
무슨 말씀이신지 잘 알겠습니다.
저희가 최고의 파티용 드레스를 선택할 수 있는 방안을 찾아야 한다는 점 이해했습니다.

제 제안을 들어보세요.
우선, 고객들을 대상으로 설문 조사를 해야 할 것 같습니다.
그들에게 소정의 사은품을 나누어 줘야 할 것 같습니다.
그렇게 하면, 사람들이 설문 참여를 하는데 더 동기 부여가 될 것 같습니다.

그리고, 투표를 하기 위해 소셜 미디어를 사용해야 할 것 같습니다.
페이스북을 이용해서 고객들의 생각을 알아볼 수 있을 것 같습니다.
요즘에는 소셜미디어를 이용한 온라인 투표가 가장 좋은 방법입니다.

아무튼, 저의 제안은 여기까지입니다.
더 생각나는 아이디어가 있으면 다시 연락드릴게요.
감사합니다.

PART 6 의견 제시하기

📢 반드시 주제의 키워드들과 직접적으로 관련된 근거나 예시를 포함하여 대답한다.

Q11 of 11
기타(거주지)

▶ MP3 13-23

TOEIC Speaking　　🔊 VOLUME

What would be some **advantages of living in large cities or towns for university students?**
Give specific reasons and examples to support your opinion.

PREPARATION TIME	RESPONSE TIME
00:00:30	00:01:00

해석 | 대학생들이 대도시나 큰 동네에 거주하는 것에 대한 장점들은 무엇이 있을까요? 의견을 뒷받침하기 위한 구체적인 이유와 예시를 제시해주세요.

A11

▶ MP3 13-24

🔍 **서론**
I strongly believe that there are several advantages of living in large cities or towns for university students.

🔍 **근거 1**
First, if students live in large cities or towns, they are more likely to get better welfare.
For instance, they can get a quality education at school.
That way, they will be more motivated to study harder.
If they study harder, they will get better grades.
Getting good grades will make them become better students and be well-prepared for the future.

🔍 **근거 2**
Next, if students live in large cities or towns, they are more likely to hang out with various types of people.
If so, they can improve their social skills.
Having good social skills is one of the most important factors in school life.

🔍 **결론**
Once again, I strongly believe that there are several advantages.

EXPRESS AN OPINION

해석 | 저는 대학생들이 대도시나 큰 동네에 거주하는 것에 대한 몇 가지 장점들이 있다고 강력히 믿는 바입니다.

우선, 학생들이 대도시나 큰 동네에 살면 더 나은 복지 혜택을 받을 수 있습니다.
예를 들어, 학교에서 양질의 교육을 제공 받을 수 있습니다.
그렇게 하면, 그들이 공부를 더욱 열심히 하는 데 동기부여가 될 것입니다.
만약 그들이 열심히 공부를 하면, 더 좋은 성적을 받게 될 것입니다.
좋은 성적을 취득하는 것은 그들이 더 훌륭한 학생으로 성장하고 미래에 잘 준비된 사람이 되도록 만들어 줄 것입니다.

그리고, 학생들이 대도시나 큰 동네에 살면 더 다양한 사람들과 어울릴 수 있는 가능성이 많아집니다.
그러면, 그들은 사회성을 기를 수 있습니다.
학교생활에서 우수한 사회성을 갖추는 것은 가장 중요한 요소 중 하나입니다.

다시 말하자면, 저는 몇 가지 장점들이 있다고 강력히 믿는 바입니다.

SELF CHECKLIST

- [ ] 자신감 있는 목소리와 자연스러운 억양으로 답변했는가
- [ ] 모든 파트에서 내용어에 강세를 잘 적용했는가
- [ ] 올바른 위치의 음절에 강세를 적용했는가
- [ ] 단어가 아닌 문장으로 답변했는가
- [ ] 한국어 자음에는 없는 영어 특수 자음(r/f/v/th)을 정확히 발음했는가
- [ ] 관사, 전치사 등의 오류 및 누락은 없었는가
- [ ] 시제나 일반화 복수 처리 오류는 없었는가
- [ ] 제한된 시간 내에 문제에서 요구한 부분을 모두 답변했는가
- [ ] PART 4, 5의 문제를 듣고 문제 유형과 소재를 파악했는가
- [ ] 익숙하지 않는 주제에도 학습한 템플릿을 응용해서 사용했는가

실전 훈련
TEST 14

PART 1 - 광고 / 광고
PART 2 - 길거리
PART 3 - 교통
PART 4 - 이력서
PART 5 - 다중택일
PART 6 - 의사소통

PART 1 지문 읽기

📢 강세와 발음에 주의하여 읽는다.

Q1 of 11
광고

▶ MP3 14-01

TOEIC Speaking 　　　　　　　　　　🔊 VOLUME

Hungry Tom has been serving the best selection of tasty pizza in the local area. We are proud to announce that our restaurant has been chosen as one of the best restaurants in California. For this week only, we are going to offer a free drink, a bowl of salad, or a dessert with a purchase of any entrée. So, come to Hungry Tom if you feel like having some quality food.

PREPARATION TIME	RESPONSE TIME
00:00:45	00:00:45

강세 요령

❶ **Hun**gry Tom, **Ca**lifornia　　　　　고유명사에 강세를 넣는다.

❷ has been **ser**ving, has been **cho**sen　조동사 뒤 동사에 강세를 넣는다.

❸ **best**　　　　　　　　　　　　　　최상급에 강세를 넣는다.

❹ **only**　　　　　　　　　　　　　　강조어에 강세를 넣는다.

❺ **free**, **bowl**, de**ssert**　　　　　　　A, B or C 문장 구조에서 각각의 맨 앞 수식어에 강세를 넣는다.

A1

▶ MP3 14-02

→ 틀리기 쉬운 강세 어휘!

❶ Hungry Tom ❷ has been serving the best selection of tasty pizza in the local area. We are proud to announce that our restaurant ❷ has been chosen as one of the ❸ best restaurants in ❶ California. For this week ❹ only, we are going to offer a ❺ free drink, a ❺ bowl of salad, or a ❺ dessert with a purchase of any entrée. So, come to Hungry Tom if you feel like having some quality food.

해석 | Hungry Tom은 이 지역에서 최고로 맛있는 피자를 판매해왔습니다. 저희 식당이 California의 최고의 식당 중 한 곳으로 선정된 것에 대해 자랑스럽게 생각합니다. 저희가 이번 주에만 어떤 메인 요리든 주문하시는 분들께 무료 음료, 샐러드 혹은 후식을 제공할 예정입니다. 그러므로, 양질의 음식이 먹고 싶다면 Hungry Tom을 방문해 주세요.

READ A TEXT ALOUD

Q2 of 11
광고

▶ MP3 14-03

TOEIC Speaking 　　　　　　　　　　　　　🔊 VOLUME

If you are thinking of buying electronic devices, don't hesitate to join us today at Mark's Electronics. We are having a clearance sale. You can enjoy demonstrations of new software, games, and virtual reality devices. In addition, all our computer software is fifty-five percent off.

PREPARATION TIME	RESPONSE TIME
00:00:45	00:00:45

강세 요령

❶ **don't** — 부정어에 강세를 넣는다.

❷ **Mark**'s Elec**tro**nics — 고유명사에 강세를 넣는다.

❸ can en**joy** — 조동사 뒤 동사에 강세를 넣는다.

❹ **new**, **games**, **vir**tual — A, B and C 문장 구조에서 각각의 맨 앞 수식어에 강세를 넣는다.

❺ **all** — 강조어에 강세를 넣는다.

❻ **fif**ty-five — 숫자에 강세를 넣는다.

A2

▶ MP3 14-04

If you are thinking of buying electronic devices, ❶ don't hesitate to join us today at ❷ Mark's Electronics. We are having a clearance sale. You ❸ can enjoy demonstrations of ❹ new software, ❹ games, and ❹ virtual reality devices. In addition, ❺ all our computer software is ❻ fifty-five percent off.

해석 | 전자기기를 구매하실 생각이 있다면, 망설이지 마시고 오늘 Mark's 전자로 오세요. 점포정리 세일을 하고 있습니다. 당신은 새로운 소프트웨어, 게임 그리고 가상현실 기기 시연을 체험해보실 수 있습니다. 추가로, 우리 가게의 모든 컴퓨터 소프트웨어는 55퍼센트 할인 중입니다.

사진 묘사하기

📢 사진을 보고 인물과 배경으로 나누어 순서에 맞게 묘사한다.

Q3 of 11
길거리
▶ MP3 14-05

묘사 순서와 템플릿
❶ 전체 묘사 … ❷ 인물 묘사 … ❸ 배경 묘사 … ❹ 분위기 묘사

❶ This picture seems to be taken on the ` 장소 `.
   There are ` 인원수 ` in the picture.
   It is very crowded.

❷ The man on the left is wearing a ` 의상 `.
   He is very good-looking.
   He seems to be in his ` 나이 `.
   He is holding a ` 사물 ` in his hands.
   He seems to be having fun.
   The boy on the right is standing in front of a ` 장소 `.
   He is looking at the ` 사람 `.

❸ In the background, I can see some ` 사물 + 위치 `.
   I can also see some ` 사람 + 행동 `.

❹ Overall, it looks like a typical day on the ` 장소 `.

DESCRIBE A PICTURE

A3

▶ MP3 14-06

🔍 전체 묘사

This picture seems to be taken on the street.
There are many people in the picture.
It is very crowded.

🔍 인물 묘사

The man on the left is wearing a checked shirt.
He is very good-looking.
He seems to be in his mid-thirties.
He is holding a guitar in his hands.
He seems to be having fun.
The boy on the right is standing in front of a building.
He is looking at the man.

🔍 배경 묘사

In the background, I can see some buildings along the street.
I can also see some people watching the performance.

🔍 분위기 묘사

Overall, it looks like a typical day on the street.

해석 | 이 사진은 길거리에서 찍힌 것처럼 보입니다.
사진에는 많은 사람들이 있습니다.
사람들로 매우 붐빕니다.

왼쪽에 있는 남자는 체크무늬 셔츠를 입고 있습니다.
그는 외모가 준수합니다.
30대 중반 정도로 보입니다.
손에 기타를 들고 있습니다.
즐거운 시간을 보내고 있는 것 같습니다.
오른쪽에 있는 소년은 건물 앞에 서 있습니다.
그는 남자를 바라보고 있습니다.

배경에는, 길을 따라 건물들이 보입니다.
그리고 공연을 구경하는 사람들도 보입니다.

전반적으로, 길거리에서의 보편적인 하루처럼 보입니다.

질문에 답하기

📢 준비 시간에 먼저 주어진 주제를 보면서 브레인스토밍을 한다.

Q4-6
Narration
교통
▶ MP3 14-07

TOEIC Speaking　🔊 VOLUME

Imagine you are talking with your friend about transportation in your city.

해석 | 당신의 도시의 교통수단에 대해 친구와 이야기를 나누고 있다고 가정해보세요.

Q4
of 11
▶ MP3 14-08

TOEIC Speaking　🔊 VOLUME

How often do you get around by subway and where do you typically go?

PREPARATION TIME	RESPONSE TIME
00:00:03	00:00:15

해석 | 당신은 지하철을 타고 얼마나 자주 이동하고 주로 어디를 가나요?

A4
▶ MP3 14-09

I get around by subway at least once or twice a week on average.
I usually go to work[school] by subway.

해석 | 저는 지하철을 타고 최소한 평균적으로 일주일에 한두 번 이동합니다.
저는 주로 지하철을 타고 회사[학교]에 갑니다.

Q5
of 11
▶ MP3 14-10

TOEIC Speaking　🔊 VOLUME

Would you take the subway or the bus if you have to go somewhere far from your home? Why?

PREPARATION TIME	RESPONSE TIME
00:00:03	00:00:15

해석 | 집에서 먼 곳을 가야 한다면 지하철을 타겠습니까 아니면 버스를 타겠습니까? 왜 그런가요?

RESPOND TO QUESTIONS

A5
MP3 **14-11**

> Well, I think it's fifty-fifty.
> I would sometimes take the subway but I would sometimes take the bus as well.
> It depends (on the destination).

해석 | 글쎄요, 저는 반반인 것 같습니다.
어떨 땐 지하철을 탈 것 같고 또 어떨 때는 버스도 탈 것 같아요.
(목적지가 어디인지에 따라) 그때그때 다릅니다.

Q6 of 11
MP3 **14-12**

> **TOEIC** Speaking 🔊 VOLUME
>
> From the choices below, what would be the most important to you when you go on a train?
> * size of seats   * number of passengers   * waiting time of the train
>
> | PREPARATION TIME | RESPONSE TIME |
> |---|---|
> | 00:00:03 | 00:00:30 |

해석 | 아래 선택 사항들 중에서, 기차로 여행을 갈 때 당신에게 가장 중요한 것은 무엇인가요?
* 좌석의 크기   * 승객의 수   * 승차 대기 시간

A6
MP3 **14-13**

> I think the waiting time of the train would be the most important.
> That's because I don't want to waste too much time waiting for the train.
> I always want to use my time efficiently.
> I also like to spend my time in a productive manner.
> Once again, I think the waiting time of the train would be the most important.

해석 | 저는 승차 대기 시간이 가장 중요할 것 같습니다.
왜냐하면 저는 기차를 기다리는데 너무 많은 시간을 낭비하고 싶지는 않습니다.
저는 항상 시간을 효율적으로 쓰고 싶습니다.
저는 또한 시간을 생산적으로 쓰는 것을 좋아합니다.
다시 말하자면, 저는 승차 대기 시간이 가장 중요할 것 같습니다.

표 보고 질문에 답하기

🔊 먼저 주어진 표를 보면서 필요한 정보를 미리 숙지해 둔다. 이때, 각 개별 질문은 음성으로만 제공되므로 유의한다.

Q7-9 of 11
이력서

▶ MP3 14-14

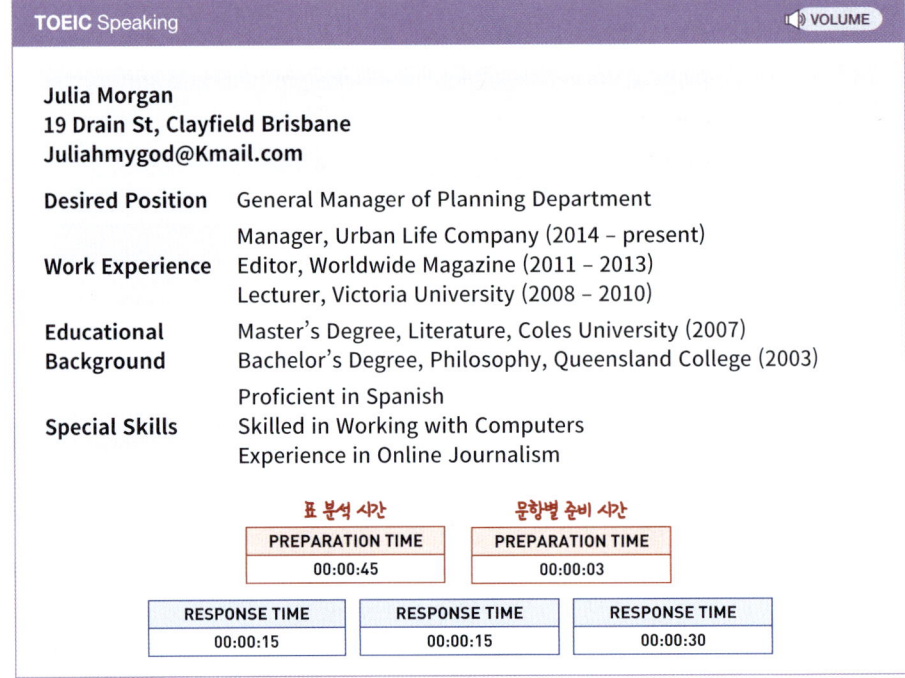

[Script] Hi, I have an interview with Julia Morgan, but I can't find her résumé. So, it would be great if you can answer some of my questions about her.

해석 | 안녕하세요, 제가 Julia Morgan씨의 면접을 봐야 하는데, 그녀의 이력서를 못 찾겠습니다. 그러니, 그녀에 대한 몇 가지 질문에 답해주시면 감사하겠습니다.

Q7 of 11

▶ MP3 14-15

TOEIC Speaking

Could you tell me all the details of Ms. Morgan's academic background?

해석 | Morgan씨의 학력 사항에 대해 자세히 말해주실 수 있나요?

A7

▶ MP3 14-16

Sure thing.
She got her Bachelor's in Philosophy at Queensland College in 2003.
Also, she got her Master's in Literature at Coles University in 2007.

해석 | 물론입니다.
그녀는 2003년 Queensland 대학교에서 철학 학사 학위를 받았습니다.
그리고, 2007년 Coles 대학교에서 문학 석사 학위도 받았습니다.

RESPOND TO QUESTIONS USING INFORMATION PROVIDED

Q8 of 11

MP3 14-17

TOEIC Speaking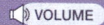

We hope that our new general manager can give some advice to our editors about the online editing program. Is there anything mentioned in her résumé that indicates she has computer skills?

해석 | 새로 부임될 본부장이 우리 편집자들에게 온라인 편집 프로그램에 대한 조언을 해주셨으면 합니다. 혹시 그녀의 이력서에 컴퓨터 능력을 갖추었다고 명시된 부분이 있나요?

A8

MP3 14-18

Yes, that is correct.

Her résumé says that she is skilled in working with computers.

I think she will be very useful.

해석 | 네, 맞습니다.
그녀의 이력서에 그녀가 컴퓨터로 일하는 데 능숙하다고 기재되어 있습니다.
저는 그녀가 매우 도움이 될 분 같습니다.

Q9 of 11

MP3 14-19

TOEIC Speaking

Besides working at universities or colleges, what kind of work experience does Ms. Morgan have? Can you tell me about her experiences in detail?

해석 | 대학에서 근무한 것 외에, Morgan씨는 어떤 종류의 경력 사항이 있나요? 그녀의 경력에 대해 자세히 말해 주실 수 있나요?

A9

MP3 14-20

Sure thing.

First, Ms. Morgan worked as an editor at Worldwide Magazine from 2011 to 2013.

Plus, she has worked as a manager at Urban life Company since 2014.

She still works there.

해석 | 물론입니다.
우선, Morgan씨는 Worldwide 잡지사에서 2011년부터 2013년까지 편집자로 근무했었습니다.
그리고, Urban life 회사에서 2014년부터 근무해왔습니다.
그녀는 아직 그곳에서 근무 중입니다.

해결책 제안하기

음성 스크립트가 제공되지 않으므로, 상대방의 문제점 또는 요청사항을 한 번에 파악할 수 있도록 키워드를 집중해서 들어야 한다.

Q10 of 11

다중택일

MP3 14-21

[Script] Hi, it's Kate, the Human Resources Manager. I need your advice on how we can give out awards to our new employees. In the past few months, they made contributions to our company. In spite of all the challenges, they have constantly shown us hard work and integrity. So, we want to show them our appreciation of their efforts. We gathered some opinions from all the managers on how we can give them awards and prizes. One problem is that **we now have too many suggestions, and we really need to select one idea which would be the most rational and reasonable.** Please call me with your ideas on how we can choose the best suggestion. Thanks.

해석 | 안녕하세요, 인사담당 매니저 Kate입니다. 신입 사원들에게 어떻게 상을 수여할지 당신의 조언이 필요합니다. 지난 몇 개월간 그들은 우리 회사에 공헌하였습니다. 모든 난제에도 불구하고, 그들은 끊임없이 열심히 일하고 진실성을 보여줘 왔습니다. 그래서, 우리는 그들의 노력에 감사를 표하고자 합니다. 모든 매니저들로부터 그들에게 어떻게 상과 상품을 수여할지 의견들을 좀 모아봤습니다. 한 가지 문제가 있다면 너무 제안이 많아서 가장 합리적이며 타당한 아이디어 한 가지만 선택을 해야 될 것 같습니다. 최고의 제안을 선택할 수 있는 방법과 함께 다시 연락 부탁드립니다. 감사합니다.

PROPOSE A SOLUTION

A10
MP3 14-22

인사말과 문제 인식

Hi there. This is _____.

I got your message loud and clear.

I understand that we need to find a way to select the **best** suggestion.

대안 1

Here are my suggestions.

First, I think we should do a survey of our **employees.**

We should offer them small gifts.

That way, they will be more motivated to participate.

대안 2

Next, I think we should use social media to **have** a vote.

We could use Facebook to find **out** what our **employees** think.

Online **votes** on social media are the **best** way these days.

마무리 인사

Anyway, these are my suggestions for now.

I'll call you back if I have more ideas.

Thanks.

해석 | 안녕하세요. 저는 _____ 입니다.
무슨 말씀이신지 잘 알겠습니다.
저희가 최고의 제안을 선택할 수 있는 방안을 찾아야 한다는 점 이해했습니다.

제 제안을 들어보세요.
우선, 우리 직원들을 대상으로 설문 조사를 해야 될 것 같습니다.
우리가 직원들에게 소정의 사은품을 나누어 줘야 될 것 같습니다.
그렇게 하면, 사람들이 설문 참여를 하는 데 더욱 동기부여가 될 것 같습니다.

그리고, 투표를 하기 위해 소셜 미디어를 사용해야 할 것 같습니다.
페이스북을 이용해서 직원들의 생각을 알아볼 수 있을 것 같습니다.
요즘에는 소셜 미디어에 올리는 온라인 투표가 가장 좋은 방법입니다.

아무튼, 저의 제안은 여기까지입니다.
더 생각나는 아이디어가 있으면 다시 연락드릴게요.
감사합니다.

의견 제시하기

반드시 주제의 키워드들과 직접적으로 관련된 근거나 예시를 포함하여 대답한다.

Q11 of 11
의사소통

MP3 14-23

TOEIC Speaking　　　　　　　　　　　　　　　　　VOLUME

When communicating with someone at work, is it better to communicate by online messengers or in person? Why?
Give specific reasons or examples to support your opinion.

PREPARATION TIME	RESPONSE TIME
00:00:30	00:01:00

해석 | 회사에서 누군가와 소통할 때 온라인 메신저를 이용하는 것과 직접 소통하는 것 중 어떤 것이 더 나은가요? 왜 그런가요?
의견을 뒷받침하기 위한 구체적인 이유나 예시를 제시해주세요.

A11

MP3 14-24

서론
I strongly believe that it is better to communicate in person when communicating with co-workers.

근거 1
First, if you communicate in person, you can ask questions right away on the spot.
You are more likely to get quick answers.
That way, you can communicate more efficiently.

근거 2
Next, if you communicate in person, you can build better chemistry with your co-workers.
Better chemistry brings better teamwork.
Better teamwork makes work easier and less time-consuming.
That way, people can work more efficiently and productively.

결론
Once again, I strongly believe that it is better to communicate in person.

EXPRESS AN OPINION

해석 | 저는 직장 동료들과 소통할 때 직접 의사소통하는 것이 더 낫다고 강력히 믿는 바입니다.

우선, 직접 의사소통을 하면 그 자리에서 곧장 질문을 할 수 있습니다.
당신이 신속한 답변을 얻을 가능성이 높습니다.
그렇게 하면, 더 효율적으로 소통할 수 있을 것입니다.

그리고, 직접 의사소통을 하면 직장 동료들과 더 나은 관계를 쌓을 수 있습니다.
더 좋은 관계는 팀워크를 더욱 견고하게 해줍니다.
견고한 팀워크는 업무를 훨씬 더 쉽게 만들어주고, 시간도 적게 걸리게 해줍니다.
그렇게 하면, 사람들이 더 효율적이고 생산적으로 일할 수 있습니다.

다시 말하자면, 저는 직접 의사소통 하는 것이 더 낫다고 강력히 믿는 바입니다.

SELF CHECKLIST

- [ ] 자신감 있는 목소리와 자연스러운 억양으로 답변했는가
- [ ] 모든 파트에서 내용어에 강세를 잘 적용했는가
- [ ] 올바른 위치의 음절에 강세를 적용했는가
- [ ] 단어가 아닌 문장으로 답변했는가
- [ ] 한국어 자음에는 없는 영어 특수 자음(r/f/v/th)을 정확히 발음했는가
- [ ] 관사, 전치사 등의 오류 및 누락은 없었는가
- [ ] 시제나 일반화 복수 처리 오류는 없었는가
- [ ] 제한된 시간 내에 문제에서 요구한 부분을 모두 답변했는가
- [ ] PART 4, 5의 문제를 듣고 문제 유형과 소재를 파악했는가
- [ ] 익숙하지 않는 주제에도 학습한 템플릿을 응용해서 사용했는가

실전 훈련
TEST 15

PART 1 - 영상 안내 / 방송 안내

PART 2 - 앞마당

PART 3 - 모임

PART 4 – 출장 일정표

PART 5 - 직원 교육

PART 6 - 기타(돈)

지문 읽기

📢 강세와 발음에 주의하여 읽는다.

Q1 of 11
영상 안내

▶ MP3 15-01

TOEIC Speaking 🔊 VOLUME

Thank you for watching the video podcast for interior designers. In today's clip, you can learn more about decorating, remodeling, and redoing floors and wallpapers to make your clients' homes even more beautiful. Today, we will focus on furniture arrangements, a topic that many viewers have requested. Our commentator, Julie Wong will be joining us today to offer useful tips.

PREPARATION TIME	RESPONSE TIME
00:00:45	00:00:45

⚡ 강세 요령

❶ **Thank** you — 인사말에 강세를 넣는다.

❷ can **learn**, will **fo**cus, will be **join**ing — 조동사 뒤 동사에 강세를 넣는다.

❸ de**co**rating, re**mo**deling, re**do**ing — A, B and C 문장 구조에서 각각의 맨 앞 수식어에 강세를 넣는다.

❹ **ev**en — 강조어에 강세를 넣는다.

❺ **Ju**lie Wong — 고유명사에 강세를 넣는다.

A1

▶ MP3 15-02

↗ 틀리기 쉬운 강세 어휘!

❶ <u>Thank</u> you for <u>watching</u> the <u>video</u> (<u>pod</u>cast) for (<u>in</u>terior) <u>designers</u>. In today's clip, you ❷ <u>can</u> <u>learn</u> more about ❸ <u>de</u>corating, ❸ (<u>re</u>modeling), and ❸ (<u>re</u>doing) <u>floors</u> and <u>wallpapers</u> to <u>make</u> your clients' homes ❹ <u>even</u> more beautiful. Today, we ❷ <u>will</u> <u>focus</u> on <u>furniture</u> (<u>arrang</u>ements), a <u>topic</u> that <u>many</u> viewers have (<u>reques</u>ted). Our (<u>com</u>mentator), ❺ <u>Julie Wong</u> ❷ <u>will</u> be <u>joining</u> us today to <u>offer</u> useful tips.

해석 | 인테리어 디자이너를 위한 비디오 팟캐스트 영상을 시청해주셔서 감사합니다. 오늘의 영상에서는, 여러분들의 고객들의 집을 한층 더 아름답게 만들어 줄 장식하기, 리모델링하기 그리고 바닥과 벽지 재도배하기에 대해 더 많이 배우실 수 있습니다. 오늘은 많은 시청자들이 요청했던 주제인 가구 배치를 중점적으로 다룰 것입니다. 우리의 진행자인 Julie Wong씨가 유용한 팁을 전수해주기 위해 오늘 함께할 것입니다.

READ A TEXT ALOUD

Q2 of 11
방송 안내

▶ MP3 15-03

TOEIC Speaking VOLUME

Welcome to Kings Town news hour. If you think of companies in our town, Brown Company will definitely stand out. It is known for its reliable products, good prices, and excellent customer service. We are pleased to have the vice president of the company, Jack Brown as today's guest. Now, let's welcome him to the show.

PREPARATION TIME	RESPONSE TIME
00:00:45	00:00:45

 강세 요령

❶ **Wel**come — 인사말에 강세를 넣는다.

❷ **Kings** Town, **Brown** Company, — 고유명사에 강세를 넣는다.
   Jack Brown

❸ will definitely stand **out** — 조동사 뒤 동사에 강세를 넣는다.

❹ re**lia**ble, **good**, **ex**cellent — A, B and C 문장 구조에서 각각의 맨 앞 수식어에 강세를 넣는다.

❺ **let**'s — 강조어에 강세를 넣는다.

A2

▶ MP3 15-04

❶ Welcome to ❷ Kings Town news hour. If you think of companies in our town, ❷ Brown Company ❸ will definitely stand out. It is known for its ❹ reliable products, ❹ good prices, and ❹ excellent customer service. We are pleased to have the vice president of the company, ❷ Jack Brown as today's guest. Now, ❺ let's welcome him to the show.

해석 | Kings 지역 뉴스 시간에 오신 것을 환영합니다. 만약 당신이 우리 지역의 회사들을 생각해보신다면, 단연 Brown 회사가 먼저 생각날 것입니다. 이 회사는 신뢰할 수 있는 제품, 착한 가격 그리고 우수한 고객 서비스로 명성을 떨치고 있습니다. 저희가 회사의 부사장인 Jack Brown씨를 오늘의 게스트로 모시게 되어 기쁩니다. 자, 이제 그를 쇼에 모시겠습니다.

사진 묘사하기

📢 사진을 보고 인물과 배경으로 나누어 순서에 맞게 묘사한다.

Q3 of 11

앞마당

▶ MP3 15-05

묘사 순서와 템플릿

❶ 전체 묘사 ⋯▶ ❷ 인물 묘사 ⋯▶ ❸ 배경 묘사 ⋯▶ ❹ 분위기 묘사

❶ This picture seems to be taken at a 　장소　.
   There are 　인원수　 in the picture.
   It is very crowded.
   They seem to be 　행동　.

❷ The man on the left is wearing an 　의상　.
   He is very good-looking.
   He seems to be in his 　나이　.
   He is standing in front of the 　사물　.
   The lady in the middle is wearing a 　의상　.
   She has her hair up.
   She is holding 　사물　 in her hand.

❸ In the background, I can see 　사물　.
   I can also see some 　사람 + 행동　.

❹ Overall, it looks like a typical day at the 　장소　.

DESCRIBE A PICTURE

Level 답변

A3

▶ MP3 15-06

전체 묘사

This picture seems to be taken at a front yard.
There are many people in the picture.
It is very crowded.
They seem to be having a yard sale.

인물 묘사

The man on the left is wearing an orange T-shirt.
He is very good-looking.
He seems to be in his mid-thirties.
He is standing in front of the table.
The lady in the middle is wearing a hair band.
She has her hair up.
She is holding plastic bags in her hand.

배경 묘사

In the background, I can see a nice brick house.
I can also see some people passing by.

분위기 묘사

Overall, it looks like a typical day at a front yard.

해석 | 이 사진은 앞마당에서 찍힌 것처럼 보입니다.
사진에는 많은 사람들이 있습니다.
사람들로 매우 붐빕니다.
그들은 벼룩시장을 연 듯 합니다.

왼쪽에 있는 남자는 주황색 티셔츠를 입고 있습니다.
그는 외모가 준수합니다.
30대 중반 정도로 보입니다.
테이블 앞에 서 있습니다.
중간에 있는 여자는 헤어밴드를 착용하고 있습니다.
그녀는 머리를 묶고 있습니다.
비닐 봉지를 손에 들고 있습니다.

배경에는, 멋진 벽돌집이 보입니다.
그리고 지나가는 사람들도 보입니다.

전반적으로, 앞마당에서의 보편적인 하루처럼 보입니다.

질문에 답하기

🔊 먼저 주어진 주제를 보면서 브레인스토밍을 한다.

Q4-6 Narration
모임

▶ MP3 15-07

TOEIC Speaking 🔊 VOLUME

Imagine you are talking with your neighbor about social gatherings at schools or workplaces.

해석 | 학교나 직장에서의 친목 모임에 대해 당신의 이웃과 이야기를 나누고 있다고 가정해보세요.

Q4 of 11

▶ MP3 15-08

TOEIC Speaking 🔊 VOLUME

How often do you have social gatherings with your colleagues and for how long do you have these gatherings?

PREPARATION TIME	RESPONSE TIME
00:00:03	00:00:15

해석 | 당신은 동료들과 얼마나 자주 친목 모임을 갖나요? 그리고 이러한 모임을 얼마 동안 합니까?

A4

▶ MP3 15-09

I have social gatherings with my colleagues at least once or twice a week on average.
We normally have gatherings for a few hours.

해석 | 저는 최소한 평균적으로 일주일에 한두 번 정도 동료들과 친목 모임을 갖습니다.
우리는 보통 몇 시간 정도 모임을 갖곤 합니다.

Q5 of 11

▶ MP3 15-10

TOEIC Speaking 🔊 VOLUME

When was the last social gathering you participated in? Where did it take place?

PREPARATION TIME	RESPONSE TIME
00:00:03	00:00:15

해석 | 마지막으로 친목 모임에 참여했던 것이 언제입니까? 어디서 모임이 열렸나요?

RESPOND TO QUESTIONS

A5
MP3 15-11

> The last social gathering I participated in was a few weeks ago.
> It took place at a decent restaurant[fancy bar].
> I had a great time.

해석 | 제가 마지막으로 친목 모임에 참여했던 것은 몇 주 전입니다.
괜찮은 식당[근사한 술집]에서 모임이 열렸습니다.
저는 좋은 시간을 보냈습니다.

Q6 of 11
MP3 15-12

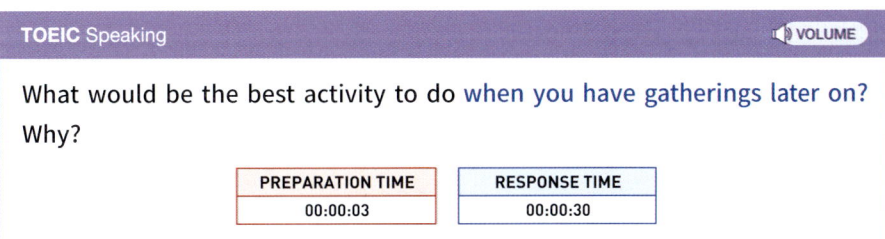

TOEIC Speaking   VOLUME

What would be the best activity to do when you have gatherings later on? Why?

PREPARATION TIME	RESPONSE TIME
00:00:03	00:00:30

해석 | 추후에 모임을 갖게 되었을 때 하기 좋은 최고의 활동은 무엇인가요? 왜 그런가요?

A6
MP3 15-13

> I would like to go out for good food when I have gatherings later on.
> Also, I would like to go to fancy bars with my friends.
> I want to have some drinks with them.
> Having a good time with good people is always enjoyable.

해석 | 저는 나중에 모임을 갖게 된다면 맛있는 음식을 먹으러 가고 싶습니다.
그리고, 친구들과 괜찮은 술집도 가보고 싶습니다.
저는 그들과 술 한 잔 하고 싶습니다.
좋은 사람들과 보내는 좋은 시간은 언제나 즐겁습니다.

표 보고 질문에 답하기

🔊 먼저 주어진 표를 보면서 필요한 정보를 미리 숙지해 둔다. 이때, 각 개별 질문은 음성으로만 제공되므로 유의한다.

Q7-9 of 11
출장 일정표

▶ MP3 15-14

TOEIC Speaking 🔊 VOLUME

✈️ **Itinerary: Jim Franklin**

Flight Information

New York > Seoul	Departure - 11:30 a.m. (Pacific Air 238)
June 7 (taxi to hotel)	Arrival - 7:00 p.m. (Pacific Air 448)
Seoul > New York	Departure - 10:00 a.m. (Continental Air 307)
June 15	Arrival - 9:30 p.m. (Continental Air 862)

Hotel Information
Pentagon Hotel (Room 1002)

Business Schedule
Meeting with Seoul Regional Office
June 13
9:30 a.m. - 4:00 p.m.
driver from the company waiting at the airport

표 분석 시간
PREPARATION TIME
00:00:45

문항별 준비 시간
PREPARATION TIME
00:00:03

RESPONSE TIME 00:00:15
RESPONSE TIME 00:00:15
RESPONSE TIME 00:00:30

[Script] Hi, this is Jim. I think I lost my itinerary for my business trip to Seoul. Can you answer some of my questions?

해석 | 안녕하세요, 저는 Jim입니다. 제가 서울 출장 일정표를 잃어버린 것 같습니다. 몇 가지 제 질문에 대답을 좀 해 주실 수 있나요?

Q7 of 11

▶ MP3 15-15

TOEIC Speaking 🔊 VOLUME

When will I be leaving New York and how can I get to the hotel?

해석 | 제가 뉴욕에서 언제 출발하고 도착하면 호텔에는 어떻게 갈 수 있나요?

A7

▶ MP3 15-16

You will leave New York at 11:30 a.m. on June 7th.
Your flight number is Pacific Air 238(two three eight).
Also, you can take a taxi to the hotel.

해석 | 당신은 뉴욕에서 6월 7일 오전 11시 30분에 출발할 것입니다.
비행기 번호는 Pacific Air 238입니다.
그리고, 호텔에는 택시를 타고 갈 수 있습니다.

RESPOND TO QUESTIONS USING INFORMATION PROVIDED

Q8 of 11
MP3 15-17

TOEIC Speaking 🔊 VOLUME

I am planning on meeting my cousin on the afternoon of June 15th. Would I be able to do that?

해석 | 저는 6월 15일 오후에 제 사촌을 만날 계획입니다. 그렇게 할 수 있을까요?

A8
MP3 15-18

No, I'm afraid not.
You will arrive in New York at 9:30 p.m. on June 15th.
So, you cannot meet your cousin that day.

해석 | 아니요, 그렇지 않습니다.
　　　당신은 뉴욕에 6월 15일 오후 9시 30분에 도착할 것입니다.
　　　그래서, 그날에 사촌을 만날 수 없을 것 같습니다.

Q9 of 11
MP3 15-19

TOEIC Speaking 🔊 VOLUME

I would like to know the details of my meeting with the Seoul Regional Office. Can you tell me about that schedule?

해석 | 서울 지사와의 미팅에 대해 자세히 알고 싶습니다. 제게 그 일정을 말해주실 수 있나요?

A9
MP3 15-20

Sure thing.
You will have a meeting with the Seoul Regional Office on June 13th.
It is from 9:30 a.m. to 4 p.m.
A driver from the company will be waiting at the airport to pick you up.

해석 | 물론입니다.
　　　당신은 서울 지사와 6월 13일에 미팅이 있을 예정입니다.
　　　오전 9시 30분부터 오후 4시까지입니다.
　　　회사의 운전 기사가 당신을 데려가기 위해 공항에서 대기하고 있을 것입니다.

해결책 제안하기

음성 스크립트가 제공되지 않으므로, 상대방의 문제점 또는 요청사항을 한 번에 파악할 수 있도록 키워드를 집중해서 들어야 한다.

Q10 of 11

직원 교육

MP3 15-21

[Script] Hi. This is Catherine, the owner of the restaurant. As you may be aware of, we have adopted a new online waiting service at our restaurant. However, many of our staff members do not know the system well and are having trouble handling orders that come in. We need to come up with a plan to train our employees so that they can carry out the orders in a timely manner. The problem is that all staff members have tight schedules and have different work shifts. **It will be hard to bring all of them together at once for the training.** So, I need you to come up with an **efficient plan to train our staff members regarding the new ordering system.** Please call me back with your ideas.

해석 | 안녕하세요, 레스토랑 사장 Catherine입니다. 아시다시피, 우리 식당이 새로운 온라인 대기 서비스를 도입했습니다. 그런데 많은 직원들이 시스템에 대해 잘 몰라서 들어오는 주문을 받는 것을 어려워합니다. 우리가 직원들이 빠른 시일 내에 주문을 받을 수 있도록 그들을 교육 시킬 수 있는 계획을 마련해야 할 듯 합니다. 문제는 모든 직원들이 근무 일정이 빠듯하고 근무 시간이 각기 다릅니다. 한번에 그들을 전부 모아 교육을 하기엔 조금 어려울 것 같습니다. 그러니, 새 주문 시스템에 대해 우리 직원을 교육할 수 있는 효율적인 계획을 마련해 주세요. 아이디어를 내서 제게 다시 연락 부탁드립니다.

PROPOSE A SOLUTION

A10

인사말과 문제 인식

Hi there, Catherine. This is ____.

I got your message loud and clear.

I understand that we need to train our employees.

대안 1

Here are my suggestions.

First, I think we should have a workshop online.

Senior employees who are familiar with the ordering system can share their know-how and exchange feedback with our employees.

대안 2

Next, I think we should offer incentives for senior employees who participate in the workshop.

That way, they will be more motivated to participate.

마무리 인사

Anyway, these are my suggestions for now.

I'll call you back if I have more ideas.

Thanks.

해석 | 안녕하세요, Catherine씨. 저는 _____ 입니다.
무슨 말씀이신지 잘 알겠습니다.
저희가 직원들을 교육시켜야 한다는 점 이해했습니다.

제 제안을 들어보세요.
우선, 온라인상으로 워크숍을 열어야 할 것 같아요.
주문 시스템에 숙달되어 있는 선임 직원들이 우리 직원들과 그들의 노하우를 공유하고 피드백을 교환할 수 있을 듯 합니다.

그리고, 워크숍에 참여하는 선임 직원들에게 인센티브를 제공해야 될 것 같아요.
그렇게 하면, 그들이 참여하는데 더욱 동기 부여가 될 것 같습니다.

아무튼, 저의 제안은 여기까지입니다.
더 생각나는 아이디어가 있으면 다시 연락드릴게요.
감사합니다.

의견 제시하기

🔊 반드시 주제의 키워드들과 직접적으로 관련된 근거나 예시를 포함하여 대답한다.

Q11 of 11
기타(돈)

▶ MP3 15-23

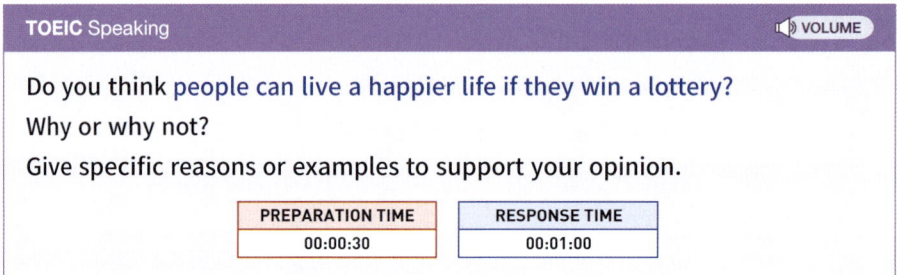

TOEIC Speaking　　🔊 VOLUME

Do you think people can live a happier life if they win a lottery?
Why or why not?
Give specific reasons or examples to support your opinion.

PREPARATION TIME	RESPONSE TIME
00:00:30	00:01:00

해석 | 당신은 사람들이 로또에 당첨되면 더 행복하게 살 수 있다고 생각하나요? 왜 그렇게 생각하나요? 의견을 뒷받침하기 위한 구체적인 이유나 예시를 제시해주세요.

A11
▶ MP3 15-24

🔍 **서론**

I strongly believe that people can live a happier life if they win a lottery.

🔍 **근거 1**

First, if people win a lottery and get a lot of money, they can feel more secure.
If they feel secure, they are more likely to feel happier.
Feeling secure is one of the most important factors in our lives.

🔍 **근거 2**

Next, if people win a lottery, they can do whatever they want to.
They can buy things they want or travel to various places.
That way, they are more likely to live a happier life.

🔍 **결론**

Once again, I strongly believe that people can live a happier life if they win a lottery.

EXPRESS AN OPINION

해석 | 저는 사람들이 로또에 당첨 되면 더 행복하게 살 수 있다고 강력히 믿는 바입니다.

우선, 사람들이 로또에 당첨되어 돈을 많이 받으면, 그들은 더 안정감을 느낄 수 있을 것입니다.
사람들이 안정감을 느끼면, 좀 더 행복감을 느낄 확률이 높습니다.
안정감을 느끼며 사는 것은 우리 삶에 있어 가장 중요한 요소 중 하나입니다.

그리고, 사람들이 로또에 당첨되면, 그들은 무엇이든 하고 싶은 것을 할 수 있습니다.
원하는 것을 구매하거나 다양한 곳에 여행도 갈 수 있습니다.
그렇게 되면, 더 행복한 삶을 살 수 있는 가능성이 높습니다.

다시 말하자면, 저는 사람들이 로또에 당첨되면 더 행복하게 살 수 있다고 강력히 믿는 바입니다.

SELF CHECKLIST

☐ 자신감 있는 목소리와 자연스러운 억양으로 답변했는가
☐ 모든 파트에서 내용어에 강세를 잘 적용했는가
☐ 올바른 위치의 음절에 강세를 적용했는가
☐ 단어가 아닌 문장으로 답변했는가
☐ 한국어 자음에는 없는 영어 특수 자음(r/f/v/th)을 정확히 발음했는가
☐ 관사, 전치사 등의 오류 및 누락은 없었는가
☐ 시제나 일반화 복수 처리 오류는 없었는가
☐ 제한된 시간 내에 문제에서 요구한 부분을 모두 답변했는가
☐ PART 4, 5의 문제를 듣고 문제 유형과 소재를 파악했는가
☐ 익숙하지 않는 주제에도 학습한 템플릿을 응용해서 사용했는가

실전 훈련
TEST 16

PART 1 - 영상 안내 / 라디오 방송

PART 2 - 도서관

PART 3 - 식사

PART 4 - 출장 일정표

PART 5 - 직원 교육

PART 6 - 기타(광고)

PART 1 지문 읽기

🔊 강세와 발음에 주의하여 읽는다.

Q1 of 11
영상 안내

▶ MP3 16-01

TOEIC Speaking   🔊 VOLUME

Thank you for watching New World Technology. This is the second video in a series that will help you understand the advanced technology. Today's instructional video is about how to use the Bluetooth function on your smartphone. Remember that you can also download guidelines, audio files, and music to your mobile phone.

PREPARATION TIME	RESPONSE TIME
00:00:45	00:00:45

강세 요령

❶ **Thank** you — 인사말에 강세를 넣는다.

❷ **New** World Tech**no**logy — 고유명사에 강세를 넣는다.

❸ will **help** — 조동사 뒤 동사에 강세를 넣는다.

❹ **guide**lines, **au**dio, **mus**ic — A, B and C 문장 구조에서 각각의 맨 앞 수식어에 강세를 넣는다.

A1

▶ MP3 16-02

→ 틀리기 쉬운 강세 어휘!

❶ Thank you for watching ❷ New World Tech**no**logy. This is the second video in a series that ❸ will help you under**stand** the ad**van**ced tech**no**logy. Today's in**struc**tional video is about how to use the Bluetooth function on your smartphone. Remember that you can also **down**load ❹ guidelines, ❹ audio files, and ❹ music to your **mo**bile phone.

해석 | New World Technology를 시청해주셔서 감사합니다. 이것은 당신이 진보된 기술에 대해 이해할 수 있도록 도와드릴 시리즈의 두 번째 영상입니다. 오늘의 설명 영상은 당신의 스마트폰에서 블루투스 기능을 어떻게 사용하는 지에 대한 내용입니다. 당신의 휴대전화로 안내서, 음성 파일, 그리고 음악도 다운로드할 수 있다는 것을 잊지 마세요.

READ A TEXT ALOUD

Q2 of 11
라디오 방송

▶ MP3 16-03

TOEIC Speaking 　　　　　　　　　　　　　　　　🔊 VOLUME

Good evening, radio listeners. The annual film festival scheduled for tonight was postponed due to unexpected bad weather. It's been rescheduled for tomorrow evening at 9 p.m. You will be able to enjoy live performances, exhibits and other exciting events. Also, there will be plenty of food and drinks you can enjoy all night.

PREPARATION TIME	RESPONSE TIME
00:00:45	00:00:45

강세 요령

❶ Good **e**vening — 인사말에 강세를 넣는다.

❷ un**expec**ted — 부정어에 강세를 넣는다.

❸ will be **a**ble — 조동사 뒤 동사에 강세를 넣는다.

❹ **live**, ex**hi**bits, **o**ther — A, B and C 문장 구조에서 각각의 맨 앞 수식어에 강세를 넣는다.

❺ **Al**so, **all** — 강조어에 강세를 넣는다.

A2

▶ MP3 16-04

❶ Good evening, radio listeners. The annual film festival scheduled for tonight was (postponed) due to ❷ unexpected bad weather. It's been (rescheduled) for tomorrow evening at 9 p.m. You ❸ will be able to (enjoy) ❹ live performances, ❹ (exhibits) and ❹ other exciting events. ❺ Also, there will be plenty of food and drinks you can (enjoy) ❺ all night.

해석 | 라디오 청취자 분들, 안녕하세요. 오늘밤 예정되었던 연례 영화제는 예상치 못한 악천후로 연기 되었습니다. 내일 밤 9시로 변경 되었습니다. 축제에서는 라이브 공연, 전시 그리고 다른 흥미로운 이벤트를 즐기실 수 있을 것입니다. 그리고 밤새 즐길 수 있는 음식과 술도 다양하게 준비되어 있습니다.

사진 묘사하기

📢 사진을 보고 인물과 배경으로 나누어 순서에 맞게 묘사한다.

Q3 of 11

도서관

▶ MP3 **16-05**

묘사 순서와 템플릿
❶ 전체 묘사 ⋯▶ ❷ 인물 묘사 ⋯▶ ❸ 배경 묘사 ⋯▶ ❹ 분위기 묘사

❶ This picture seems to be taken at a `장소`.
　There are `인원수` in the picture.
　It is very crowded.

❷ The lady at the front is wearing a `의상`.
　She is very good-looking.
　She seems to be in her `나이`.
　She is holding `사물` in her hand.
　The man at the front is wearing a `의상`.
　He is having a conversation with the `사람`.
　He seems to be having fun.

❸ In the background, I can see some `사물 + 위치`.
　I can also see some `사람 + 행동 + 위치`.

❹ Overall, it looks like a typical day at a `장소`.

DESCRIBE A PICTURE

A3

MP3 16-06

전체 묘사

This picture seems to be taken at a library.
There are many people in the picture.
It is very crowded.

인물 묘사

The lady at the front is wearing a dark green shirt.
She is very good-looking.
She seems to be in her mid-thirties.
She is holding a book in her hand.
The man at the front is wearing a dark blue T-shirt.
He is having a conversation with the lady.
He seems to be having fun.

배경 묘사

In the background, I can see some books on the shelves.
I can also see some people standing in front of the bookshelves.

분위기 묘사

Overall, it looks like a typical day at a library.

해석 | 이 사진은 도서관에서 찍힌 것처럼 보입니다.
사진에는 많은 사람들이 있습니다.
사람들로 매우 붐빕니다.

앞쪽에 있는 여자는 진한 초록색 셔츠를 입고 있습니다.
그녀는 외모가 준수합니다.
30대 중반 정도로 보입니다.
손에 책을 들고 있습니다.
앞쪽에 있는 남자는 진한 파란색 티셔츠를 입고 있습니다.
그는 여자와 대화를 나누고 있습니다.
즐거운 시간을 보내고 있는 것 같습니다.

배경에는, 책장 위에 몇 권의 책들이 보입니다.
그리고 책장 앞에 서 있는 사람들도 보입니다.

전반적으로, 도서관에서의 보편적인 하루처럼 보입니다.

PART 3 질문에 답하기

🔊 준비 시간에 먼저 주어진 주제를 보면서 브레인스토밍을 한다.

Q4-6 Narration
식사

▶ MP3 **16-07**

> **TOEIC** Speaking 🔊 VOLUME
>
> Imagine you are talking with your neighbor about having lunch at schools or workplaces.

해석 | 학교나 직장에서의 점심 식사에 대해 당신의 이웃과 이야기를 나누고 있다고 가정해보세요.

Q4 of 11

▶ MP3 **16-08**

> **TOEIC** Speaking 🔊 VOLUME
>
> For lunch, would you go to a cafeteria or order in some food at work or school? Why?
>
> | PREPARATION TIME | RESPONSE TIME |
> | 00:00:03 | 00:00:15 |

해석 | 당신은 점심 식사를 위해 직장이나 학교에서 식당을 가겠습니까 아니면 음식을 시켜 먹겠습니까? 왜 그런가요?

A4

▶ MP3 **16-09**

> Well, I think it's fifty-fifty.
> I sometimes go to a cafeteria but I sometimes order in some food at work as well.
> It depends.

해석 | 글쎄요, 저는 반반인 것 같습니다.
어떨 때는 식당에 가는데 또 어떨 때는 회사에서 시켜 먹기도 합니다.
그때그때 다릅니다.

Q5 of 11

▶ MP3 **16-10**

> **TOEIC** Speaking 🔊 VOLUME
>
> About how many people do you have lunch with? How much time do you spend on having lunch?
>
> | PREPARATION TIME | RESPONSE TIME |
> | 00:00:03 | 00:00:15 |

해석 | 당신은 대략 몇 명의 사람들과 점심 식사를 하나요? 점심 먹는 데 얼마나 많은 시간을 보내나요?

RESPOND TO QUESTIONS

A5

I normally have lunch with four to five people.
I think I spend about half an hour having lunch.

해석 | 저는 보통 네 명에서 다섯 명 정도의 사람들과 점심을 먹습니다.
점심 식사를 하는 데 대략 30분 정도 걸리는 것 같습니다.

Q6 of 11

TOEIC Speaking

I like eating healthy even when I go out to eat. Could you recommend a good place to have lunch?

PREPARATION TIME 00:00:03
RESPONSE TIME 00:00:30

해석 | 저는 외식할 때도 건강하게 먹는 것을 좋아합니다. 점심 먹기에 좋은 곳을 추천해 주실 수 있나요?

Level 7 답변

A6

I would recommend a decent Korean restaurant for lunch.
That's because they serve various types of tasty and healthy foods.
They use organic ingredients.
Also, their prices are reasonable.
So, you can get great deals there.

해석 | 저는 점심을 먹기 위해 괜찮은 한식당을 추천하고 싶습니다.
왜냐하면 그곳에선 다양한 종류의 맛있고 건강한 음식을 팔기 때문입니다.
그 식당은 유기농 재료를 사용합니다.
그리고, 가격도 저렴합니다.
그래서, 그곳에선 괜찮은 가격에 식사할 수 있습니다.

표 보고 질문에 답하기

먼저 주어진 표를 보면서 필요한 정보를 미리 숙지해 둔다. 이때, 각 개별 질문은 음성으로만 제공되므로 유의한다.

Q7-9 of 11
출장 일정표

▶ MP3 16-14

[Script] Hi, this is Sarah. I think I lost my itinerary for my overseas workshop. Can you answer some of my questions?

해석 | 안녕하세요, 저는 Sarah입니다. 제가 해외 워크숍 일정표를 잃어버린 것 같습니다. 제 질문에 대답을 좀 해주실 수 있나요?

Q7 of 11

▶ MP3 16-15

TOEIC Speaking

When will I be leaving for Riga and which hotel will I be staying at?

해석 | 제가 언제 리가로 떠나나요? 그리고 어느 호텔에서 숙박하나요?

A7

▶ MP3 16-16

You will leave for Riga at 10 a.m. on August 20th.
You will stay at the Grand Park Hotel from August 20th to 25th.

해석 | 당신은 리가로 8월 20일 오전 10시에 떠날 것입니다.
당신은 Grand Park 호텔에서 8월 20일부터 25일까지 머물 예정입니다.

RESPOND TO QUESTIONS USING INFORMATION PROVIDED

Q8 of 11

TOEIC Speaking

I heard that the workshop will take place at the hotel I will be staying at. Am I correct?

해석 | 워크숍이 제가 머무는 호텔에서 진행된다고 들었습니다. 맞나요?

A8

No, that is incorrect.
The workshop will take place at the Gold-view Hotel, not at your hotel.
A shuttle bus from the company will take you there.

해석 | 아니요, 그렇지 않습니다.
워크숍은 당신이 머무는 호텔이 아니라, Gold-view 호텔에서 진행됩니다.
회사 셔틀버스가 당신을 그곳에 데려다 줄 것입니다.

Q9 of 11

TOEIC Speaking

Could you give me the details about my return schedule?

해석 | 제 귀국 일정에 대해 자세히 알려주실 수 있나요?

A9

Sure thing.
First, you will leave Riga at 3:40 p.m. on August 25th.
Your train number is USK Express 301(three o one).
Next, you will arrive in Barcelona at 6:20 p.m. on August 25th.
Your train number is USK Express 250(two five o).

해석 | 물론입니다.
우선, 당신은 리가에서 8월 25일 오후 3시 40분에 떠납니다.
당신의 기차 번호는 USK 급행 301입니다.
그리고, 당신은 바르셀로나에 8월 25일 오후 6시 20분에 도착할 것입니다.
당신의 기차 번호는 USK 급행 250입니다.

PART 5 해결책 제안하기

음성 스크립트가 제공되지 않으므로, 상대방의 문제점 또는 요청사항을 한 번에 파악할 수 있도록 키워드를 집중해서 들어야 한다.

Q10 of 11

직원 교육

▶ MP3 16-21

[Script]

Woman: I would like to discuss one more thing. We have recently finished a new version of our company guidelines that contains important information on procedures and policies.

Man: It is great that we have updated the guidelines and added more information, but since we are tight on our budget, **we won't be able to provide hard copies for all of our employees.**

Woman: Yeah. We'll need to find a way to make sure everyone understands all the policy guidelines. So, I would like each of you to call me later with a plan on **how we can make our employees be well-informed about the new policies.**

해석 | 여: 한 가지 사항에 대해 더 이야기하고 싶습니다. 우리가 최근에 절차와 정책에 관한 중요한 정보가 포함된 회사 안내서의 최신 버전을 완성했습니다.

남: 우리가 안내서를 업데이트하고 거기에 더 많은 정보를 상세히 싣는 건 좋지만, 회사 예산이 빠듯한 관계로 모든 직원에게 인쇄물로는 제공을 못 할 것 같습니다.

여: 네. 모든 직원들이 모든 정책 지침에 대해 숙지할 수 있도록 방법을 찾아야 할 것입니다. 그러니, 여러분 모두 우리 직원들이 새 정책들을 잘 숙지할 수 있는 방안을 모색하여 다시 연락 주시기 바랍니다.

PROPOSE A SOLUTION

A10

🔍 인사말과 문제 인식

Hi there. This is ____.
I got your message loud and clear.
I understand that we need to train our employees regarding the updated company guidelines.

🔍 대안 1

Here are my suggestions.
First, I think we should have a workshop.
Senior employees who are familiar with the updated company guidelines can share their know-how and exchange feedback with our employees.

🔍 대안 2

Next, I think we should offer incentives for senior employees who participate in the workshop.
That way, they will be more motivated to participate.

🔍 마무리 인사

Anyway, these are my suggestions for now.
I'll call you back if I have more ideas.
Thanks.

해석 | 안녕하세요. 저는 ____입니다.
무슨 말씀이신지 잘 알겠습니다.
우리가 업데이트된 회사 안내서와 관련해서 직원들 교육을 진행해야 한다는 점 이해했습니다.

제 제안을 들어보세요.
우선, 우리가 워크숍을 열어야 할 것 같아요.
업데이트된 회사 안내서에 대해 잘 숙지 되어 있는 선임 직원들이 우리 직원들에게 그들의 노하우를 공유하고 피드백을 교류할 수 있을 듯합니다.

그리고, 워크숍에 참여하는 선임 직원들에게 인센티브를 제공해야 될 것 같아요.
그렇게 하면, 참여하는데 더욱 동기부여가 될 것 같습니다.

아무튼, 저의 제안은 여기까지입니다.
더 생각나는 아이디어가 있으면 다시 연락드릴게요.
감사합니다.

의견 제시하기

◁ 반드시 주제의 키워드들과 직접적으로 관련된 근거나 예시를 포함하여 대답한다.

Q11 of 11
기타(광고)

▶ MP3 16-23

TOEIC Speaking

Do you agree or disagree with the following statement?
Online advertisement makes people buy things even if they don't really need them.
Give specific reasons or examples to support your opinion.

PREPARATION TIME	RESPONSE TIME
00:00:30	00:01:00

해석 | 아래의 서술에 대해 동의하시나요 동의하지 않으시나요?
온라인 광고는 사람들이 별로 필요 없는 물건일지라도 구매하게 만든다.
당신의 의견을 뒷받침하기 위한 구체적인 이유나 예시를 제시해주세요.

A11
▶ MP3 16-24

서론

I strongly believe that online advertisement makes people buy things even if they don't really need them.

근거 1

First, if people see online ads, they are more likely to buy things.
They will feel the urge to buy certain products.
If so, they may regret later on.

근거 2

Next, if people see online ads, they will be more motivated to buy things.
They may do searches online and buy things right away.
They are less likely to think it through and are more likely to waste money.
That may lead to unnecessary purchases.

결론

Once again, I strongly agree with the statement.

EXPRESS AN OPINION

해석 | 저는 온라인 광고가 사람들이 별로 필요 없는 물건일지라도 구매하게 만든다고 강력히 믿는 바입니다.

우선, 사람들이 온라인 광고를 보면, 물건을 구매할 확률이 높아집니다.
어떤 물건을 사고 싶은 충동이 생길 수 있습니다.
그러면, 나중에 후회할 수도 있습니다.

그리고, 만약 사람들이 온라인 광고를 보면, 물건을 구매하는 데 더욱 자극을 받을 수도 있습니다.
온라인으로 알아보고 곧장 물건을 구매할 수 있습니다.
신중하게 생각하지 못할 수도 있고 돈을 낭비하게 될 확률이 높아지겠죠.
이는 불필요한 구매로 이어질 수 있습니다.

다시 말하자면, 저는 그 서술에 대해 강력히 동의하는 바입니다.

SELF CHECKLIST

- [ ] 자신감 있는 목소리와 자연스러운 억양으로 답변했는가
- [ ] 모든 파트에서 내용어에 강세를 잘 적용했는가
- [ ] 올바른 위치의 음절에 강세를 적용했는가
- [ ] 단어가 아닌 문장으로 답변했는가
- [ ] 한국어 자음에는 없는 영어 특수 자음(r/f/v/th)을 정확히 발음했는가
- [ ] 관사, 전치사 등의 오류 및 누락은 없었는가
- [ ] 시제나 일반화 복수 처리 오류는 없었는가
- [ ] 제한된 시간 내에 문제에서 요구한 부분을 모두 답변했는가
- [ ] PART 4, 5의 문제를 듣고 문제 유형과 소재를 파악했는가
- [ ] 익숙하지 않은 주제에도 학습한 템플릿을 응용해서 사용했는가

실전 훈련
TEST 17

PART 1 - 교통 정보 / 광고

PART 2 - 길거리

PART 3 - 여행

PART 4 - 여행 일정표

PART 5 - 고객 불만

PART 6 - 취미

PART 1 지문 읽기

🔊 강세와 발음에 주의하여 읽는다.

Q1 of 11
교통 정보

▶ MP3 17-01

TOEIC Speaking   🔊 VOLUME

In traffic news for tonight, a utility pole has fallen, and Gloria Street is currently blocked off. All vehicles including buses, cars, and motorcycles will not be permitted on that block until the removal work is done. The maintenance crew is working fast to reduce the inconvenience for drivers.

PREPARATION TIME	RESPONSE TIME
00:00:45	00:00:45

⚡ 강세 요령

① **Glo**ria Street — 고유명사에 강세를 넣는다.
② blocked **off** — 구동사 뒷 단어에 강세를 넣는다.
③ **All** — 강조어에 강세를 넣는다.
④ **bu**ses, **cars**, **mo**torcycles — A, B and C 문장 구조에서 각각의 맨 앞 수식어에 강세를 넣는다.
⑤ will be per**mit**ted — 조동사 뒤 동사에 강세를 넣는다.
⑥ **not** — 부정어에 강세를 넣는다.

A1

▶ MP3 17-02

↗ 틀리기 쉬운 강세 어휘!

In traffic news for tonight, a utility pole has fallen, and ① Gloria Street is currently ② blocked off. ③ All (vehicles) including ④ buses, ④ cars, and ④ motorcycles ⑤ will ⑥ not be permitted on that block until the (removal) work is done. The (maintenance) crew is working fast to (reduce) the (inconvenience) for drivers.

해석 | 오늘 밤 교통 정보에서는, 전봇대가 쓰러져서 Gloria 거리가 현재 폐쇄되었다는 점을 알려드립니다. 제거 작업이 끝날 때까지 그 도로에 버스, 자동차 그리고 오토바이를 비롯한 모든 교통수단들이 통행할 수 없습니다. 정비 요원들이 운전자분들의 불편함을 줄이기 위해 빠르게 작업 중입니다.

READ A TEXT ALOUD

Q2 of 11
광고

▶ MP3 17-03

TOEIC Speaking 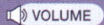 VOLUME

The winter season is approaching now! If you are looking for perfect clothes for this winter, drop by Luxury Department Store. All new items including sweaters, padded jumpers, and leather jackets are on sale this week. If you have a membership card, you can also get an additional twenty percent discount.

PREPARATION TIME	RESPONSE TIME
00:00:45	00:00:45

강세 요령

❶ drop **by** 　　　　　　　　구동사 뒷 단어에 강세를 넣는다.

❷ **Lux**ury De**part**ment Store 　고유명사에 강세를 넣는다.

❸ **All**, **al**so 　　　　　　　강조어에 강세를 넣는다.

❹ **swea**ters, **pa**dded, **lea**ther 　A, B and C 문장 구조에서 각각의 맨 앞 수식어에 강세를 넣는다.

A2

▶ MP3 17-04

The winter season is approaching now! If you are looking for perfect clothes for this winter, ❶ drop by ❷ Luxury Department Store. ❸ All new items including ❹ sweaters, ❹ padded jumpers, and ❹ leather jackets are on sale this week. If you have a membership card, you can ❸ also get an additional twenty percent discount.

해석 | 겨울 시즌이 이제 다가오고 있습니다! 올해 겨울을 위한 완벽한 옷을 찾고 계시다면, Luxury 백화점에 들러 주세요. 스웨터, 패딩 점퍼 그리고 가죽 재킷을 포함한 모든 신상품들이 이번 주에 세일합니다. 멤버십 카드가 있으시면, 추가 20퍼센트 할인도 받으실 수 있습니다.

사진 묘사하기

📢 사진을 보고 인물과 배경으로 나누어 순서에 맞게 묘사한다.

Q3 of 11

길거리

▶ MP3 **17-05**

묘사 순서와 템플릿
❶ 전체 묘사 ┈ ❷ 인물 묘사 ┈ ❸ 배경 묘사 ┈ ❹ 분위기 묘사

❶ This picture seems to be taken on the 〔장소〕.
  There are 〔인원수〕 in the picture.
  It is very crowded.

❷ The lady on the left is wearing a 〔의상〕.
  She is very good-looking.
  She seems to be in her 〔나이〕.
  She is walking on the 〔장소〕.
  The man on the right is wearing a 〔의상〕.
  He is sitting at a table 〔장소〕.
  He seems to be having fun.

❸ In the background, I can see some 〔사물 + 장소〕.
  I can also see some 〔사람 + 행동〕.

❹ Overall, it looks like a typical day 〔장소〕.

DESCRIBE A PICTURE

A3

MP3 17-06

전체 묘사

This picture seems to be taken on the street.
There are many people in the picture.
It is very crowded.

인물 묘사

The lady on the left is wearing a black jacket.
She is very good-looking.
She seems to be in her mid-thirties.
She is walking on the sidewalk.
The man on the right is wearing a light yellow T-shirt.
He is sitting at a table at a patio.
He seems to be having fun.

배경 묘사

In the background, I can see some stores along the street.
I can also see some people passing by.

분위기 묘사

Overall, it looks like a typical day on the street.

해석 | 이 사진은 길거리에서 찍힌 것처럼 보입니다.
사진에는 많은 사람들이 있습니다.
사람들로 매우 붐빕니다.

왼쪽에 있는 여자는 검은색 재킷을 입고 있습니다.
그녀는 외모가 준수합니다.
30대 중반 정도로 보입니다.
보도에서 걷고 있습니다.
오른쪽에 있는 남자는 밝은 노란색 티셔츠를 입고 있습니다.
그는 테라스의 테이블에 앉아 있습니다.
즐거운 시간을 보내고 있는 것 같습니다.

배경에는, 길을 따라 상점들이 보입니다.
그리고 지나가는 사람들도 보입니다.

전반적으로, 길거리에서의 보편적인 하루처럼 보입니다.

질문에 답하기

📢 준비 시간에 먼저 주어진 주제를 보면서 브레인스토밍을 한다.

Q4-6
Narration
여행

▶ MP3 17-07

> **TOEIC** Speaking 🔊 VOLUME
>
> Imagine you are talking with your neighbor about a trip.

해석 | 여행에 대해 당신의 이웃과 이야기를 나누고 있다고 가정해보세요.

Q4 of 11

▶ MP3 17-08

> **TOEIC** Speaking 🔊 VOLUME
>
> When was the last time you went on a trip to overseas? Where did you go?
>
> | PREPARATION TIME | RESPONSE TIME |
> | 00:00:03 | 00:00:15 |

해석 | 최근에 해외로 여행 갔던 것이 언제인가요? 당신은 어디로 갔나요?

A4

▶ MP3 17-09

> The last time I went on a trip to overseas was a few weeks ago.
> I visited Tokyo, Japan.
> It was worth the time.

해석 | 제가 최근에 해외로 여행 갔던 것은 몇 주 전쯤입니다.
저는 일본 도쿄에 갔습니다.
정말 값진 시간이었습니다.

Q5 of 11

▶ MP3 17-10

> **TOEIC** Speaking 🔊 VOLUME
>
> Do you like traveling in a group or by yourself? Why?
>
> | PREPARATION TIME | RESPONSE TIME |
> | 00:00:03 | 00:00:15 |

해석 | 당신은 단체로 여행하는 것을 좋아하나요 아니면 혼자 하는 것을 좋아하나요? 왜 그런가요?

RESPOND TO QUESTIONS

A5
MP3 17-11

Well, I think it's fifty-fifty.
I sometimes like to travel in a group but I sometimes like to travel by myself as well.
It depends.

해석 | 글쎄요, 저는 반반인 것 같습니다.
어떨 때는 단체로 여행하는 것을 좋아하고 어떨 때는 혼자 여행하는 것을 좋아하기도 합니다.
그때그때 다릅니다.

Q6 of 11
MP3 17-12

TOEIC Speaking 🔊 VOLUME

If you were traveling another country, which of the following would be the most important to you and why?
* price of an airline ticket   * size of a hotel   * places you can visit

PREPARATION TIME	RESPONSE TIME
00:00:03	00:00:30

해석 | 다른 나라로 여행을 간다면, 다음 중 어떤 것이 당신에게 가장 중요한가요? 왜 그런가요?
* 비행기 표 가격   * 호텔의 크기   * 방문할 수 있는 장소들

A6
MP3 17-13

I think the places I can visit would be the most important.
That's because I like to go to well-known tourist attractions.
I like to take pictures at these places.
I also like to go to decent restaurants or fancy bars.
I like to try various types of local foods.

해석 | 제가 방문할 수 있는 장소들이 가장 중요한 것 같습니다.
왜냐하면 저는 유명한 관광 명소에 가는 것을 좋아하기 때문입니다.
저는 그런 장소들에서 사진을 찍는 것을 좋아합니다.
그리고 저는 괜찮은 식당이나 근사한 술집에 가는 것도 좋아합니다.
다양한 종류의 현지 음식을 맛보는 것을 좋아합니다.

표 보고 질문에 답하기

📢 먼저 주어진 표를 보면서 필요한 정보를 미리 숙지해 둔다. 이때, 각 개별 질문은 음성으로만 제공되므로 유의한다.

Q7-9 of 11

여행 일정표

▶ MP3 **17-14**

TOEIC Speaking 🔊 VOLUME

Schedule for Tour Group (Melbourne Australia) 📋

May 3	Noon	Check in at the Hotel
	6:00 p.m.	Orientation for Melbourne Tour
May 4	Noon	Tour: Adelaide Park
	~~2:00 p.m.~~	~~Swimming~~ *canceled*
	4:00 p.m.	History Class: Traditional Outfits
May 5	10:00 a.m.	Tour: Bike Riding and Path Walking
	11:00 a.m.	Shopping: Local Clothing Store
May 6	3:00 p.m.	Check out at the Hotel

표 분석 시간
PREPARATION TIME
00:00:45

문항별 준비 시간
PREPARATION TIME
00:00:03

RESPONSE TIME	RESPONSE TIME	RESPONSE TIME
00:00:15	00:00:15	00:00:30

[Script] Hi, I am a person who will be leaving for tour in Australia. Can you answer some of my questions?

해석 | 안녕하세요, 저는 호주로 관광을 떠나는 사람입니다. 제 질문에 대답을 좀 해주실 수 있나요?

Q7 of 11

▶ MP3 **17-15**

TOEIC Speaking 🔊 VOLUME

On what day does the tour end? What time will I check out from the hotel?

해석 | 관광이 며칠에 끝나나요? 호텔 퇴실은 몇 시에 하나요?

A7

▶ MP3 **17-16**

The tour will end on May 6th.
You will check out from the hotel on May 6th at 3 p.m.

해석 | 관광은 5월 6일에 끝납니다.
호텔에서는 5월 6일 오후 3시에 퇴실할 예정입니다.

RESPOND TO QUESTIONS USING INFORMATION PROVIDED

Q8 of 11
MP3 17-17

TOEIC Speaking — VOLUME

I am really looking forward to taking part in the swimming session. That's on May 4th. Right?

해석 | 저는 수영 세션에 참여하는 것을 무척 기대하고 있습니다. 그게 5월 4일에 있는 거 맞나요?

A8
MP3 17-18

No, that is incorrect.

That schedule has been canceled.

So, there will be no schedule at 2 p.m. on May 4th.

해석 | 아니요, 그렇지 않습니다.
그 일정은 취소되었습니다.
그래서, 5월 4일 오후 2시에는 일정이 없습니다.

Q9 of 11
MP3 17-19

TOEIC Speaking — VOLUME

Could you tell me all the details about the programs that specifically deal with clothing?

해석 | 특별히 의류와 관련된 프로그램들에 대해 자세히 말해주실 수 있나요?

A9
MP3 17-20

Sure thing.

There will be two programs on clothing.

One is a history class on traditional outfits.

It will take place at 4 p.m. on May 4th.

The other one is shopping at a local clothing store.

It will take place at 11 a.m. on May 5th.

해석 | 물론입니다.
의류에 대한 두 개의 프로그램이 있을 예정입니다.
하나는 전통 의상에 대한 역사 수업입니다.
5월 4일 오후 4시에 진행됩니다.
또 하나는 현지 의류 상점에서의 쇼핑입니다.
5월 5일 오전 11시에 진행됩니다.

해결책 제안하기

◁ 음성 스크립트가 제공되지 않으므로, 상대방의 문제점 또는 요청사항을 한 번에 파악할 수 있도록 키워드를 집중해서 들어야 한다.

Q10 of 11
고객 불만

▶ MP3 17-21

[**Script**] Alright, that's it for today. I have one last thing before we wrap up this meeting. I just got a mail from one of our main client companies, Symons manufacturing regarding a service failure. They had some problems with the software they were provided with. We were supposed to send a technician to take care of the problem. However, **no one from our side showed up** at the time that was agreed upon. Symons has called and expressed their disappointment and told us that they would quit doing business with us. Please, go back to your posts and give me your thoughts on this issue and make a proposal that would enable us to **keep our business with that company.**

해석 | 자, 오늘은 여기까지입니다. 오늘 회의를 마치기 전에 마지막 한 가지 사항이 있습니다. 방금 전에 우리 주 고객사 중 하나인 Symons 제조업체로부터 서비스 오류에 대한 메일을 받았습니다. 우리 측에서 제공한 소프트웨어에 약간의 문제가 있었다고 합니다. 그 문제를 해결하고자 우리 쪽에서 기술자를 보내기로 했었습니다. 그러나 약속된 시간에 아무도 나타나지 않았다고 합니다. 이에 Symons 측은 우리에게 연락을 해서 실망을 표했고 우리와의 거래를 중지하겠다고 했습니다. 모두들 자리로 돌아가서 이 문제에 대해 생각해보고 이 회사와 계속 거래를 유지할 수 있는 제안을 저에게 알려주도록 하세요.

PROPOSE A SOLUTION

A10
▶ MP3 **17-22**

인사말과 문제 인식
Hi there. This is ____.
I got your message loud and clear.
I understand that we need to take care of a customer complaint.

대안 1
Here are my suggestions.
First, I think we should offer our sincere apologies.
We should promise that it would never happen again.

대안 2
Also, I think we should fully compensate for their loss to regain their confidence.
We could also give them discount coupons.

마무리 인사
Anyway, these are my suggestions for now.
I'll call you back if I have more ideas.
Thanks.

해석 | 안녕하세요, 저는 ____입니다.
무슨 말씀이신지 잘 알겠습니다.
저희가 고객 불만을 해결해야 한다는 점 이해했습니다.

제 제안을 들어보세요.
우선, 우리가 진심 어린 사과를 해야 할 것 같습니다.
그런 일이 절대 다시는 발생하지 않을 것을 약속드려야 될 것 같아요.

그리고, 신뢰를 회복하기 위해 그들의 손실에 대해 완전히 보상해야 될 것 같습니다.
할인 쿠폰도 드릴 수 있을 것 같아요.

아무튼, 저의 제안은 여기까지입니다.
더 생각나는 아이디어가 있으면 다시 연락드릴게요.
감사합니다.

의견 제시하기

🔊 반드시 주제의 키워드들과 직접적으로 관련된 근거나 예시를 포함하여 대답한다.

Q11 취미
▶ MP3 17-23

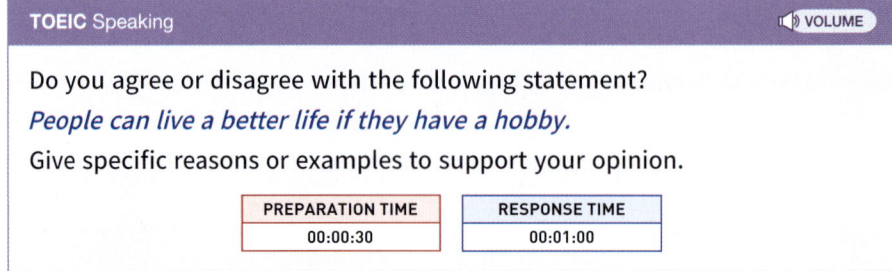

TOEIC Speaking

Do you agree or disagree with the following statement?
People can live a better life if they have a hobby.
Give specific reasons or examples to support your opinion.

PREPARATION TIME	RESPONSE TIME
00:00:30	00:01:00

해석 | 아래의 서술에 대해 동의하시나요 동의하지 않으시나요?
사람은 취미가 있으면 더 나은 삶을 살 수 있다.
의견을 뒷받침하기 위한 구체적인 이유나 예시를 제시해주세요.

A11
▶ MP3 17-24

🔍 서론

I strongly believe that people can live a better life if they have a hobby.

🔍 근거 1

First, if people have a hobby, they can learn something new.
They can also become more creative.
Creativity is one of the most important factors in our lives.

🔍 근거 2

Next, if people have a hobby, they can relieve stress.
That way, they will be more motivated in what they do.
If so, they can get better results.

🔍 결론

Once again, I strongly agree with the statement that people can live a better life if they have a hobby.

EXPRESS AN OPINION

해석 | 저는 사람은 취미가 있으면 더 나은 삶을 살 수 있다고 강력히 믿는 바입니다.

우선, 만약 사람들이 취미를 갖는다면 새로운 것을 배울 수 있습니다.
그들은 또한 더 창의적이게 될 수 있습니다.
창의력은 우리 삶에 있어 가장 중요한 요소 중 하나입니다.

그리고, 만약 사람들이 취미를 갖는다면 스트레스를 해소할 수 있습니다.
그렇게 하면, 그들이 하는 일에 더욱 의욕이 생길 수 있습니다.
그러면, 더 나은 결과를 얻게 되겠죠.

다시 말하자면, 저는 사람은 취미가 있으면 더 나은 삶을 살 수 있다고 하는 그 서술에 대해 강력히 동의하는 바입니다.

SELF CHECKLIST

- [ ] 자신감 있는 목소리와 자연스러운 억양으로 답변했는가
- [ ] 모든 파트에서 내용어에 강세를 잘 적용했는가
- [ ] 올바른 위치의 음절에 강세를 적용했는가
- [ ] 단어가 아닌 문장으로 답변했는가
- [ ] 한국어 자음에는 없는 영어 특수 자음(r/f/v/th)을 정확히 발음했는가
- [ ] 관사, 전치사 등의 오류 및 누락은 없었는가
- [ ] 시제나 일반화 복수 처리 오류는 없었는가
- [ ] 제한된 시간 내에 문제에서 요구한 부분을 모두 답변했는가
- [ ] PART 4, 5의 문제를 듣고 문제 유형과 소재를 파악했는가
- [ ] 익숙하지 않는 주제에도 학습한 템플릿을 응용해서 사용했는가

실전 훈련
TEST 18

PART 1 - TV 프로그램 / 전화 ARS

PART 2 - 식당

PART 3 - 구매

PART 4 - 수업 일정표

PART 5 - 영업점 공사

PART 6 - 기술

지문 읽기

🔊 강세와 발음에 주의하여 읽는다.

Q1 of 11
TV 프로그램

▶ MP3 18-01

TOEIC Speaking   🔊 VOLUME

Welcome back to *Better Life and Health*. The result of a recent study showed that there are tons of health benefits of drinking water. The research conducted by professor Wing Lu has proved that drinking two liters of water daily is good for our blood vessels. Children over ages ten, high school students, and adults were the main subjects for this study.

PREPARATION TIME	RESPONSE TIME
00:00:45	00:00:45

 강세 요령

❶ **Wel**come back   인사말에 강세를 넣는다.
❷ **tons** of   강조어에 강세를 넣는다.
❸ **Wing** Lu   고유명사에 강세를 넣는다.
❹ has **pro**ved   조동사 뒤 동사에 강세를 넣는다.
❺ **two**, **ten**   숫자에 강세를 넣는다.
❻ **Chil**dren, **high**, a**dults**   A, B and C 문장 구조에서 각각의 맨 앞 수식어에 강세를 넣는다.

A1

▶ MP3 18-02

틀리기 쉬운 강세 어휘!

❶ Welcome back to *Better Life and Health*. The (result) of a (recent) study showed that there are ❷ tons of health benefits of drinking water. The (research) (conducted) by (professor) ❸ Wing Lu ❹ has (proved) that drinking ❺ two liters of water daily is good for our blood (vessels). ❻ Children over ages ❺ ten, ❻ high school students, and ❻ (adults) were the main subjects for this study.

해석 | <더 나은 생활과 건강>에 돌아오신 것을 환영합니다. 최근 한 연구 결과는 물 마시는 것에 대한 수많은 건강 이점들이 있음을 보여줬습니다. Wing Lu 교수가 진행한 연구는 매일 2리터의 물을 마시는 것이 혈관에 매우 좋다는 것을 증명했습니다. 이 연구의 주요 피실험자로 10세 이상의 어린이, 고등학생 그리고 성인들이 참여했습니다.

READ A TEXT ALOUD

Q2 of 11
전화 ARS

▶ MP3 **18-03**

TOEIC Speaking 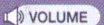 VOLUME

Thank you for contacting Benjamin fitness center. To schedule an appointment with our trainer, please press 'two'. Press 'three', to get directions, business hours, and programs we offer. If you want to inquire about getting a membership, please stay on the line. You will soon be connected to our customer service personnel.

PREPARATION TIME	RESPONSE TIME
00:00:45	00:00:45

강세 요령

❶ **Thank** you — 인사말에 강세를 넣는다.
❷ **Ben**jamin fitness center — 고유명사에 강세를 넣는다.
❸ **please** — 강조어에 강세를 넣는다.
❹ **two**, **three** — 숫자에 강세를 넣는다.
❺ di**re**ctions, **bu**siness, **pro**grams — A, B and C 문장 구조에서 각각의 맨 앞 수식어에 강세를 넣는다.

A2
▶ MP3 **18-04**

❶ Thank you for con**tacting** ❷ Benjamin fitness center. To schedule an app**oint**ment with our trainer, ❸ please press ❹ 'two'. Press ❹ 'three', to get ❺ di**re**ctions, ❺ **bu**siness hours, and ❺ **pro**grams we **offer**. If you want to in**quire** about getting a membership, ❸ please stay on the line. You will soon be con**nec**ted to our customer service perso**nnel**.

해석 | Benjamin 헬스클럽에 전화 주셔서 감사합니다. 저희 트레이너와 약속을 잡기 원하시면 2번을 눌러주세요. 찾아오는 길, 영업시간 그리고 저희가 제공하는 프로그램에 대해 들으시려면 3번을 눌러주세요. 회원 가입에 대한 문의를 하고 싶으시면 잠시 대기해 주세요. 저희 고객 서비스 담당 상담원과 곧 연결됩니다.

사진 묘사하기

🔊 사진을 보고 인물과 배경으로 나누어 순서에 맞게 묘사한다.

Q3 of 11

식당

▶ MP3 18-05

묘사 순서와 템플릿
❶ 전체 묘사 ⋯▶ ❷ 인물 묘사 ⋯▶ ❸ 배경 묘사 ⋯▶ ❹ 분위기 묘사

❶ This picture seems to be taken at a 장소 .
　There are 인원수 in the picture.
　It is very crowded.

❷ The lady on the left is wearing a 의상 .
　She is very good-looking.
　She seems to be in her 나이 .
　She is holding a 사물 in her hand.
　The lady in the middle is wearing a 의상 .
　She is getting food.
　Also, she is looking at the food on the table.

❸ In the background, I can see some 사람 + 행동 .
　I can also see some 사물 + 위치 .

❹ Overall, it looks like a typical day at a 장소 .

DESCRIBE A PICTURE

A3

▶ MP3 18-06

전체 묘사

This picture seems to be taken at a restaurant.
There are many people in the picture.
It is very crowded.

인물 묘사

The lady on the left is wearing a grey shirt.
She is very good-looking.
She seems to be in her mid-thirties.
She is holding a plate in her hand.
The lady in the middle is wearing a blue shirt.
She is getting food.
Also, she is looking at the food on the table.

배경 묘사

In the background, I can see some people having a conversation.
I can also see some glasses on the shelves.

분위기 묘사

Overall, it looks like a typical day at a restaurant.

해석 | 이 사진은 식당에서 찍힌 것처럼 보입니다.
사진에는 많은 사람들이 있습니다.
사람들로 매우 붐빕니다.

왼쪽에 있는 여자는 회색 셔츠를 입고 있습니다.
그녀는 외모가 준수합니다.
30대 중반 정도로 보입니다.
손에 접시를 들고 있습니다.
중간에 있는 여자는 파란색 셔츠를 입고 있습니다.
그녀는 음식을 받고 있습니다.
그리고, 테이블 위에 있는 음식을 바라보고 있습니다.

배경에는, 대화를 나누고 있는 사람들이 보입니다.
그리고 선반 위에 유리잔들도 보입니다.

전반적으로, 식당에서의 보편적인 하루처럼 보입니다.

질문에 답하기

준비 시간에 먼저 주어진 주제를 보면서 브레인스토밍을 한다.

Q4-6 Narration
구매

▶ MP3 18-07

TOEIC Speaking

Imagine you are talking with your friend about shopping.

해석 | 당신의 친구와 쇼핑에 대해 이야기를 나누고 있다고 가정해보세요.

Q4 of 11

▶ MP3 18-08

TOEIC Speaking

In your town, what items do people usually buy? Why?

PREPARATION TIME	RESPONSE TIME
00:00:03	00:00:15

해석 | 당신의 동네에서 사람들이 어떤 물건을 주로 구매합니까? 왜 그런가요?

A4

▶ MP3 18-09

In my town, people usually buy accessories.

That's because they are very useful.

Plus, there are many accessory stores in my area.

해석 | 저희 동네에선 사람들이 주로 부속품을 구매합니다.
왜냐하면 매우 유용하기 때문이죠.
그리고, 저희 동네엔 부속품 상점들이 많습니다.

Q5 of 11

▶ MP3 18-10

TOEIC Speaking

Are you a regular customer of a particular store? Why?

PREPARATION TIME	RESPONSE TIME
00:00:03	00:00:15

해석 | 당신은 어떤 특정 가게의 단골 손님인가요? 왜 그런가요?

RESPOND TO QUESTIONS

A5
▶ MP3 18-11

I am a regular customer of a grocery store near my place.
They sell various types of fresh food there.
Also, the prices are reasonable.

해석 | 저는 저희 집 근처 식료품 가게의 단골입니다.
그곳에선 다양한 종류의 신선한 음식을 팝니다.
그리고, 가격도 저렴합니다.

Q6 of 11
▶ MP3 18-12

TOEIC Speaking ◀》 VOLUME

Do you think a big shopping mall can attract visitors to your city? Why or why not?

PREPARATION TIME	RESPONSE TIME
00:00:03	00:00:30

해석 | 당신은 큰 쇼핑몰이 당신의 도시로 방문객들을 끌어올 수 있을 것이라고 생각하나요? 왜 그런가요?

A6
▶ MP3 18-13

I think a big shopping mall can attract visitors to my city.
That's because people can enjoy various types of activities at shopping malls these days.
There are movie theaters and arcades there.
Plus, there are decent restaurants and a lot of stores.

해석 | 저는 큰 쇼핑몰이 제가 살고 있는 도시로 방문객들을 끌어들일 수 있을 것이라고 생각합니다.
왜냐하면 요즘에 쇼핑몰에서 사람들이 다양한 종류의 활동들을 즐길 수 있기 때문입니다.
쇼핑몰엔 영화관이랑 오락실이 있습니다.
그리고, 괜찮은 식당들과 많은 상점들도 있습니다.

표 보고 질문에 답하기

📢 먼저 주어진 표를 보면서 필요한 정보를 미리 숙지해 둔다. 이때, 각 개별 질문은 음성으로만 제공되므로 유의한다.

Q7-9 of 11
수업 일정표

▶ MP3 18-14

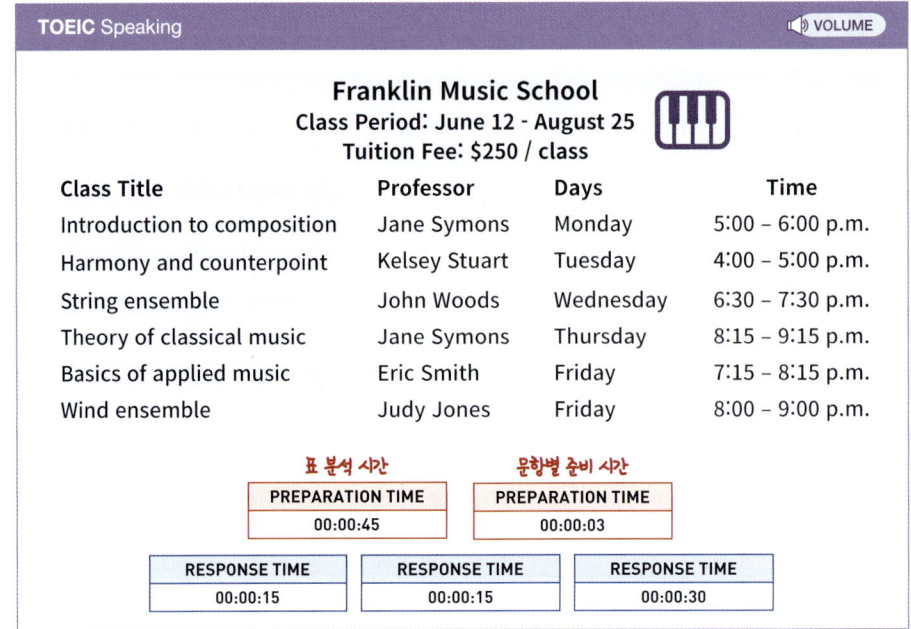

[Script] Hi, I am planning on taking some classes at Franklin Music School. Can you answer some of my questions?

해석ㅣ 안녕하세요, 저는 Franklin 음악 학교에서 수업을 들을 예정입니다. 제 질문에 대답을 좀 해주실 수 있나요?

Q7 of 11

▶ MP3 18-15

TOEIC Speaking 🔊 VOLUME

How much is the tuition and on what date do the classes start?

해석ㅣ 수강료는 얼마이고 수업은 며칠에 시작하나요?

A7

▶ MP3 18-16

It is two hundred and fifty dollars per class.
The classes will start on June 12th.

해석ㅣ 한 수업에 250달러입니다.
수업은 6월 12일에 시작합니다.

RESPOND TO QUESTIONS USING INFORMATION PROVIDED

Q8 of 11

▶ MP3 18-17

TOEIC Speaking ◀)) VOLUME

The class on Wind ensemble is on Thursdays. Am I right?

해석 | 관악합주 수업이 목요일마다 있는 거 맞죠?

A8

▶ MP3 18-18

No, that is incorrect.
The class on Wind ensemble is on Fridays, not on Thursdays.
It is from 8 p.m. to 9 p.m.

해석 | 아니요, 그렇지 않습니다.
관악합주 수업은 목요일마다가 아니라 금요일마다 있습니다.
오후 8시부터 9시까지입니다.

Q9 of 11

▶ MP3 18-19

TOEIC Speaking ◀)) VOLUME

My sister told me that professor Jane Symons's class is very useful and informative. Can you tell me about all the classes taught by professor Symons?

해석 | 저희 언니가 Jane Symons 교수의 수업이 매우 유익하다고 했습니다. Symons 교수가 가르치는 모든 수업을 알려주실 수 있나요?

A9

▶ MP3 18-20

Sure thing.
There will be two classes by Jane Symons.
One is a class on Introduction to composition.
It is on Mondays from 5 p.m. to 6 p.m.
The other one is a class on Theory of classical music.
It is on Thursdays from 8:15 p.m. to 9:15 p.m.

해석 | 물론입니다. Jane Symons씨가 가르치는 두 개의 수업이 있을 예정입니다.
하나는 작곡 입문 수업입니다.
이는 월요일마다 오후 5시부터 6시까지 있습니다.
또 하나는 고전음악의 이론 수업입니다.
이는 목요일마다 오후 8시 15분부터 9시 15분까지 있습니다.

PART 4 표 보고 질문에 답하기   315

해결책 제안하기

📢 음성 스크립트가 제공되지 않으므로, 상대방의 문제점 또는 요청사항을 한 번에 파악할 수 있도록 키워드를 집중해서 들어야 한다.

Q10 of 11

영업점 공사

▶ MP3 18-21

[Script] Hi, this is Amelia, the manager of the Food Services Department. I am calling you to ask for some help. As you know, our company has several cafeterias where our employees come to have their lunch. The problem is that one of these cafeterias will be undergoing renovation, and it will be closed for several months. Other cafeterias will still be open as usual, but they are all quite far away from the company's main building. I presume that most of our employees won't like having to walk all that distance. They will definitely get frustrated with wasting their lunch hours. So, I would like you to come up with some plans on how we can **reduce the inconvenience for our employees during their lunchtime when one of the cafeterias is closed.** Please call me back with your ideas.

해석 | 안녕하세요, 식품 서비스 부서의 매니저 Amelia입니다. 도움을 좀 구하고자 연락 드렸습니다. 아시겠지만, 우리 회사는 직원들이 점심 식사를 할 수 있는 구내식당들이 몇 군데 있습니다. 문제는 이 식당들 중 한 곳이 수리를 위해 몇 달간 문을 닫을 예정입니다. 다른 식당들은 평소대로 정상 영업을 할 예정이지만 전부 우리 회사의 본 건물과는 제법 멀리 떨어져 있는 곳에 위치하고 있습니다. 대부분의 직원들이 그 먼 거리를 걸어가는 것은 달가워하지 않을 것이라고 생각합니다. 분명 그들은 점심시간을 낭비하는 것을 싫어할 것입니다. 그래서, 점심시간에 식당 중 하나가 문을 닫는 동안 우리 직원들의 불편함을 어떻게 줄일 수 있는지에 대한 방법을 모색해 봤으면 합니다. 아이디어를 내서 다시 전화주시기 바랍니다.

PROPOSE A SOLUTION

A10
▶ MP3 18-22

인사말과 문제 인식

Hi there. This is ____.
I got your message loud and clear.
I understand that we need to find a way to keep our employees happy during the renovation.

대안 1

Here are my suggestions.
First, I think we should close down parts of the cafeteria.
We can do the renovation work section by section.
That way, we can keep the cafeteria open during the renovation.

대안 2

Next, I think we should do the renovation after business hours.
That will minimize the inconvenience to our employees.

마무리 인사

Anyway, these are my suggestions for now.
I'll call you back if I have more ideas.
Thanks.

해석 | 안녕하세요. 저는 ____ 입니다.
무슨 말씀이신지 잘 알겠습니다.
저희가 공사 기간 동안 직원들을 만족시키기 위한 방법을 찾아야 한다는 점 이해했습니다.

제 제안을 들어보세요.
우선, 식당의 일부만 폐쇄해야 될 것 같습니다.
수리 작업을 구역별로 차례로 하면 될 것 같아요.
그렇게 하면, 식당을 공사기간 동안에도 운영할 수 있을 것 같습니다.

그리고, 근무시간 이후에 공사를 하면 될 것 같아요.
이는 직원들에게 불편함을 최소화할 것 입니다.

아무튼, 저의 제안은 여기까지입니다.
더 생각나는 아이디어가 있으면 다시 연락 드릴게요.
감사합니다.

의견 제시하기

📢 반드시 주제의 키워드들과 직접적으로 관련된 근거나 예시를 포함하여 대답한다.

Q11 of 11
기술

TOEIC Speaking

Do you agree or disagree with the following statement?
New technology makes people have better free time.
Give specific reasons or examples to support your opinion.

PREPARATION TIME	RESPONSE TIME
00:00:30	00:01:00

해석 | 아래의 서술에 대해 동의하시나요 동의하지 않으시나요?
새로운 기술은 사람들이 더 나은 여가 시간을 갖게 만들어준다.
의견을 뒷받침하기 위한 구체적인 이유나 예시를 제시해주세요.

A11

🔍 서론

I strongly believe that new technology makes people have better free time.

🔍 근거 1

First, the Internet has made our lives more convenient.

It has made our lives a lot easier.

For example, online shopping has made shopping much easier.

🔍 근거 2

Plus, cell phones have made our lives more convenient as well.

We can get access to the Internet whenever we want to.

Also, we can keep in touch with people on social media.

🔍 결론

Once again, I strongly agree with the statement that new technology makes people have better free time.

EXPRESS AN OPINION

해석 | 저는 새로운 기술이 사람들이 더 나은 여가 시간을 갖게 만들어준다고 강력히 믿는 바입니다.

우선, 인터넷은 우리의 삶을 더 편리하게 만들어 주었습니다.
우리 삶을 훨씬 더 쉽게 만들어주었죠.
예를 들어, 온라인 쇼핑은 쇼핑을 훨씬 더 쉽게 만들어주었습니다.

그리고, 휴대전화 또한 우리의 삶을 더 편리하게 만들어 주었습니다.
우리는 원할 때마다 언제든 인터넷을 사용할 수 있습니다.
또한, 우리는 소셜 미디어상에서 사람들과 계속 연락을 주고받을 수 있습니다.

다시 말하자면, 저는 새로운 기술이 사람들이 더 나은 여가 시간을 갖게 만들어준다고 하는 그 서술에 대해 강력히 동의하는 바입니다.

SELF CHECKLIST

☐ 자신감 있는 목소리와 자연스러운 억양으로 답변했는가
☐ 모든 파트에서 내용어에 강세를 잘 적용했는가
☐ 올바른 위치의 음절에 강세를 적용했는가
☐ 단어가 아닌 문장으로 답변했는가
☐ 한국어 자음에는 없는 영어 특수 자음(r/f/v/th)을 정확히 발음했는가
☐ 관사, 전치사 등의 오류 및 누락은 없었는가
☐ 시제나 일반화 복수 처리 오류는 없었는가
☐ 제한된 시간 내에 문제에서 요구한 부분을 모두 답변했는가
☐ PART 4, 5의 문제를 듣고 문제 유형과 소재를 파악했는가
☐ 익숙하지 않는 주제에도 학습한 템플릿을 응용해서 사용했는가